Kohlhammer

Grundwissen Soziale Arbeit
Herausgegeben von Rudolf Bieker

Band 2

Dieter Wälte, Michael Borg-Laufs,
Burkhart Brückner

Psychologische Grundlagen der Sozialen Arbeit

S.163 —▷ Systemische Erklärungskonzepte
S.119 —▷ Ressourcen orientierte Verhaltensänderung

Verlag W. Kohlhammer

© 2011 W. Kohlhammer GmbH Stuttgart
Gesamtherstellung:
W. Kohlhammer Druckerei GmbH + Co. KG Stuttgart

ISBN 978-3-17-021092-9

Vorwort zur Reihe

Mit dem so genannten „Bologna-Prozess" galt es neu auszutarieren, welches Wissen Studierende der Sozialen Arbeit benötigen, um trotz erheblich verkürzter Ausbildungszeiten auch weiterhin „berufliche Handlungsfähigkeit" zu erlangen. Die Ergebnisse dieses nicht ganz schmerzfreien Abstimmungs- und Anpassungsprozesses lassen sich heute allerorten in volumigen Handbüchern nachlesen, in denen die neu entwickelten Module detailliert nach Lernzielen, Lehrinhalten, Lehrmethoden und Prüfungsformen beschrieben sind. Eine diskursive Selbstvergewisserung dieses Ausmaßes und dieser Präzision hat es vor Bologna allenfalls im Ausnahmefall gegeben.

Für Studierende bedeutet die Beschränkung der akademischen Grundausbildung auf sechs Semester, eine annähernd gleich große Stofffülle in deutlich verringerter Lernzeit bewältigen zu müssen. Die Erwartungen an das selbständige Lernen und Vertiefen des Stoffs in den eigenen vier Wänden sind deshalb deutlich gestiegen. Bologna hat das eigene Arbeitszimmer als Lernort gewissermaßen rekultiviert.

Die Idee zu der Reihe, in der das vorliegende Buch erscheint, ist vor dem Hintergrund dieser bildungspolitisch veränderten Rahmenbedingungen entstanden. Die nach und nach erscheinenden Bände sollen in kompakter Form nicht nur unabdingbares Grundwissen für das Studium der Sozialen Arbeit bereitstellen, sondern sich durch ihre Leserfreundlichkeit auch für das Selbststudium Studierender besonders eignen. Die Autor/innen der Reihe verpflichten sich diesem Ziel auf unterschiedliche Weise: durch die lernzielorientierte Begründung der ausgewählten Inhalte, durch die Begrenzung der Stoffmenge auf ein überschaubares Volumen, durch die Verständlichkeit ihrer Sprache, durch Anschaulichkeit und gezielte Theorie-Praxis-Verknüpfungen, nicht zuletzt aber auch durch lese(r)freundliche Gestaltungselemente wie Schaubilder, Unterlegungen und andere Elemente.

Als Herausgeber der Reihe möchte ich Sie als lernende und lehrende Leser/-innen ausdrücklich zur Meinungsäußerung ermuntern: Gibt es Anregungen, die wir bei der Vorbereitung weiterer Bände berücksichtigen sollten? Waren die Ausführungen gut verständlich? Haben Sie das Buch mit Freude und Gewinn gelesen? Gemeinsam mit den Autor/innen der Bände antworte ich Ihnen gerne (Rudolf.Bieker@netcologne.de).

Prof. Dr. Rudolf Bieker, Köln

Zu diesem Buch

Soziale Arbeit ist ein komplexes Tätigkeitsfeld und integriert verschiedene Wissens- und Erkenntnisbestände aus anderen wissenschaftlichen Disziplinen. Dementsprechend wird die Qualität sozialarbeiterischen Handelns entscheidend dadurch geprägt, wie die aktuellen Ergebnisse der Bezugswissenschaften in die wissenschaftliche Konzeption der Sozialen Arbeit und im professionellen Alltag umgesetzt werden. Eine bedeutende Grundlage der Sozialen Arbeit ist die Psychologie als Wissenschaft vom Erleben und Verhalten der Menschen. Der vorliegende Band stellt das Basiswissen der Psychologie dar, das für die Tätigkeit in der Sozialen Arbeit besonders wichtig ist. Bei der Auswahl dieses Basiswissens waren wir uns als Autoren bereits im Vorfeld darüber bewusst, dass ein Buch in diesem Umfang die Psychologie nicht vollständig darstellen kann und soll. Vor dem Hintergrund langjähriger Erfahrungen in der Praxis, Lehre und Forschung haben wir den Schwerpunkt auf eine Auswahl derjenigen psychologischen Grundlagen gelegt, die Sozialarbeiter/innen in der Praxis handlungsfähig machen. Unabdingbar für ein vertieftes Verständnis des Erlebens und Verhaltens der Klientel in der Sozialen Arbeit sind die Ergebnisse aus den Teildisziplinen Entwicklungspsychologie, Sozialpsychologie und Klinische Psychologie.

Die Entwicklungspsychologie bereichert die Soziale Arbeit mit Erkenntnissen über die Bedingungen gelingender und misslingender Entwicklungsverläufe. Zentral sind hier die Fragen zu den relevanten Risiko- und Schutzfaktoren und zur Beeinflussbarkeit von Entwicklungsverläufen.

Aus der Perspektive der Sozialpsychologie gelingt es Fachkräften in der Sozialarbeit besser zu verstehen, wie Menschen im sozialen Kontext denken, fühlen und handeln. Die Problemfelder in der Sozialen Arbeit werden dadurch zum einen unter der Perspektive analysierbar, wie soziale Phänomene das individuelle Erleben und Verhalten beeinflussen, und zum anderen, wie umgekehrt einzelne Personen im sozialen Kontext, etwa in Gruppen, handeln und ihre gesellschaftliche Umwelt gestalten.

Im Mittelpunkt der Klinischen Psychologie stehen die Klärung und Bewältigung von psychischen Störungen: Woran erkennt man eine psychische Störung, welche Ursachen hat sie und wie kann dem Betroffenen durch Beratung oder Therapie geholfen werden, seine psychische Störung zu überwinden?

Klassische und aktuelle Ergebnisse aus diesen drei Feldern der Psychologie sollen die Leserinnen und Leser für die Arbeit mit den Klienten sensibilisieren, das notwendige Grundlagenwissen vermitteln und eine professionelle Praxis ermöglichen.

Dieter Wälte, Michael Borg-Laufs, Burkhart Brückner

Inhalt

Michael Borg-Laufs

Burkhart Brückner

Dieter Wälte

Michael Borg-Laufs

1 Menschliche Entwicklung – Entwicklungspsychologie und Entwicklungspsychopathologie

Was Sie in diesem Kapitel lernen können

Soziale Arbeit ist weniger ein „Geschenk" der Gesellschaft an bedürftige Personen, vielmehr bietet sie gesellschaftlich relevante Angebote, deren Auswirkungen nicht nur ethisch-moralisch, sondern auch finanziell bedeutend sind. Damit Soziale Arbeit aber passgenau und qualitativ hochwertige Dienstleistungen anbieten kann, sind entwicklungspsychologische Informationen zu berücksichtigen, die Auskunft darüber geben können,

- zu welchem Zeitpunkt im Lebenslauf welche Entwicklungsverläufe als günstig oder als abweichend zu bezeichnen sind,
- welche Risikofaktoren im Lebenslauf eines Menschen bearbeitet werden sollten,
- welche Schutzfaktoren gestärkt werden sollten,
- welche Interventionen in welchem Entwicklungsalter greifen können.

Das menschliche Verhalten wird vor dem Hintergrund genetischer Veranlagung im Laufe des Lebens ausgeformt. Die Lernpsychologie liefert Theorien und Befunde, die in weiten Bereichen erklären können, auf welche Weise sich Verhalten im Lebenslauf entwickelt.

Die kognitive Entwicklung des Menschen vollzieht sich in aktiver Auseinandersetzung mit der Umwelt. Erst im Alter von etwa 6–8 Jahren entwickelt sich die Fähigkeit zu logischen Schlussfolgerungen, die aber noch sehr einfach sind. Etwa ab dem Alter von 12 Jahren ist das Gehirn reif für logisch-abstrakte Operationen. Im höheren Lebensalter entwickelt sich Intelligenz unterschiedlich: Während die Fähigkeit zu schneller Wahrnehmung und Reaktion bereits im frühen Erwachsenenalter absinkt, steigt die verbale Intelligenz bis ins hohe Alter an.

Aus dem Alter eines Menschen ergibt sich, welche übergeordneten Lebensziele und -aufgaben dieser vermutlich verfolgt. Diese Entwicklungsaufgaben sind von Altersstufe zu Altersstufe sehr unterschiedlich. Die Bewältigung dieser Aufgaben ist notwendig für eine gelingende Lebensgestaltung. Je günstiger das Verhältnis von Risiko- zu Schutzfaktoren ist, desto eher können Entwicklungsaufgaben bewältigt werden.

Menschliches Wohlergehen kann wesentlich darauf zurückgeführt werden, dass die psychischen Grundbedürfnisse befriedigt werden. Verletzungen psychischer Grundbedürfnisse, etwa durch Kindesmisshandlung und -vernachlässigung, haben weitreichende negative Folgen für den gesamten Lebenslauf. Auch andere schwierige Lebensbedingungen, etwa das Aufwachsen mit einem psychisch kranken Elternteil, bergen die Gefahr der Verletzung von Grundbedürfnissen.

Der Zusammenhang verschiedener psychischer Störungen bzw. Verhaltensauffälligkeiten (z. B. Bindungsstörungen, Autismus, Hyperaktivität, Störungen des Sozialverhaltens, Lese-Rechtschreib-Störung, Schulvermeidung) mit den Entwicklungsbedingungen wird in diesem Kapitel dargestellt, so dass auch erkennbar werden kann, inwiefern durch (sozialarbeiterische) Interventionen günstigere Entwicklungsverläufe unterstützt werden können.

1.1 Warum ist die Perspektive der Entwicklungspsychologie wichtig für die Soziale Arbeit?

Menschliche Entwicklung ist kein gradliniger, standardisierter Prozess. Tatsächlich wirken eine große Zahl von Einflussfaktoren auf die menschliche Entwicklung ein und prägen die Betroffenen. Zum Teil handelt es sich dabei um übliche, normative Ereignisse wie z. B. den Schuleintritt, den Wechsel der Schule nach der Grundschulzeit, die Aufnahme eines Studiums oder einer Berufsausbildung. Andere Ereignisse wiederum treffen nur einen Teil der Menschen, etwa die Geburt eines Geschwisterkindes, die Scheidung der Eltern oder bei Erwachsenen das Erlebnis eigener Elternschaft. Neben diesen besonderen Lebensereignissen müssen aber auch vor allem überdauernde Umgebungsfaktoren beachtet werden, die einen Menschen prägen. Als Beispiele seien genannt: die psychische Gesundheit der Eltern, die sozialökonomische Situation der Familie, die politischen bzw. gesellschaftlichen Rahmenbedingungen des Aufwachsens oder auch die Sozialstruktur des Stadtteils, in dem ein Mensch lebt.

Liest sich die bisherige Aufzählung so, als ob menschliche Entwicklung vor allem durch äußere Ereignisse und Rahmenbedingungen geprägt würde, so muss dieser Eindruck dahingehend korrigiert werden, dass diese äußeren – häufig sozialen – Faktoren jeweils auf ganz spezielle individuelle biologische und psychologische Merkmale einzelner Personen treffen und mit diesen interagieren. Die gleichen äußeren Umstände können also bei verschiedenen Menschen aufgrund ihrer biologischen und psychologischen Verfasstheit ganz unterschiedliche Wirkungen entfalten. Die Geburt eines Geschwisterkindes etwa kann je nach Alter, Selbstwertgefühl, Temperament, erlebter Sicherheit der Beziehung zu den Eltern und vielen anderen Faktoren sowie deren jeweiliger Interaktion miteinander bei einem betroffenen Kind eher entwicklungshemmende oder entwicklungsfördernde Auswirkungen haben. Stellen wir uns etwa ein sechsjähriges, selbstbewusstes Kind mit einer sicheren Bindung zu beiden Elternteilen vor, welches ein ruhiges und ausgeglichenes Temperament aufweist und vergleichen dessen mutmaßliche Reaktion mit der eines vierjährigen, sich seiner Beziehung zu den Eltern nicht sicheren Kindes, welches ein unstetes Temperament und wenig Selbstbewusstsein hat. Während das erstgenannte Kind die Geburt seines kleinen Geschwisters vermutlich zu einer Ausweitung seiner Fähigkeiten (Umsorgen eines kleinen Kindes, Rücksichtnahme auf die belasteten Eltern, Aufbau einer neuen Beziehung) nutzen wird, könnte bei dem anderen Kind befürchtet werden, dass es mit Angst und vermehrter Unsicherheit auf die Geburt seines Geschwisters reagiert und Entwicklungsrückschritte macht (Regression), möglicherweise auf einmal selber wieder gefüttert werden will und aggressiv mit dem Baby umgeht. Das gleiche Ereignis führt also bei den beiden Kindern in Abhängigkeit von ihren psychologischen (Selbstwertgefühl, Bindungsstatus) und biologischen (angeborenes Temperament) Dispositionen einmal zu einer Entwicklungsförderung und ein anderes mal zu einer Entwicklungshemmung.

Menschen können weder rein über ihre sozialen Erfahrungen, noch über ihre psychologischen Charakteristika, noch über ihre angeborenen Eigenschaften hinsichtlich ihrer Entwicklungsmöglichkeiten eingeschätzt werden, vielmehr ist ein *biopsychosoziales* Modell menschlichen Verhaltens und Erlebens anzuwenden, um sie zu verstehen und gegebenenfalls auch angemessen beeinflussen zu können.

Entwicklungspsychologen versuchen herauszufinden, wie Menschen sich unter verschiedenen Rahmenbedingungen entwickeln. Sie beachten dabei verschiedene Dimensionen, z. B. die kognitive, emotionale oder soziale Entwicklung. Von besonderer Wichtigkeit ist dabei, möglichst allgemeine Entwicklungsgesetze zu entdecken und die unterschiedlichen Bedingungen für gelingende Entwicklungsverläufe zu erfassen. In der Entwicklungspsychopathologie hingegen konzentrieren sich die Forscherinnen auf die Frage, wie es zu *abweichenden Entwicklungsverläufen* kommt, wie diese aussehen können und unter welchen Bedingungen auch abweichende Pfade wieder verlassen werden können. Diese Forschungsrichtung kombiniert Fragestellungen und Herangehensweisen der Entwicklungspsychologie und der Klinischen Psychologie (s. Kap. 3).

Es sind also viele Faktoren, die den Entwicklungsverlauf eines Menschen beeinflussen. Sozialarbeiterinnen und Sozialarbeiter, deren Beruf es ist, Menschen dabei zu helfen, auch unter schwierigen Rahmenbedingungen eine möglichst gelingende Entwicklung zu durchlaufen bzw. im Falle abweichender Entwicklung die Betroffenen dabei zu unterstützen, wieder günstigere Wege einzuschlagen, müssen sich, um effektiv helfen zu können, mit diesen Faktoren auskennen. Nur dann können sie professionell entscheiden, bei welchem Klienten unter welchen Rahmenbedingungen in welchem Alter welche Interventionen hilfreich sein können: Soll dem Klienten geholfen werden, seine Beziehungen besser zu gestalten? Soll seine räumliche Umgebung geändert werden? Muss er zu sinnvollerer Freizeitgestaltung angeregt oder in der Schule unterstützt werden? Ist der Medienkonsum ein Ansatzpunkt für Veränderungen oder eventueller Drogenkonsum? Und welche Interventionen sind genau bei einem Menschen in welchen Lebensbedingungen und in welchem Alter Erfolg versprechend? Welche Risikofaktoren müssen minimiert, welche Schutzfaktoren optimiert werden?

Die Hilfe, die Sozialarbeiterinnen und Sozialarbeiter mit diesem Hintergrundwissen ihren Klienten zuteil werden lassen können, ist nicht nur durch eine ethisch-moralische Verpflichtung legitimiert. Auch wenn der Wert eines Menschen und menschlichen Glücks keinesfalls in dieser Weise umgerechnet werden kann, so lässt sich dennoch zeigen, dass passgenaue Jugendhilfemaßnahmen in erheblichem Maße gesellschaftliche Folgekosten minimieren. Roos (2005; vgl. im Überblick Roos/Petermann 2006) hat eine Modellrechnung durchgeführt, bei der er nicht nur – wie dies kurzsichtigerweise häufig gemacht wird – die Kosten von Jugendhilfemaßnahmen berücksichtigt hat, sondern auch die in Folge der Maßnahme entstehenden gesellschaftlichen Erträge. Er hat dabei drei Zielbereiche von Jugendhilfe berücksichtigt. Demnach sollen durch die Hilfen Verbesserungen in folgenden Bereichen erzielt werden:

• Bildung, Ausbildung, Arbeitsfähigkeit, Produktivität;
• Legalverhalten;
• Gesundheitsbezogenes Verhalten.

Das bedeutet, geeignete Jugendhilfemaßnahmen sollen die Gefahr von Schulabbrüchen und späterer Arbeitslosigkeit, die Gefahr massiv aggressiven und kriminellen Verhaltens und auch gesundheitsschädigendes Verhalten minimieren. In Abbildung 1 wird der Zusammenhang dargestellt: Jugendhilfemaßnahmen verursachen einerseits Kosten, verbessern aber entsprechend ihrem Auftrag die Eigenverantwortung, die Gemeinschaftsfähigkeit und Aspekte der Persönlichkeit ihrer Klienten. Wenn diese Parameter positiv beeinflusst werden, dann wirkt sich das wiederum günstig auf die Arbeitsfähigkeit, den Erwerb eines Schulabschlusses sowie den Abschluss einer Ausbildung aus, sorgt dafür, dass die Betroffenen in höherem Maße gesellschaftlich gewünschte Normen übernehmen und die Wahrscheinlichkeit psychischer und physischer Gesundheit zunimmt. Dadurch werden wiederum die Wahrscheinlichkeiten für den Eintritt von Arbeitslosigkeit, Delinquenz und Krankheit verringert und die Wahrscheinlichkeit für produktive Arbeitsleistung erhöht (vgl. Abb. 1.1).

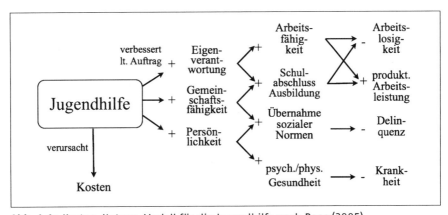

Abb. 1.1: Kosten-Nutzen-Modell für die Jugendhilfe nach Roos (2005)

Die gesamtgesellschaftlichen finanziellen Auswirkungen lassen sich im Rahmen einer Modellrechnung ermitteln. Roos (ebd.) vergleicht verschiedene Lebensläufe hinsichtlich der sich ergebenden Kosten bzw. Erträge für die Gesellschaft miteinander (vgl. Abb. 1.2). Dabei hat er berechnet, wie die gesellschaftlich relevante finanzielle Gesamtbilanz zu verschiedenen Lebenszeitpunkten aussieht.

Bei einer „Normalbiographie" ohne besondere Auffälligkeiten fällt das Ergebnis seiner Berechnungen folgendermaßen aus: In den ersten 20 Lebensjahren kostet ein Mensch die Gesellschaft Geld, denn er besucht öffentlich finanzierte Einrichtungen wie Kindergarten und Schulen und nimmt das Gesundheitssystem in Anspruch, gleichzeitig erwirtschaftet er noch kein Geld. Kurz darauf, mit dem Eintritt ins Erwerbsleben, wandelt sich die Bilanz. Obwohl er in den ersten Lebensjahren nur Geld verbraucht hat, ohne selbst etwas beizutragen, ist die Zwischenbilanz schon im Alter von 30 Jahren deutlich positiv: Nachdem die Sozialisation dieses Menschen die Gesellschaft zunächst etwa 200 000,– Euro gekostet hat, erwirtschaftet er bis zum Alter von 30 Jahren bereits Werte im Umfang von 400 000,– Euro, sodass die Zwischenbilanz mit etwa 200 000,– Euro im Plus liegt. Die Entwicklung geht nun bis ins mittlere Lebensalter so weiter. Zwischen 50 und 60 Jahren übersteigen die Kosten, die nun durch medizinische Betreuung und ggf. Frühberentung zu verzeichnen sind, die Erträge und diese Trendumkehr setzt sich bis zum Lebensende fort. Die Abschlussbilanz von Erträgen einerseits (Steuern, Sozialabgaben) und Kosten andererseits fällt aber deutlich positiv aus, knapp 400 000,– Euro hat dieser Mensch am Ende seines Lebens für die Gesellschaft netto erwirtschaftet.

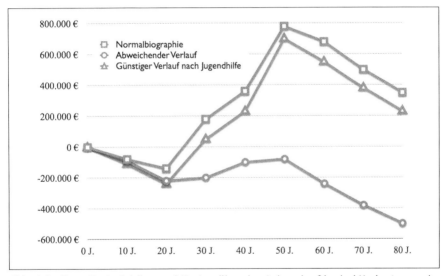

Abb. 1.2: Kumulierte Erträge und Kosten über den Lebenslauf in drei Varianten nach Roos und Petermann (2006)

Ganz anders dagegen die Bilanz bei einem Menschen, dessen Entwicklungswege bereits früh abweichen. Ohne Bildung, ohne stabile Arbeitsfähigkeit, mit erhöhter Wahrscheinlichkeit für delinquentes Verhalten und mit einem ungünstigen gesundheitsbezogenen Verhalten fällt die finanzielle Belastung für die Gesellschaft insgesamt sehr hoch aus (etwa 500 000,– Euro über den gesamten Lebenslauf). Bei rechtzeitig einsetzenden, effektiven Jugendhilfemaßnahmen hingegen sind die Kosten für die Gesellschaft bis zum 20. Lebensjahr zwar am höchsten von allen drei Varianten, im Verlauf des Lebens profitiert die Gesellschaft aber deutlich von den Auswirkungen der sozialarbeiterischen Hilfen.

Auch die Daten aus der großen Jugendhilfe-Effekte-Studie (Schmidt u. a. 2002) belegen (mit etwas niedrigeren Zahlen) den bedeutenden Effekt von stationären Jugendhilfemaßnahmen auch nach Abzug der Kosten, die diese verursacht haben. Dabei zeigte sich, dass die höchsten Kosteneinsparungen bei hohen Tagespflegesätzen und geringer Verweildauer zu erzielen waren.

Diese Daten verdeutlichen, dass in der Jugendhilfe hohe spezialisierte Kompetenz vorhanden sein muss (vgl. etwa Beck/Strempel/Werner 2006; Schmid/Goldbeck/Fegert 2006). Darüber hinaus wird evident, dass Forschungsergebnisse zur differenziellen Indikation von Jugendhilfemaßnahmen (stationär vs. ambulant) von herausragender Bedeutung sind. Leider gibt es diesbezüglich noch wenige Ergebnisse, worauf im Abschnitt zur Kindeswohlgefährdung noch näher eingegangen wird.

Wer mit Kindern und Jugendlichen aber auch mit Erwachsenen in verschiedenen Lebensaltersstufen effektiv arbeiten will, muss insbesondere entwicklungspsychologische Kenntnisse haben, die es ermöglichen, entwicklungsangemessene Interventionen auszuwählen. Ganz verschiedene Entwicklungsbereiche müssen hier – je nach geplanter Intervention – beachtet werden (vgl. Borg-Laufs/Trautner 2007), zum Beispiel:

- Basale Lernfähigkeiten: Möglicherweise soll ein Belohnungsprogramm zur Verhaltensmodifikation eingesetzt werden, etwa zur Verminderung aggressiven Verhaltens in einer Kindertagesstätte. Ab welchem Alter ist dies in welcher Form sinnvoll einsetzbar (vgl. Kap. 1.2)?
- Kognitive Fähigkeiten: Eine Sozialarbeiterin möchte einem Kind etwas logisch erklären. Ab welchem Alter kann das Kind einer logischen Argumentation folgen? Welche kognitiven Fähigkeiten kann ich bei der Arbeit mit alten Klienten voraussetzen (vgl. Kap. 1.3)?
- Soziale Perspektivenübernahme: Ein aggressives Kindergartenkind soll angeleitet werden, sich in seine Opfer hineinzuversetzen. Kann es das? Oder ist das erst bei einem Schulkind möglich (vgl. Kap. 1.3)?
- Beziehungsaufbau: Auch die Frage, wie sich die Beziehungsfähigkeit von Menschen entwickelt, kann bei vielen sozialarbeiterischen Interventionen wichtig sein: In welchem Alter sind welche Beziehungssituationen für ein Kind wichtig? Wie kann ich einschätzen, ob die Beziehungsgestaltung der Eltern ihrem Kind gegenüber angemessen ist (vgl. Kap. 1.5)?
- Motivation/Handlungssteuerung: Um einem Kind mit Leistungsschwierigkeiten helfen zu können, muss eine Sozialarbeiterin über die Entwicklung der Leistungsmotivation bei Kindern informiert sein (vgl. Kap. 1.7).

📖 *Literaturempfehlungen*

Borg-Laufs, M./Trautner, H. M. (2007): Entwicklungspsychologische Grundlagen der Kinder- und Jugendlichenpsychotherapie. In: Borg-Laufs, M. (Hrsg.): Lehrbuch der Verhaltenstherapie mit Kindern und Jugendlichen, Bd. 1: Grundlagen. 2. Aufl., Tübingen: DGVT, S. 77–120.
Roos, K. (2006): Kosten-Nutzen-Analyse von Jugendhilfemaßnahmen. Frankfurt: Lang.

1.2 Gelerntes Verhalten

1.2.1 Klassisches Konditionieren

Der russische Physiologe Iwan Pawlow (1849–1936) hatte herausgefunden, dass man einen Hund dazu bringen konnte, auf ein Glockensignal hin so zu speicheln, als ob ihm ein Stück Fleisch vorgelegt würde. Dies konnte er erreichen, indem er dem Hund vorher mehrmals Fleisch gab, während gleichzeitig die Glocke läutete (vgl. Merod 2007). Unter anderem für diese Arbeiten wurde er mit dem Nobelpreis ausgezeichnet. Aber warum ist diese Entdeckung für das Verständnis menschlichen Verhaltens so wichtig? Auch unser Verhalten und das unserer Klient/innen wird durch diesen Prozess der sogenannten klassischen Konditionierung geprägt. Gerade Verhalten mit stark physiologischem Anteil (dies können einfache Reflexe sein, aber auch emotionale Reaktionen) wird häufig auf dem Wege der Koppelung von Reizen erworben. Da Hunde nicht lernen müssen, bei der Wahrnehmung von Fleischgeruch zu speicheln, sondern dies reflexhaft und ungelernt tun, handelt es sich dabei um eine so genannte *unkonditionierte Reaktion (UCR)* auf einen *unkonditionierten Stimulus (UCS)*, nämlich das Fleisch. Bei der Koppelung des UCS mit einem neutralen Stimulus (hier der Glocke) wird dieser vormals neutrale Reiz dann zum *konditionierten Stimulus (CS)*, der den Speichelfluss dann als auf die Glocke bezogene *konditionierte Reaktion (CR)* auslöst (vgl. Abb. 1.3).

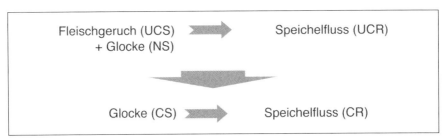

Abb. 1.3: Das Prinzip klassischer Konditionierung nach Pawlow

Bei Pawlows Hund handelte es sich um einen einfachen Reflex (Speichelfluss), auf ähnliche Weise können aber auch emotionale Reaktionen erworben werden. In Kapitel 3.3.1 wird auf die Bedeutung der klassischen Konditionierung im Rahmen der Entstehung von Angsterkrankungen eingegangen. Aber auch alltägliche Verhaltensweisen unserer Klientinnen und Klienten können vor diesem Hintergrund verstanden werden. So wird ja z. B. nicht selten von Lehrern geklagt, dass gerade die Eltern, deren Kinder problematisch sind und bei denen es wichtig wäre, dass es einen guten Kontakt zwischen Eltern und Lehrern gibt, häufig nicht zu Elternabenden und Elternsprechtagen erscheinen. Dafür gibt es verschiedene Erklärungsmöglichkeiten, aber *einen* Beitrag kann auch das Prinzip der klassischen Konditionierung leisten. Dies könnte z. B. dann relevant sein, wenn die Eltern nicht aus mangelndem Interesse oder bestimmten Überzeugungen folgend den Kontakt mit der Schule vermeiden, sondern wenn sie durch den Kontakt mit der Schule emotional hoch belastet sind. Der Gedanke, einen Elternabend zu besuchen, löst bei manchen der betroffenen Eltern Ängste und Unwohlsein aus. Diese unguten Gefühle sind vielleicht schon in der eigenen Kindheit entstanden, wenn der ursprünglich vermutlich neutrale Reiz „Schule" mehrfach mit emotional belastenden Ereignissen verknüpft wurde (Abwertung durch Lehrer aufgrund schlechter Noten; peinliche Situationen usw.). Vielleicht gab es auch bereits unangenehme, belastende Ereignisse im Zusammenhang mit dem eigenen Kind und der Schule. Die Entscheidung, einen Elternabend nicht zu besuchen, ist in diesen Fällen weniger eine durchdachte Entscheidung und auch kein Zeichen von mangelndem Interesse, vielmehr löst der Gedanke an den Besuch eines Elternabends ganz automatisch massiv negative Gefühle aus und die Eltern schaffen es dann – trotz Interesse und Einsicht – nicht, sich diesen negativen Gefühlen zu widersetzen und den Elternabend zu besuchen.

Von großer Bedeutung für das Verständnis besonders veränderungsresistenten Verhaltens sind Entdeckungen des Emotionspsychologen LeDoux (2004). Er konnte im Tierversuch feststellen, dass emotionale Reaktionen konditioniert werden können, ohne dass höhere kognitive Prozesse beteiligt sind. Dazu durchtrennte er bei Ratten die neuronalen Verbindungen zwischen der Amygdala (dem für Emotionen zuständigen Teil des Gehirns) und dem sensorischen Cortex (dem für die Aufnahme und Verarbeitung von Körperempfindungen zuständigen Teil des Gehirns) und führte dann mit Erfolg Konditionierungsversuche mit ihnen durch. Er stellte auch fest, dass die auf diesem Wege konditionierten Tiere schnellere Reaktionen zeigten als die Tiere, bei denen der operative Eingriff nicht vorgenommen wurde (vgl. Abb. 1.4) und dass sie auf ein breiteres Reizspektrum mit der konditionierten Reaktion reagierten.

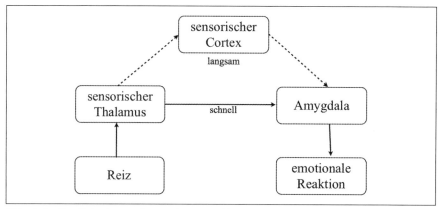

Abb. 1.4: Konditionierung kann ohne Beteiligung höherer cortikaler Strukturen erfolgen. Die Reaktionen werden dann schneller ausgelöst (nach Immisch 2004)

Die Funktion dieser schnellen und ungenauen Reaktion im Rahmen der Evolution ist schnell nachvollziehbar: In Gefahrensituationen soll schnell Fluchtverhalten ausgelöst werden, auch wenn noch nicht ganz sicher ist, ob die Gefahr wirklich ernsthafter Natur ist (besser einmal zu oft weglaufen als einmal zu wenig). Dass Konditionierungsreaktionen ohne Beteiligung höherer corticaler Prozesse schneller erfolgen, ist aber auch für die Frage der Veränderungsresistenz mancher Verhaltensweisen von Klienten Sozialer Arbeit hoch bedeutsam: In den ersten Lebensjahren sind die höheren geistigen Prozesse noch wenig ausgereift, gleichzeitig eignet sich das Kind seine Welt über eine Fülle von Konditionierungsvorgängen an. Gerade bei Kleinstkindern, aber auch noch während der folgenden Jahre, bildet sich so ohne Beteiligung komplexerer kognitiver Bewertungsprozesse ein emotionales Gedächtnis aus. „Das in dieser Zeit Erlebte prägt sich tief in das emotionale Gedächtnis ein und formt dasjenige, was man Persönlichkeit oder Charakter nennt" (Roth 2001, 228).

1.2.2 Operantes Konditionieren

Während beim klassischen Konditionieren das Verhalten eines Menschen durch den vorausgehenden Stimulus ausgelöst wird, steuert beim sogenannten operanten (oder auch: instrumentellen) Konditionieren die dem Verhalten nachfolgende Konsequenz das Verhalten. Insbesondere der amerikanische Psychologe Burrhus F. Skinner (1904–1990), der als einer der einflussreichsten Forscher in der Geschichte der Psychologie gelten kann, hat sich dieser Lernvariante angenommen und eine Vielzahl beeindruckender Experimente vorgelegt. Er konnte u. a. zeigen, dass Tauben, bei konsequenter Anwendung dieses einfachen Lernprinzips, Tischtennis spielen lernen konnten, aber auch geschriebene Wörter wie „turn" und „peck" umsetzen konnten. Dass Menschen ihr Verhalten in hohem Maße danach ausrichten, welche unmittelbaren Konsequenzen ihr Verhalten hat, ist unmittelbar einsichtig. Lerntheoretiker haben aber die genauen Bedingungen des Lernens anhand von nachfolgenden Konsequenzen in unzähligen Experimenten sowohl mit Tieren als auch mit Menschen äußerst differenziert herausgearbeitet (vgl. im Überblick Kanfer/Phillips 1975). Während klassische Konditionierungsprozesse schon bei Neugeborenen greifen können (Cole/Cole 1989, 162), entwickelt sich die operante Konditionierbarkeit im Laufe der ersten Lebensmonate (Hayne, Rovée-Collier/Perris 1987).

Darauf aufbauend wurde die funktionale Verhaltensanalyse entwickelt, deren Grundzüge für das Verstehen menschlichen Verhaltens essentiell sind. Im Rahmen der Verhaltenstherapie ist die funktionale Verhaltensanalyse selbstverständlicher Standard für die diagnostische Einschätzung (vgl. etwa Borg-Laufs 2006a, Kanfer u. a. 2006), aber auch in der Sozialen Arbeit ist dies ein probates Mittel, um ungünstiges Verhalten von Klienten anhand der Funktion, die es für diese hat, zu verstehen. Üblicherweise wird Verhalten demnach mit der Verhaltensformel S-O-R-K-C beschrieben, deren einzelne Bestandteile nachfolgend beschrieben werden (vgl. ausführlich Borg-Laufs, 2006a).

S – Stimulus
Der Stimulus ist diejenige Situation, die einem Problemverhalten unmittelbar vorangeht. Es können *externe Stimuli* und *interne Stimuli* unterschieden werden. Externe Stimuli liegen außerhalb der Person. So könnte bei einem aggressiven

Jugendlichen, z. B. dem beobachtbaren Verhalten, dass er einen anderen Jugendlichen verprügelt, der Stimulus „Jugendlicher sieht ihn an" vorausgehen. Interne Stimuli hingegen liegen innerhalb der Person. Bei einem anderen Jugendlichen könnte der interne Stimulus „Langeweile" z. B. regelmäßig einer aggressiven Handlung vorausgehen.

O – Organismus

In der Organismusvariable werden alle zur Person gehörenden, überdauernden Merkmale festgehalten, die in Bezug auf das zu erklärende Verhalten wichtig sein könnten. Denkbar wären hier etwa körperliche Merkmale wie chronische Krankheiten, aber auch überdauernde psychische Merkmale, wie etwa verletzte Grundbedürfnisse (vgl. Kap. 1.5), irrationale Überzeugungen (z. B. „Wer nicht zeigt, dass er der Stärkste ist, ist ein Loser") oder ein niedriges Selbstwertgefühl.

R – Reaktion (Verhalten)

Das Verhalten eines Menschen wird in der funktionalen Verhaltensanalyse auf verschiedenen Ebenen beschrieben:

- motorisches Verhalten (R_{mot}) (z. B. zuschlagen, schreien, rennen, trödeln u. v. a.)
- kognitives Verhalten (R_{kog}) (die Gedanken, die einer Person in der Situation durch den Kopf gehen, z. B. „Das lass ich mir von so einem Penner nicht bieten!")
- emotionales Verhalten (R_{em}) (z. B. Wut, Trauer, Freude, …)
- physiologisches Verhalten (R_{phys}) (z. B. Herzrasen, Veränderung der Hauttönung, …)

C – Consequences (Konsequenzen)

Die lernpsychologische Forschung hat deutlich gezeigt, dass vor allem *kurzfristige Konsequenzen* verhaltenswirksam sind, während langfristige Konsequenzen kaum zur Verhaltenssteuerung beitragen. Dieses Phänomen lässt sich an einer Fülle alltäglicher Verhaltensweisen immer wieder beobachten: Kurzfristige positive Konsequenzen einer Handlung führen häufig dazu, dass dieses Verhalten ausgeführt wird, auch wenn es langfristig negative Konsequenzen hat. Eine Studentin, die eine Party besucht, obwohl sie lernen müsste, wird *kurzfristig* für ihr Verhalten belohnt (gute Stimmung, angenehme Kontakte usw.), während die langfristigen Konsequenzen (schlechtere Prüfungsleistung) sie kaum davon abhalten können. Bei den Klienten Sozialer Arbeit gibt es ebenfalls eine Vielzahl möglicher Beispiele: So ist es kurzfristig angenehm, die gefühlsmäßige Belastung durch Probleme mittels übermäßigem Alkoholkonsum zu betäuben; dass dies längerfristig die Probleme verstärkt und aufrechterhält (negative Konsequenzen), hält Betroffene dann doch nicht vom übermäßigen Trinken ab. Das gleiche gilt auch für die Verhaltenswirksamkeit von Strafen, die unser Justizsystem zu bieten hat. Auch dabei handelt es sich um langfristige (und nur mit einer gewissen Wahrscheinlichkeit eintretende) Konsequenzen, während die Tat, z. B. ein aggressiver Angriff, unmittelbar belohnt wird.

Bei den Konsequenzen ist – wie bei den Stimuli – auch dahingehend zu unterscheiden, ob es sich um interne (z. B. Verringerung von Angst, Verringerung von Langeweile, Steigerung des Selbstwertgefühls) oder externe (Lob oder Bewun-

derung durch andere, materielle Belohnung) handelt. Die wichtigste Unterscheidung besteht aber darin, ob es sich bei den Konsequenzen im psychologischen
Sinne um Verstärker oder Bestrafungen handelt (vgl. Tab. 1.1). *Verstärker* sind
dadurch gekennzeichnet, dass sie das vorausgehende Verhalten zukünftig wahrscheinlicher machen. *Bestrafungen* hingegen hemmen die Verhaltensausführung.
Bei den Verstärkungen wird zwischen positiver und negativer Verstärkung unterschieden: Positive Verstärkung (C+) bedeutet, dass jemand für seine Handlung mit etwas Positivem belohnt wird, z. B. eine materielle Belohnung erhält.
Negative Verstärkung ($\cancel{C}$–) hingegen bedeutet, dass ein unangenehmer Zustand
beendet wird, etwa: Durch meine Handlung verringert sich meine Langeweile
oder meine Angst. Ähnlich wird bei den Strafen zwischen direkter und indirekter
Bestrafung unterschieden: Bei der direkten Bestrafung (C–) handelt es sich um
direkt negative Konsequenzen, etwa Schmerzen, ausgeschimpft werden u. Ä. Bei
der indirekten Bestrafung ($\cancel{C}$+) wird ein positiver Zustand beendet, etwa eine
angenehme Tätigkeit (gemeinames Spiel) endet als Konsequenz daraus, dass ein
Kind sich beim Spiel unangemessen verhält.

Tab. 1.1: Systematik verstärkender und hemmender Verhaltenskonsequenzen

	etwas wird entfernt	etwas wird hinzugefügt
Verstärker (verhaltenssteigernd)	$\cancel{C}$–	C+
Bestrafung (verhaltenshemmend)	$\cancel{C}$+	C–

K – Kontingenz

Schließlich ist es wichtig zu wissen, wie das Verhältnis von Konsequenzen zu
Verhalten ist, m. a. W., wie regelmäßig die Verstärkung oder Bestrafung des Verhaltens erfolgt. Für unsere Zwecke ist es ausreichend, zwischen *kontinuierlicher*
und *intermittierender* Verstärkung zu unterscheiden. Bei kontinuierlicher Verstärkung wird ein Verhalten jedes Mal verstärkt, wenn es gezeigt wird. Dies
ist für den Verhaltensaufbau besonders günstig, schafft aber kaum stabiles
Verhalten. Bleibt die Verstärkung nämlich aus, wird das Verhalten schnell eingestellt. Ein Kind etwa, welches regelmäßig die Erfahrung macht, dass es bei
Wutanfällen seinen Willen durchsetzen kann, wird dies ganz schnell als Mittel
der Willensdurchsetzung einzusetzen lernen. Bleibt die kontinuierliche Verstärkung aber aus, so wird das Kind nach einer kurzen Phase der Intensivierung
seiner Bemühungen das Verhalten recht schnell wieder einstellen, weil es durch
den mangelnden Erfolg schnell entmutigt wird. Anders verhält es sich bei intermittierender Verstärkung. Das Verhalten wird nicht jedes Mal, sondern nur in
(meist unvorhersehbaren) Abständen belohnt, so wie etwa beim Glücksspiel. Das
enorme Suchtpotential von Glücksspielen liegt darin begründet, dass die Spieler
immer hoffen können, dass der Gewinn kurz bevor steht, auch wenn sie gerade
eine ganze Serie von Verlusten erfahren haben. Ähnlich auch bei dem vorhin
beschriebenen Fall des Kindes, das sich mit Wutausbrüchen durchsetzt. Wenn
es sich bislang nicht jedes Mal, sondern nur von Zeit zu Zeit mit seinen Wutausbrüchen durchsetzen konnte, dann wird es „langem Atem" beweisen, wenn die

Eltern sich vorgenommen haben, sich konsequent gegen die Wutausbrüche zu behaupten, denn es wird lange Zeit hoffen, dass es doch noch „gewinnen" kann.

Bei der Konstruktion einer funktionalen Verhaltensanalyse beginnt man mit dem Verhalten (R), welches man verstehen bzw. erklären möchte, und versucht, dies möglichst genau zu beschreiben. Würden wir uns also mit einem aggressivem Jugendlichen beschäftigen, so würden wir uns zunächst genau von ihm und ggf. anderen Beobachtern schildern lassen, wie er sich verhält und was er empfindet. Möglicherweise würden wir erfahren, dass er sehr wütend war (R_{em}), sich gedacht hat „Dem werde ich zeigen, wo seine Grenzen sind!" (R_{kog}), dass sein Puls sich beschleunigt hat (R_{phys}) und dass er zu seinem Opfer rannte und es mit mehreren Faustschlägen zu Boden schlug (R_{mot}). Anschließend müsste versucht werden, die Situation genau zu erfassen, in der das Verhalten auftritt, schließlich verprügelt unser jugendlicher Klient ja nicht alle Menschen, die er auf der Straße trifft. Wir erfahren möglicherweise, dass das Opfer den Täter herausfordernd angelächelt und angeschaut hat und dass dies häufig der Anlass für seine Schlägereien ist (S). Nun wollen wir wissen, was dem Verhalten unmittelbar folgte. Das Opfer wurde besiegt (C+), die Freunde des Täters klopften ihm auf die Schulter (C+), seine Freundin machte ihm eine Szene und schrie ihn an (C−), er fühlte sich aber gut, weil er eine Selbstwerterhöhung erlebte (C+). Da er nicht jede Schlägerei „gewinnt" und somit auch nicht immer in seinem Selbstwert bestätigt wird, ihm die Freunde auch nicht immer auf die Schulter klopfen und die Freundin nicht immer eine Szene macht, folgen diese Konsequenzen also intermittierend (K). Durch den Hinweis auf das gestiegene Selbstwertgefühl erfahren wir möglicherweise durch behutsames Nachfragen, dass der Jugendliche in seinem Leben häufige Erfahrungen von Misserfolg und Erniedrigung machen musste, woraus wir auf ein verletztes Bedürfnis nach Selbstwertschutz (O) schließen können (vgl. Kap. 1.5). Dies macht es wiederum wahrscheinlich, dass die Steigerung des Selbstwertgefühls für ihn eine außerordentlich verhaltenswirksame Konsequenz seines Verhaltens ist. Die fertige funktionale Verhaltensanalyse würde nun so aussehen:

S	→	O	→	R	→	C
herausfordernder Blick		verletztes Bedürfnis		mot.: verprügeln		Selbstwerterh. (C+) (int.)
		nach Selbstwertschutz		phys: Pulsrate gestiegen		„Gewinn" (C+) (int.)
				em: Wut		„Schulterklopfen" (C+) (int.)
				kog: „Dem zeig' ich's!"		Stress m. Freundin (C−) (int.)

Abb. 1.5: Beispielhafte funktionale Verhaltensanalyse

Die funktionale Analyse kann nun helfen, Ansatzpunkte für Veränderungen zu finden. So könnte es in diesem Fall wichtig sein, an der Organismusvariable, also am Selbstwert des Klienten, zu arbeiten, indem ressourcenorientiert andere Möglichkeiten der Selbstwertsteigerung erarbeitet werden, so dass der Jugendliche die Schlägereien nicht mehr „benötigt", um seinen Selbstwert zu steigern. Andere mögliche Ansatzpunkte ergeben sich ebenfalls aus der Analyse: Die Verstärkung durch seine ebenfalls delinquenten Freunde müsste entfallen oder weniger wichtig werden. Hier wäre zu versuchen, den jungen Mann aus seiner Clique zu lösen und ihn in andere soziale Beziehungen zu integrieren. Die Freundin wiederum scheint hilfreich zu sein. Sie sollte dazu ermuntert werden, auch zukünftig seinen Gewalttaten negative Konsequenzen folgen zu lassen.

1.2.3 Modelllernen

In den 1970er Jahren war es vor allem Albert Bandura (*1925), der die beiden Konditionierungsansätze um einen weiteren Lernmodus ergänzte, das *Lernen am Modell*. Er konnte zeigen, dass Verhalten nicht nur durch Erfahrungen „am eigenen Leib" entwickelt wird, sondern dass Menschen auch stellvertretend, am Modell, lernen. Erstmals zeigten er und sein Team dies im Rahmen der „Bobo-Doll-Experimente". Drei Kindergruppen sahen einen Film, in dem eine Person („Rocky") in einem Raum mit Spielzeug aggressiv mit einer großen Plastikpuppe („Bobo") spielte, sie schlug, trat und bewarf. Die erste Gruppe sah nur diesen Teil des Films. Die zweite Gruppe sah ein Ende des Films, in dem Rocky für sein Verhalten belohnt wurde, die dritte Gruppe sah, wie Rocky für sein Verhalten bestraft wurde (Gruppe 3). Die Kinder der Gruppen 1 und 2 zeigten anschließend spontan in einer vergleichbaren Situation (ein Raum mit gleichen Spielangeboten wie im Film) eine erhöhte Rate aggressiver Verhaltensweisen, während die Kinder der Gruppe 3 kaum aggressives Verhalten zeigten. Wurde den Kindern eine Belohnung dafür in Aussicht gestellt, wenn sie Verhaltensweisen aus dem Film nachahmten, so verhielten sich die Kinder aller drei Gruppen aggressiv (vgl. Bandura 1979). Dieses Experiment konnte also zeigen, dass Verhaltensweisen durch das Beobachten eines Modells gelernt werden können, aber auch, dass es anschließend nur unter bestimmten Bedingungen auch gezeigt wird.

Durch Modelllernen können verschiedene Dinge bewirkt werden: Das Modell kann Verhaltensweisen demonstrieren, die die zuschauende Person bis dahin noch gar nicht im Verhaltensrepertoire hatte, d.h., über Modelllernen kann *neues Verhalten erworben* werden. Es kann aber auch sein, dass das Modell ein Verhalten ausübt, welches nicht „neu" für den Zuschauer ist, dass aber durch die Beobachtung des Modells die Motivation steigt, das Verhalten selber zu zeigen.

Tatsächlich lernen Menschen in ihrer Entwicklung in erheblichem Ausmaß am Modell. Kinder schauen sich das Verhalten ihrer wichtigsten Bezugspersonen (i. d. R. ihre Eltern) an und imitieren das Verhalten. So ist z. B. zu erklären, dass Eltern, die ihre Kinder mit Schlägen erziehen, häufig auch besonders aggressive Kinder haben. Jugendliche schauen sich bei Gleichaltrigen ab, welche Verhaltensweisen gut ankommen und erfolgreich sind und Erwachsene orientieren sich ebenfalls an dem Verhalten, welches sie bei anderen beobachten können. Nur so ist zu verstehen, wie wir komplexe kulturell erwartete Verhaltensweisen erwerben können (etwa angemessenes Benehmen in verschiedenen Subkulturen und zu verschiedenen Anlässen). Auch problematisches Verhalten, etwa Angst, wird häufig durch Modelllernen erworben (s. Kap. 3.3.1).

Über die verschiedenen Untersuchungen zum Lernen am Modell konnte herausgearbeitet werden, welche Bedingungen besonders wichtig sind, damit es zu Modelllernprozessen kommen kann. Es gehört auch zu den Wirkprinzipien Sozialer Arbeit, dass Sozialarbeiter ihren Klienten als Modell für angemessenes Verhalten zur Verfügung stehen. Um solche Prozesse zu ermöglichen, sollte man sich die Prinzipien für gelingendes Modelllernen vor Augen führen:

Aufmerksamkeit

Menschen lernen dann gut am Modell, wenn sie die wichtigen Merkmale des Verhaltens auch wirklich wahrnehmen. Dazu ist es notwendig, dass sie ihre Aufmerksamkeit dem Modell und seinem Verhalten schenken. Dies wird in hohem Maße dann der Fall sein, wenn die Sozialarbeiterin von ihrer Klientin als kompetent und sympathisch eingeschätzt wird. Erste Voraussetzung für eine gelingende Modellwirkung der Sozialarbeiterin ist daher der Aufbau einer guten Beziehung zur Klientin. Auch wird gerade bei Jugendlichen aufmerksam verfolgt, wie sich Gleichaltrige verhalten. Dies ist eine Chance für Modelllernprozesse in Gruppen (allerdings sowohl in positiver als auch in negativer Hinsicht).

Behalten

Menschen nehmen permanent wahr, aber nur die wenigsten Ereignisse, die sie wahrgenommen haben, bleiben auch langfristig im Gedächtnis. Durch Nachbesprechung modellierten Verhaltens lässt sich das Wahrgenommene besser langfristig speichern.

Reproduktionsfähigkeit

Klient/innen können nur solche Verhaltensweisen lernen, für die sie auch alle notwendigen Teilfertigkeiten besitzen. Sozialarbeiter müssen ihr Verhalten daher, wenn sie wollen, dass die Klienten aus dem Beobachteten lernen, den Verhaltensmöglichkeiten ihrer Klienten anpassen. Wenn es etwa um die angemessene Durchsetzung eigener Interessen geht und der Sozialarbeiter zeigt seinem kognitiv eher schwachen Klienten, der bislang hauptsächlich mit den Fäusten seine Interessen gewahrt hat, wie er hoch eloquent verbale Überzeugungsarbeit leistet, so wird sein Klient davon nicht profitieren können.

Motivation

Schließlich müssen Menschen auch motiviert sein, das beobachtete Verhalten zu zeigen. Die Umsetzung in eigenes Verhalten erfolgt also nicht automatisch. Vielmehr ist es z. B. wichtig, ob das Modell mit seinem Verhalten erfolgreich war, um die Motivation zur Imitation zu erhöhen. Aber auch äußere Anreize im Sinne der Verhaltensverstärkung (s. Kap. 1.2.2) können hier motivierend wirken.

Bereits Kinder im Alter von etwa 18 Monaten sind zu verzögerter Imitation und somit zum Modelllernen im engeren Sinne in der Lage (Cole/Cole 1989).

Das Modelllernen ist Teil einer *sozial-kognitiven Lerntheorie*. Sicher sollte noch erwähnt werden, dass Menschen auch über verbale Instruktionen (mündlich oder schriftlich) und gedankliche Verarbeitung Verhalten lernen können, dass also auch inhaltliche Auseinandersetzung im sozialarbeiterischen Gespräch

Verhalten verändern kann. Die Wichtigkeit der in diesem Kapitel 1.2 dargestellten Lernprozesse darf aber nicht unterschätzt werden. Gerade die vielen Situationen, in denen wir selbst, aber auch unsere Klienten sich *wider besseres Wissen* suboptimal oder gar selbstschädigend verhalten, zeigen, wie begrenzt die verhaltenssteuernde Macht intellektueller Einsicht ist.

📖 *Literaturempfehlungen*

Borg-Laufs, M. (2006): Störungsübergreifendes Diagnostik-System für die Kinder- und Jugendlichenpsychotherapie (SDS-KJ). Tübingen: DGVT.
Immisch, P. F. (2004): Bindungsorientierte Verhaltenstherapie. Behandlung von Veränderungsresistenz bei Kindern und Jugendlichen. Tübingen: DGVT.
Merod, R. (2007): Lerntheoretische Grundlagen der Verhaltenstherapie mit Kindern und Jugendlichen. In: Borg-Laufs, M. (Hrsg.): Lehrbuch der Verhaltenstherapie mit Kindern und Jugendlichen, Bd. 1: Grundlagen. 2. Aufl., Tübingen: DGVT, S. 23–57.

1.3 Kognitive Entwicklung des Menschen

1.3.1 Entwicklung als aktiver Aneignungsprozess

Bei der Auseinandersetzung mit der kognitiven Entwicklung von Kindern gelten die grundlegenden Arbeiten von Jean Piaget (1896–1980) auch heute noch als wegweisend. Er hat beschrieben, wie die kognitive Entwicklung des Menschen sich in der Auseinandersetzung mit seiner Umwelt vollzieht (vgl. Piaget 2003). Diesen Anpassungsprozess bezeichnet er als *Adaptation*, welche auf zwei verschiedenen Wegen erfolgen kann: Zum einen wird die Umwelt dem Organismus und seinen Bedürfnissen angepasst (Assimilation), zum anderen wird der Organismus der Umwelt angepasst (Akkomodation). Der Mensch ist somit nicht passiv einer Umgebung ausgesetzt, in der er nur von ihr beeinflusst wird, sondern er eignet sich die (Um-)Welt durch aktive Auseinandersetzung mit ihr an.

Dabei gehen Assimilation und Akkomodation oft ineinander über bzw. sind gleichwertig an der kindlichen Weiterentwicklung beteiligt. So lernt ein Kind z. B. Sand für sich zu nutzen, indem es ihn mit einer Hand von einem Platz zum anderen schaufelt. Es lernt auch, den Sand auf diese Weise mit seinem Spielzeug zusammen zu nutzen, etwa, indem es ein Förmchen mit Sand füllt. Von der Erfahrung mit dem Sand ausgehend, wird es vielleicht weitere Materialien auf die gleiche Art und Weise (erfolgreich) behandeln. Bis zu diesem Zeitpunkt hat das Kind im Wesentlichen assimiliert, d. h., es hat die Dinge für sich nutzbar gemacht und seinen Strukturen angepasst. Nun will es die gleiche Strategie, die schon bei vielen Materialien funktioniert hat, auch beim Spiel mit Wasser anwenden. Dies kann aber nicht gelingen, da ihm das Wasser aus der Hand rinnt und so nicht nach seinem Sinne anwendbar ist. Nun muss es sich selber anpassen (Akkomodation), eine neue Greiftechnik entwickeln (Wasser mit den Händen schöpfen) oder Hilfsmittel (Eimer) zur Hand nehmen. Ähnlich wie in diesem einfachen Beispiel kann man die ganze Entwicklung als Wechselspiel von Assimilation und Akkomodation betrachten.

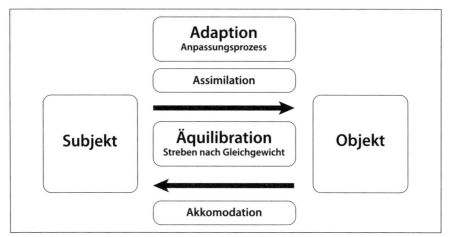

Abb. 1.6: Der Prozess der Adaptation/Äquilibration nach Jean Piaget

Piaget geht davon aus, dass Individuen danach streben, einen internen Gleichgewichtszustand zu erreichen. Versucht ein Kind nun – mit den ihm zur Verfügung stehenden kognitiven Strukturen –, sich ein Objekt anzueignen (Assimilation) und dies gelingt nicht, so entsteht ein Ungleichgewicht. Das Kind wählt dann andere Wege (Akkomodation) und erarbeitet sich neue interne Strukturen, die dem Gegenstand eher entsprechen. Dieses Streben nach Gleichgewicht nennt Piaget *Äquilibration*. Sie ist aus seiner Sicht die treibende Kraft für den Entwicklungsprozess eines Menschen.

1.3.2 Stadien der kognitiven Entwicklung

Von Piaget stammt auch die heute noch gebräuchliche Einteilung der kognitiven Entwicklung in vier Stufen (Piaget 2003, Sodian 2008). Er unterscheidet die sensumotorische Entwicklungsphase (0 bis ca. 2 Jahre), die Phase des voroperatorischen Denkens (ca. 2 bis ca. 7 Jahre), die Phase der konkreten Operationen (ca. 7 bis ca. 12 Jahre) und die Phase der formalen Operationen (ab ca. 12 Jahre). Das Denken der Kinder in den verschiedenen Altersgruppen unterscheidet sich tatsächlich auf dramatische Weise voneinander, und Sozialarbeiter, die mit Kindern und Familien arbeiten, profitieren sehr davon, die kognitiven Möglichkeiten der Kinder in den verschiedenen Lebensaltersstufen angemessen einschätzen zu können.

Sensumotorische Entwicklungsphase (0–2 Jahre)
Die kognitive Entwicklung in den ersten beiden Lebensjahren ist bereits von einer intensiven Auseinandersetzung mit der Umwelt geprägt. Zunächst, im ersten Lebensmonat, üben die Kinder ihre angeborenen Reflexe (Schluck-, Saug- und Greifreflex). Dann gehen Sie dazu über, die von Piaget so genannten *Kreisreaktionen* durchzuführen: Kinder wiederholen Tätigkeiten, die ihnen angenehme Gefühle vermitteln (primäre Kreisreaktion). Etwa ab dem Alter von 4 Monaten

setzen sie dieses Verhalten nicht nur aus direkter Funktionslust ein (etwa, dass eine bestimmte Bewegung Freude bereitet), sondern auch, um mit einer Bewegung (als Mittel) ein bestimmtes Ziel zu erreichen (z. B. dass eine Glocke am Kinderbett ertönt, sekundäre Kreisreaktion). Bereits bei den Kreisreaktionen ist erkennbar, dass Kinder nach dem Schema des operanten Konditionierens lernen können (vgl. Kap. 1.2.2). Etwa ab dem achten Lebensmonat gehen die Kinder dazu über, Objekten gegenüber ein scheinbar prüfendes Verhalten an den Tag zu legen. Spielzeuge werden systematisch daraufhin „untersucht", welche Tätigkeiten mit ihnen angenehm sind (in den Mund nehmen, greifen, werfen, schütteln, usw.). Kinder im zweiten Lebensjahr verfeinern dies zu den von Piaget so genannten tertiären Kreisreaktionen: Sie entdecken immer neue, kreative Handlungsmöglichkeiten mit den ihnen zur Verfügung stehenden Objekten und erweitern ihr Verhaltensrepertoire zur Erlangung ihrer Ziele deutlich. Der Übergang zur zweiten Phase der kognitiven Entwicklung (vor-operatorische Intelligenz) beginnt etwa mit dem achtzehnten Lebensmonat. Es kommt nun zu Denkvorgängen im engeren Sinne. Kinder beginnen, Handlungen zu verinnerlichen und die Ergebnisse bewusst vorherzusehen. An ihrer Mimik ist nun zu erkennen, dass sie Handlungsergebnisse vorhersehen können, denn sie lächeln bereits, ohne eine Handlung wirklich durchführen zu müssen.

Voroperatorisches Denken (ca. 2–7 Jahre)

Die sprachliche Entwicklung des Kindes schreitet in dieser Phase weit voran, wobei Sozialarbeiterinnen im Gespräch mit einem Vorschulkind nicht den Fehler begehen dürfen, aus den sprachlichen Fähigkeiten, die fast denen eines Erwachsenen gleichen, auf entsprechende logische Denkprozesse zu schließen. Für Kinder im voroperatorischen Stadium sind viele Erwachsenen selbstverständlich erscheinende Zusammenhänge noch in keiner Weise einsehbar. Die Welt ist noch wenig durchschaubar, auch aus Erwachsenensicht einfache Zusammenhänge können noch nicht korrekt erkannt werden. So neigen die Kinder dazu, Erkenntnisse aus einem Kontext bedenkenlos auf einen anderen zu übertragen, etwa im Rahmen animistischer Interpretationen („Der Regen ist böse") und sie denken vom Ergebnis her (finalistische Erklärungen: Bäume sind da, um Schatten zu spenden).

Bei den Denkvorgängen scheitern die Kinder daran, mehrere Aspekte gleichzeitig zu berücksichtigen. Daher können sie z. B. Aufgaben zur Mengeninvarianz noch nicht lösen: Zeigt man einem Kind in diesem Alter einen hohen schmalen Behälter, der mit Flüssigkeit gefüllt ist, und füllt vor den Augen des Kindes die Flüssigkeit in einen kleinen breiten Behälter und fragt die Kinder dann, ob in diesem Behälter nun gleichviel, mehr oder weniger Flüssigkeit sei als vorher in dem anderen Behälter, so antworten sie regelmäßig, in dem flachen Behältnis sei weniger Flüssigkeit, da sie nur die Höhe der Gefäße berücksichtigen können, nicht aber gleichzeitig zusätzlich die Breite. Die für Erwachsene offensichtliche Tatsache, dass die Flüssigkeit nicht einfach verschwinden kann, spielt für die Kinder noch keine Rolle. Ähnliche Versuche kann man auch mit Gegenständen, wie etwa Spielsteinen durchführen (vgl. Abb. 1.7). Nimmt man eine Reihe mit einer bestimmten Anzahl von Spielsteinen, die eng nebeneinander liegen, und vergrößert – vor den Augen des Kindes – den Abstand zwischen den in einer

Reihe liegenden Spielsteinen, so geben sie an, dass es nun mehr Steine seien als vorher, obwohl sie gesehen haben, dass keine Steine hinzugefügt wurden.

Abb. 1.7: Mengeninvarianz: Kinder im voroperatorischen Denkstadium gehen davon aus, dass in der unteren Reihe mehr Steine sind, auch wenn sie gesehen haben, wie der Versuchsleiter die Steine auseinandergeschoben hat und sie vorher erkannt haben, dass in beiden Reihen gleich viele Steine sind

Schließlich sind die Kinder in dieser Phase auch noch nicht zur Klassenbildung in der Lage. Zeigt man ihnen ein Bild einer Kindergruppe mit 10 Mädchen und 5 Jungen und fragt sie dann, ob auf dem Bild mehr Mädchen oder mehr Kinder zu sehen sind, so antworten sie, dass es mehr Mädchen seien.

Auffällig ist auch der *kindliche Egozentrismus*: Kinder in diesem Alter sind noch wenig fähig, sich in andere Personen hinein zu versetzen. Piaget hat dies mit seinem bekannten „Drei-Berge-Versuch" gezeigt: Kindern dieser Altersstufe wird ein dreidimensionales Modell einer Landschaft mit drei Bergen gezeigt und sie haben Gelegenheit, das Modell von allen Seiten zu betrachten. Fordert man sie anschließend auf, aus einer Reihe von Photos dasjenige auszuwählen, welches das Modell aus der Perspektive einer Person zeigt, die das Modell von einer anderen Seite ansieht, so wählen sie nicht das korrekte Bild, sondern das Bild, welches ihre eigene Perspektive zeigt. Auch neigen Kinder dieses Alters dazu, Sachverhalte ohne Rücksicht auf den Kenntnisstand des Gegenübers zu erzählen. Sie scheinen gar nicht daran zu denken, dass ihr Gegenüber nicht alles wissen kann, was es selber weiß, und verwenden keine Mühe darauf, die Geschichte für ihren Gesprächspartner an dessen Kenntnisstand anzupassen.

Zu diesem Aspekt von Piagets Entwicklungstheorie passen auch jüngere Befunde der Entwicklungspsychologie zur so genannten *Theory of Mind*. Dieser Begriff umschreibt die Fähigkeit, Annahmen über Bewusstseinsvorgänge (Gefühle, Bedürfnisse, Absichten, Erwartungen, u.a.) bei anderen Personen zu machen und dies bei eigenen Überlegungen zu berücksichtigen (vgl. Sodian 2005). Im Gegensatz zu Piagets Stufentheorie zeigen die Befunde zur Theory of Mind allerdings eher, dass sich einzelne kognitive Fähigkeiten eher in kleinen Schritten als in großen Sprüngen entwickeln. So können Kinder bereits im ersten Lebensjahr Handlungsziele anderer Personen erkennen. Ab einem Alter von etwa 18 Monaten können sie auch schon berücksichtigen, dass andere Menschen andere Wünsche haben als sie. So würde ein Kind dieses Alters, z.B. wenn es zwei Speisen (z.B. eine Süßigkeit und etwas Herzhaftes, was die Eltern lieber essen) vor sich hat und es einem Elternteil einen Gefallen tun will, diesem bereits dessen Lieblingsspeise geben statt der eigenen Lieblingsspeise. Mit etwa vier Jahren können die meisten Kinder die „Sally-Anne-Aufgabe" lösen. Bei dieser Aufgabe sehen sie eine Bildergeschichte in der ein Kind (Sally) einen Ball in einen Korb legt. Während Sally zwischenzeitlich den Raum verlässt, nimmt ein zweites Kind (Anne) den Ball aus dem Korb und deponiert ihn in einer Schachtel. Im letzten Bild sieht man Sally alleine mit Korb und Schachtel. Man fragt das Kind, wo Sally nach dem Ball suchen wird. Kinder, die das vierte Lebensjahr noch nicht vollendet haben, werden zumeist bei ihrer Antwort nicht berücksichtigen, dass Sally nicht wissen kann, was sie selber (die Kinder, die die Geschichte vorgelegt bekommen) wissen und sagen, Sally suche in der Schachtel.

Damit ist ein wichtiger Schritt in Richtung einer kompetenten Theory of Mind vollzogen, die Entwicklung setzt sich aber weiter fort. Etwa mit sechs Jahren verstehen Kinder dann auch Überzeugungen über Überzeugungen („Marcel glaubt, dass Sophie glaubt, dass …"), darüber hinaus beginnen sie in diesem Alter damit, anderen Personen auch überdauernde Charaktermerkmale zuzuschreiben. Erst Jugendliche können in vollem Umfang erkennen, dass Wahrnehmung und Wirklichkeit für verschiedene Personen unterschiedlich ausfallen können.

Konkret-operatorisches Denken (ca. 7–11 Jahre)

In diesem Alter entwickeln Kinder einen festen Begriff von Raum und Zeit und auch einen festen Zahlbegriff. Sie können nun Klassenhierarchien bilden (z.B.: die Mädchen einer Schulklasse sind Teilmenge aller Kinder in der Klasse, daher können zwar mehr Mädchen als Jungen in der Klasse sein, niemals aber mehr Mädchen als Kinder) und logische Schlussfolgerungen ableiten. Problemlösungsversuche sind aber in der Regel noch kaum systematisch. Bei komplexeren Aufgaben misslingt es noch, mehrere Dimensionen gleichzeitig zu berücksichtigen. Ihre Problemlösungen beziehen sich auf konkrete Sachverhalte, das Abstraktionsvermögen ist noch wenig ausgeprägt.

Formal-operatorisches Denken (ab ca. 12 Jahre)

Das formal-operatorische Stadium des Denkens ist für Piaget der Endpunkt der Entwicklung der kognitiven Fähigkeiten. Jugendliche können nun alle kognitiven Operationen durchführen, die auch Erwachsene durchführen können, wobei allerdings nicht alle Menschen das formal-operatorische Stadium erreichen. Die formal-operatorischen Vorgehensweisen umfassen systematische Herangehensweisen, das Verständnis für Proportionen, die Ablösung vom Konkreten. In diesem Stadium sind Menschen fähig, alle relevanten Variablen komplexer Aufgaben zu erfassen und konzentrieren sich nicht mehr auf einzelne hervorstechende Aspekte wie etwa noch im konkret-operatorischen Stadium.

1.3.3 Kognitive Entwicklung im Erwachsenenalter

Die kognitive Entwicklung im Erwachsenenalter ist bislang deutlich weniger untersucht worden als die kindliche Entwicklung des Denkens. Dennoch können einige wichtige Aussagen getroffen werden (vgl. im Überblick Hasselhorn 1998). So muss die kognitive Entwicklung im Erwachsenenalter differenziert betrachtet werden. Während die *fluide Intelligenz* schon im frühen Erwachsenenalter abnimmt, kann die *kristalline Intelligenz* bis ins hohe Alter zunehmen. Bei der fluiden Intelligenz handelt es sich um grundlegende kognitive Fähigkeiten, die

Anpassung an neuartige Situationen und Aufgabenstellungen, schnelle Wahrnehmung und Erfassung von Problemstellungen sowie schlussfolgerndes Denken.
Die Wahrnehmungsgeschwindigkeit nimmt bereits zwischen dem zwanzigsten
und dreißigsten Lebensjahr ab, die Fähigkeit zum schlussfolgernden Denken mit
etwa 50 bis 60 Jahren. Während junge Erwachsene also älteren Menschen in der
Bearbeitung neuartiger Aufgaben überlegen sind, kann die kristalline Intelligenz
bis zum Alter von etwa 80 Jahren stabil bleiben oder gar anwachsen. Bei der
kristallinen Intelligenz handelt es sich um diejenigen kognitiven Fähigkeiten, „in
denen sich angehäuftes Wissen aus bisherigen Lernprozessen kristallisiert und
verfestigt hat" (Myers 2005, 461). Sprachgewandtheit und Wissen gehören zu
diesen Merkmalen, aber auch die Bearbeitung komplexer Aufgaben, für die alle
Informationen vorhanden sind.

Die kognitive Entwicklung im höheren Alter kann auch zu positiven Veränderungen führen, die mit Konzepten wie ‚Weisheit' oder ‚Expertise' und nicht im
Sinne gängiger Intelligenzkonzepte (vgl. Kap. 1.3.4) erfasst werden (vgl. Baltes
1990). Aufgrund persönlicher Lebenserfahrungen können ältere Menschen hoch
automatisierte Routinen entwickeln und immer bessere Fähigkeiten vor allem
in spezifischen Fähigkeitsbereichen, aber auch im Bereich der allgemeinen Le-
bensplanung, ausbilden. Diese altersspezifischen Optimierungen können bei bestimmten Aufgaben nachlassende fluide Intelligenz kompensieren. In höherem
Alter erfolgt dabei in der Regel eine immer stärkere Spezialisierung und Fokus-
sierung auf diejenigen Aufgaben, die den Bereich spezieller Expertisen betreffen.

Demenzielle Erkrankungen bedeuten erhebliche Einschränkungen der kogniti-
ven Leistungsfähigkeit, sind aber längst nicht bei allen alten Menschen zu finden.
Noch im Alter von 70 Jahren liegt die Prävalenz dementieller Erkrankungen in
Deutschland bei nur etwa 3 %. Mit 80 Jahren sind etwa 10 % der Männer und
13 % der Frauen betroffen, mit 90 Jahren dann 31 % der Frauen und 24 % der
Männer (Ziegler/Doblhammer-Reiter 2009).

Für die Soziale Arbeit mit alten Menschen kann festgehalten werden, dass
sich auch die Abbauprozesse bei der fluiden Intelligenz zwar in begrenztem
Maße, aber durchaus deutlich wahrnehmbar, bremsen lassen bzw. dass auch
deutliche kognitive Verbesserungen durch geeignete Anregung zu kognitiver
Auseinandersetzung erzielt werden können (im Überblick Lindenberger/Schaefer
2008).

1.3.4 Intelligenz

Die kognitive Leistungsfähigkeit wird in der Regel mit einem Intelligenzquoti-
enten dargestellt. Insbesondere bei Kindern und Jugendlichen, die an anderer
Stelle bereits untersucht wurden (Kinder- und Jugendpsychiater, Kinder- und
Jugendlichenpsychotherapeutin, Sozialpädiatrisches Zentrum, Untersuchungen
im Rahmen der Feststellung eines sonderpädagogischen Förderbedarfes), liegen
häufig Intelligenztestbefunde vor, aber auch erwachsene Klienten und Klientinnen wurden nicht selten an anderer Stelle bereits untersucht, so dass ihr Intelligenzquotient (IQ) bekannt ist und verstanden werden muss, was dieser bedeutet.

Was wird also genau mit einem Intelligenztest gemessen und wie sind die Testergebnisse zu bewerten? Intelligenz ist, so eine sehr pragmatische Definition, das, was ein Intelligenztest misst. Tatsächlich ist das Konstrukt „Intelligenz" nicht einfach zu operationalisieren und es existieren viele unterschiedliche Definitionen. Ganz allgemein könnte man Intelligenz als die Qualität der Denkprozesse verstehen, mit der Problemsituationen sachgerecht verstanden und bearbeitet werden können.

Es gibt verschiedene gebräuchliche Intelligenztests, die z. T. weltweit – jeweils in spezifischen Versionen für die unterschiedlichen Länder – als Standard gelten. Insbesondere die Wechsler-Intelligenztests, etwa der HAWIVA-III (Ricken u. a. 2007) für Vorschulkinder, der HAWIK-IV (Petermann/Petermann 2008a) für Kinder und Jugendliche und der WIE (von Aster u. a. 2006) für Erwachsene sind ausgesprochen weit verbreitet und werden häufig eingesetzt. Diese Tests versuchen das Gesamtkonstrukt „Intelligenz" durch die Messung verschiedener Teilfertigkeiten zu ermitteln.

Kerntests des HAWIK-IV (Petermann/Petermann, 2008a)
- „Mosaik-Test" (Figur-Grund-Unterscheidung)
- „Gemeinsamkeiten finden" (verbales Schlussfolgern, verbaler Ausdruck)
- „Zahlen nachsprechen" (auditives Kurzzeitgedächtnis)
- „Bildkonzepte" (abstraktes kategoriales Denken)
- „Zahlen-Symbol-Test" (kognitive Verarbeitungsgeschwindigkeit)
- „Wortschatz-Test" (Wortwissen, Begriffsbildung)
- „Buchstaben-Zahlen-Folgen" (Reihenfolgenbildung, Verarbeitungsgeschwindigkeit)
- „Matrizen-Test" (fluide Intelligenz)
- „Allgemeines Verständnis" (verbales Schlussfolgern)
- „Symbol-Suche" (Verarbeitungsgeschwindigkeit, kognitive Flexibilität)

Aus den Ergebnissen der einzelnen Untertests werden dann Skalenwerte sowie der Gesamt-Intelligenzquotient berechnet.

Wie ist aber nun der IQ eines Menschen zu bewerten, was sagt er aus? Bei der Konstruktion von Intelligenztests wird davon ausgegangen, dass Intelligenz in der Gesamtbevölkerung gleichverteilt ist, d. h., dass nur sehr wenige Menschen geistig behindert, andererseits aber auch nur sehr wenige Menschen hochbegabt sind. Schon deutlich mehr, aber dennoch eine Minderheit, sind unterdurchschnittlich oder überdurchschnittlich intelligent, während die große Mehrheit der Bevölkerung etwa einen mittleren IQ aufweist. Tatsächlich kann man das sogar genau in Prozentwerten angeben: Etwa 2 % der Bevölkerung haben einen extrem niedrigen (IQ < 70) oder extrem hohen (IQ > 130) Intelligenzwert, etwa 13,5 % haben einen unterdurchschnittlichen (70–84) oder überdurchschnittlichen (116–130) IQ und mehr als 68 % liegen mit ihrem IQ zwischen 85 und 115, was einer durchschnittlichen Intelligenz entspricht (vgl. Abb. 1.8).

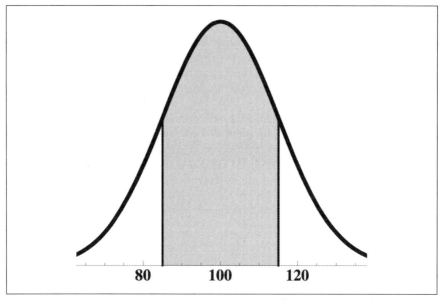

80   100   120

Abb. 1.8: Normalverteilungskurve bei Intelligenztests (Quelle: Wikipedia)

Ein neuer oder überarbeiteter Intelligenztest wird i. d. R. an mehreren Tausend Probanden durchgeführt, bevor er in der Praxis angewendet wird (so genannte Normierungsuntersuchungen). Durch die große Anzahl repräsentativ ausgesuchter Probanden kann dann genau ermittelt werden, welcher im Test ermittelte Punktwert welchem IQ entspricht. Dabei gelten als Referenzgruppe immer vergleichbare Gruppen, etwa Altersgruppen. Ein Intelligenzquotient gibt also an, wie leistungsfähig unser Klient im Vergleich zu anderen Menschen seiner Altersgruppe ist. Hat er einen Gesamt-IQ von 100, so wissen wir, dass er genau durchschnittlich intelligent ist. Weist z. B. ein Gymnasiast einen IQ von 90 auf, so wissen wir, dass er am Gymnasium überfordert sein wird. Bei einem IQ von 70 muss hingegen ein besonderer Förderbedarf angenommen werden usw.

📖 *Literaturempfehlungen*

Hasselhorn, M. (1998): Alter und Altern. In: Keller, H. (Hrsg.): Lehrbuch Entwicklungspsychologie, Bern: Huber, S. 423–442.
Sodian, B. (2008): Entwicklung des Denkens. In: Oerter, R./Montada, L. (Hrsg.): Entwicklungspsychologie, 6. Aufl., Weinheim: PVU.

1.4 Entwicklungsaufgaben, Risikofaktoren und Schutzfaktoren

1.4.1 Entwicklungsaufgaben von Individuen

Das Konzept der „Entwicklungsaufgaben" wurde von Havighurst (1948) in die Psychologie eingebracht. Lange wurden die von ihm beschriebenen Entwicklungsaufgaben unverändert in Lehrbüchern dargestellt, mittlerweile scheinen sie aber nicht mehr ganz zeitgemäß, sodass auf neuere Konzepte zurückgegriffen werden sollte, wie etwas das von Mattejat (2008). Grundlegend bleibt aber die Aussage von Robert Havighurst (1948, 2, zit. n. Oerter 1998, 121): „Eine Entwicklungsaufgabe ist eine Aufgabe, die sich in einer bestimmten Lebensperiode des Individuums stellt. Ihre erfolgreiche Bewältigung führt zu Glück und Erfolg, während Versagen das Individuum unglücklich macht, auf Ablehnung durch die Gesellschaft stößt und zu Schwierigkeiten bei der Bewältigung späterer Aufgaben führt."

Diese Entwicklungsaufgaben sind in einer Kultur deutlich von soziokulturellen Normen bestimmt, denn offensichtlich gibt es in verschiedenen Kulturen unterschiedliche Erwartungen an ihre jeweiligen Mitglieder. Im westeuropäischen und nordamerikanischen Kulturkreis kann dabei aber von einer weitgehenden Homogenität (bei kleineren subkulturellen Unterschieden) ausgegangen werden. Dennoch sind die Entwicklungsaufgaben nicht vollständig von der Gesellschaft definiert. Sie sind auch in Abhängigkeit von individuellen Fähigkeiten und Zielsetzungen zu sehen.

Im Folgenden werden die zentralen Entwicklungsaufgaben für die jeweiligen Altersstufen vorgestellt und aus sozialarbeiterischer Perspektive betrachtet.

Tab. 1.2: Entwicklungsaufgaben der frühen Kindheit (0–5 Jahre) (Mattejat 2008, 81)

1. Basale Regulation (Schlaf, Reizverarbeitung, Erregung, Essen)
2. Entwicklung motorischer Funktionen bzw. motorische Selbstkontrolle: Lokomotorik und Sensumotorik
3. Erwerb der Muttersprache
4. Entwicklung einer elementaren Verhaltenssteuerung und Impulskontrolle
5. Individuelles Explorationsverhalten; Fantasie- und Spielentwicklung (alleine spielen)
6. Enge Bindung zu Bezugspersonen; sicheres Bindungsverhalten, insbesondere bei Belastung
7. Soziale Kontaktaufnahme außerhalb Familie; Einfügung in Gleichaltrigengruppe; Gruppenspiel

1. Basale Regulation: Kleinstkinder, die diese Entwicklungsaufgabe nicht bewältigen, finden keinen Schlaf-Wach-Rhythmus und reagieren entweder zu ängstlich oder zu erregt auf äußere Reize. Ihr Verhalten ist sehr belastend für die Eltern und es besteht die Gefahr, dass aufgrund der hohen Anforderungen, die die Kinder an ihre Eltern stellen und deren chronischer Überlastung, weitere wichtige Schritte einer gelingenden Entwicklung (z. B. Aufbau einer sicheren Bindung) erheblich erschwert sind. Sozialarbeiter, die entdecken, dass ein Kind in seiner Familie diese Entwicklungsaufgabe nicht bewältigt, sollten daher daran arbeiten, wie sie die Kompetenz der Eltern stärken können, das Kind bei der Bewältigung dieser Aufgabe zu unterstützen (z. B. durch Überweisung an einer Frühförderstelle) und wie sie durch ressourcenorientierte Arbeit einer chronischen elterlichen Überlastung vorbeugen können.

2. Entwicklung motorischer Funktionen/Selbstkontrolle: Eine verzögerte motorische Entwicklung kann möglicherweise auf neurologische Probleme oder andere biologische Probleme hinweisen und sollten Anlass zu einem Arztbesuch sein.

3. Erwerb der Muttersprache: Die Entwicklung guter sprachlicher Fähigkeiten ist u. a. für den späteren Schulerfolg wesentlich. Einer Lese-Rechtschreib-Schwäche (vgl. Kap. 1.7.2) kann möglicherweise dadurch vorgebeugt werden, dass frühzeitig logopädische Hilfen in einer Familie angeboten werden. Mangelnde sprachliche Entwicklung kann ein Anzeichen von ernsthafter kognitiver Beeinträchtigung, von psychischer Störung oder von unzureichender Förderung und Zuwendung sein. Auch hierauf sollte die Sozialarbeiterin ihr Augenmerk richten.

4. Entwicklung elementarer Verhaltenssteuerung/Impulskontrolle: Bereits im Vorschulalter können Auffälligkeiten in Richtung einer Aufmerksamkeits-Defizit-Hyperaktivitätsstörung (ADHS) beobachtet werden. Wie in Kapitel 1.6 noch zu zeigen sein wird, kann sich bei einem Kind, welches bereits früh wenig Verhaltenskontrolle zeigt, eine langfristig sehr ungünstige Entwicklung anbahnen. Sozialarbeiter sollten solche Auffälligkeiten ernst nehmen und bereits frühzeitig präventive Maßnahmen einleiten (etwa ein Elterntraining, vgl. Warnke et al., 2007).

5. Explorationsverhalten, Fantasie- und Spielentwicklung: Kinder müssen sich aktiv ihre Welt aneignen (vgl. Kap. 1.3). Insbesondere tun sie dies im Spiel und im Rollenspiel. Es ist sehr wichtig, dass Kinder ein angemessenes Spielverhalten zeigen. Sollte ein Kind in diesem Bereich auffällig sein, so ist dringend anzuraten, die Eltern dabei anzuleiten, entwicklungsförderliches Spielverhalten bei ihren Kindern anzuregen.

6. Aufbau einer sicheren Bindung: Hierbei handelt es sich um eine der zentralen Entwicklungsaufgaben der frühen Kindheit (vgl. Kap. 1.5). Eine sichere Bindung kann als mächtiger Schutzfaktor für eine gelingende Entwicklung angesehen werden. Der Eltern-Kind-Beziehung muss dabei in der Sozialen Arbeit mit Familien besondere Beachtung geschenkt werden. Damit Kinder eine sichere Bindung zu ihren Bezugspersonen aufbauen können, müssen diese *feinfühlig* mit ihren Kindern umgehen können (vgl. ausführlich Kap. 1.6).

7. Soziale Kontakte außerhalb der Familie: Insbesondere mit Eintritt in den Kindergarten müssen Kinder soziale Kompetenz im Aufbau von Kontakten und Freundschaften zeigen, denn bereits in diesem Kontext sind die wechselseitigen Beziehungen der Kinder von großer Bedeutung (vgl. Schmidt-Denter 2005, 81 ff.). Aus sozialarbeiterischer Perspektive ist also wichtig zu erkennen, wie Kindern der Einstieg in das soziale Miteinander mit Gleichaltrigen gelingt.

Tab. 1.3: Entwicklungsaufgaben der mittleren Kindheit (6–11 Jahre) (Mattejat 2008, 81)

1. Einübung körperlicher Geschicklichkeit; Entwicklung körperlicher Leistungsfähigkeit
2. Erwerb der Kulturtechniken (schreiben, lesen); Basale Arbeits- und Leistungshaltung; Frustrationstoleranz
3. Unabhängigkeit/Selbstständigkeit in Alltagsbezügen (essen, kleiden, alltägliche Aufgaben)
4. Abstimmung mit Familienmitgliedern; Übernahme von Verantwortung und Aufgaben im familiären Rahmen
5. Geschlechtsrollenidentifikation; Freundschaften; soziale Kooperation (Schule, Sport, Freizeit) mit Gleichaltrigen (peers)
6. Entwicklung eines positiven Selbstbildes/Selbstbewusstseins
7. Übernahme/Akzeptanz, Einhalten von Regeln; moralische Unterscheidungen (Gewissen)

1. Einübung körperlicher Geschicklichkeit; Entwicklung körperlicher Leistungsfähigkeit: Im körperlichen Bereich sind die Kinder im mittleren Alter nun gefordert, altersgemäße Geschicklichkeit und Leistungsfähigkeit zu entwickeln. Der Kontakt mit anderen Kindern erfolgt häufig über körperlich orientierte Spiele, so dass schon aus diesem Grund eine unauffällige körperliche Entwicklung für den weiteren Entwicklungsverlauf förderlich ist.

2. Erwerb von Kulturtechniken, Arbeitshaltung und Frustrationstoleranz: Kinder widmen ihre Zeit nun in immer höherem Maße schulischen Anforderungen. Sowohl in der Schule als auch zu Hause spielt die Bewältigung schulischer Anforderungen eine große Rolle. Schulisches Versagen kann als große Quelle der Selbstwerterniedrigung verstanden werden, während die Bewältigung schulischer Anforderungen zu größerer Selbstzufriedenheit, aber auch zu weniger Konflikten führt. Wichtige Ressourcen, um den schulischen Anforderungen gerecht zu werden, sind neben den generellen kognitiven Fähigkeiten auch Teilleistungsfertigkeiten wie etwa Lesen/Schreiben/Rechnen, die auch unabhängig von der allgemeinen Intelligenz beeinträchtigt sein können (vgl. Kap. 1.7.2). Bei Kindern mit Teilleistungsschwächen sollte unbedingt eine entsprechende qualifizierte Förderung eingeleitet werden und daran gearbeitet werden, die oftmals hoch konfliktbelastete häusliche Situation, die sich aus dem Unverständnis der Eltern der Problematik gegenüber ergibt, durch Aufklärung der Eltern und erziehungsberaterische Maßnahmen günstig zu beeinflussen. Aber auch Leistungsmotivation und Frustrationstoleranz tragen zu schulischem Erfolg in hohem Maße bei. Die Leistungsmotivation von Menschen ist über den Lebenslauf relativ stabil (vgl. Kap. 1.7). Je früher hier durch geeignete Maßnahmen gegengesteuert wird, desto günstiger für den weiteren Entwicklungsverlauf.

3. Unabhängigkeit/Selbstständigkeit in Alltagsbezügen: Bereits im Grundschulalter wird deutlich, dass die Kinder zunehmend unabhängig von ihren Eltern werden. Dadurch, dass das Leben des Kindes durch die schulischen Anforderungen und die gestiegenen außerhäuslichen Kontakte nicht mehr so vollständig oder fast vollständig durch die Eltern beeinflusst werden kann wie noch im Vorschulalter, müssen Eltern nun lernen, eine Balance zwischen Anleitung und Gewährenlassen zu finden, was ihnen nicht selten schwer fällt. Spätestens im Jugendalter wird ein autonomes Verhalten immer wichtiger, um das Leben individuell gelingend bewältigen zu können. Die Eltern können den Lebensweg ihrer Kinder im Laufe der Jahre immer weniger beeinflussen. Damit die Kinder dann in der Lage sind, selbständig und gesellschaftskonform handeln zu können, müssen sie bereits im Grundschulalter Gelegenheit haben, dies altersangemessen zu üben. Andererseits ist in diesem Alter auch noch vergleichsweise viel Anleitung und Unterstützung durch die Eltern notwendig. Sozialarbeiter/innen sollten darauf achten, dass weder zu viele entwicklungsunangemessene Freiheiten gewährt werden, noch die Kinder überbehütet werden und dadurch bestimmte Entwicklungsschritte nicht vollziehen können.

4. Abstimmung und Verantwortung in der Familie: Als Gegenstück zur wachsenden Autonomie (s. o.) wird von den Kindern nun aber auch die Übernahme von Alltagspflichten in der Familie erwartet (etwa Tisch decken; Abfall entsorgen; Bett machen; Wäsche zusammenlegen; u. ä.).

5. Freundschaften mit Gleichaltrigen: Im Grundschulalter werden Freundschaften stabiler als im Vorschulalter. Aggressive oder sehr zurückhaltende Kinder werden häufig von Gleichaltrigen zurückgewiesen. Soziale Probleme im Grundschulalter führen nicht selten dazu, dass die betroffenen Kinder sich einsam fühlen (vgl. Gasteiger-Klicpera/Klicpera, 2003) oder sich in einer Gruppe aggressiv-zurückgewiesener Kinder zusammenschließen. Daraus ergeben sich dann weitere Entwicklungsrisiken (vgl. Kap. 1.6).

6. Entwicklung eines positiven, realistischen Selbstbildes: Während Kinder im Vorschulalter noch nicht in der Lage zu einer angemessenen Selbsteinschätzung sind, ist dies eine Aufgabe, die zum Ende der Grundschulzeit bewältigt werden sollte. Während die Selbstüberschätzung kleiner Kinder als „süß" gebilligt wird, wird das gleiche Verhalten bei einem 10- oder 11-Jährigen nicht mehr als angemessen betrachtet.

7. Regeleinhaltung, Moral: Lawrence Kohlberg (1927–1987) hat sich in besonderem Maße um die Entwicklungspsychologie der Moral verdient gemacht. Er unterscheidet (z. B. Kohlberg 1996) 6 verschiedene Stufen der Moralentwicklung.

Kohlbergs Stufen der moralischen Entwicklung (Kohlberg 1996)

Vorkonventionelles Niveau
Auf diesem Niveau werden die Interessen anderer noch nicht berücksichtigt.
Stufe 1: Moralisch relevante Entscheidungen werden durch Strafen bzw. Autoritäten begründet.
Stufe 2: Moralisch relevante Entscheidungen werden mit eigenen Interessen begründet.

Konventionelles Niveau
Auf konventionellem Niveau werden die Interessen der Gemeinschaft mit berücksichtigt.
Stufe 3: Die Bedürfnisse/Interessen naher Bezugsgruppen (z. B. Familie, Freunde) werden berücksichtigt.
Stufe 4: Die Bezugsnorm sind nicht mehr nur persönliche Sozialkontakte, sondern gesellschaftliche Regeln, Gesetze und Normen.

Postkonventionelles Niveau
Stufe 5: Zwar sind gesellschaftliche Werte und Normen weiterhin die Bezugsnorm. Diese können aber auch infrage gestellt werden, werden als beeinflussbar/veränderbar gesehen.
Stufe 6: Menschen versuchen, allgemeine Prinzipien moralischen Handelns zu entwickeln.

Während bei Kindern im Alter von 10 Jahren noch Begründungen nach dem vorkonventionellen Niveau (Stufe 1 und 2) dominieren, weisen Jugendliche bereits – ebenso wie Erwachsene – mehrheitlich ein konventionelles moralisches Niveau auf (Stufe 3 und 4) (Colby/Kohlberg 1987). Offensichtlich entwickelt sich also das moralische Urteilsniveau besonders stark im späten Kindes- und frühen Jugendalter.

Tab. 1.4: Entwicklungsaufgaben im Jugendalter (12–17 Jahre) (Mattejat 2008, 82)

1. Körperliche Reifung; Akzeptanz der körperlichen Veränderungen und des eigenen Aussehens
2. Geschlechtsrollenverhalten; Aufnahme von engen/erotischen Beziehungen zu Freund/Freundin
3. Freundeskreis aufbauen, zu Altersgenossen tiefere Beziehungen herstellen
4. Ablösung und emotionale Unabhängigkeit von den Eltern bei Aufrechterhaltung der engen Beziehung
5. Berufsorientierung/Berufswahl: Überlegen, was man lernen und können will
6. Moral, Werthaltungen, verantwortliches Handeln entwickeln; Einstellung zu Moral, Kultur, Bildung, Konsum, Medien, Genuss
7. Klarheit über sich entwickeln (Stärken/Schwächen); Leben planen, realistische Ziele verfolgen

Während Jugendliche zeitlich in hohem Maße durch Schule und schulbezogene Aufgaben gebunden sind, müssen sie auch schwierige Aufgaben der Persönlichkeitsentwicklung und der sozialen Entwicklung bewältigen. Sozialarbeiterinnen sollten ihren Blick darauf richten, wie sie Jugendliche in dieser krisenanfälligen Zeit unterstützen können. Dabei können die in Tabelle 1.4 angeführten Punkte als eine Art „Checkliste" benutzt werden (so auch der Vorschlag von Mattejat 2008), um beurteilen zu können, ob ein Jugendlicher beziehungsweise eine Fa-

milie mit Jugendlichen bei der Bewältigung einzelner Entwicklungsaufgaben Unterstützung benötigt, etwa wenn es darum geht, Ablösungskonflikte konstruktiv
zu lösen.

Entwicklung stoppt nicht mit dem Beginn des Erwachsenenalters. Vielmehr
stellen sich auch dann, in Abhängigkeit von ihrem Lebensalter, spezifische Entwicklungsaufgaben. Bis heute können die Entwicklungsaufgaben des Erwachsenenalters in Anlehnung an die ursprüngliche Aufstellung bei Havighurst (1942)
formuliert werden (s. Tab. 1.5).

Tab. 1.5: Entwicklungsaufgaben des Erwachsenenalters in Anlehnung an Havighurst
(1948)

Entwicklungsphase	Entwicklungsaufgaben
Frühes Erwachsenenalter	Feste Partnerschaft, Geburt von Kindern, Arbeit/Beruf aufnehmen, Lebensstil finden
Mittleres Erwachsenenalter	Heim/Haushalt führen, Kinder aufziehen, berufliche Entwicklung/Karriere
Spätes Erwachsenenalter	Energien auf neue Rollen lenken, Akzeptieren des eigenen Lebens, eine Haltung zum Sterben entwickeln

1.4.2 Familienentwicklungsaufgaben

Trotz aller Diversität von Lebensauffassungen und familiärer Lebensformen sind
Familien in vergleichbaren Lebensphasen auch ähnlichen Entwicklungsaufgaben
ausgesetzt, die sie bewältigen müssen. Schneewind (2008) gibt einen Überblick
über Familienentwicklungsaufgaben nach Carter und McGoldrick (1999) (vgl.
Tab. 1.6).

Über die genannten normativen Entwicklungsaufgaben hinaus müssen sich
Familien, die nicht der Norm (biologische Zwei-Eltern-Familie) entsprechen, mit
besonderen Anforderungen auseinandersetzen und diese bewältigen.

Ein-Eltern-Familie

Eine besonders schwierige Aufgabe von Familien, in denen nur ein Elternteil lebt,
ist die Organisation der Vereinbarkeit von Erwerbstätigkeit und Familienleben.
Aber auch die Gestaltung der familiären Beziehungen weist einige Besonderheiten auf. Insbesondere nach einer Trennung der Eltern, die mit erheblichen Konflikten verbunden sein kann, erweist sich die Gestaltung der Beziehungen, v. a.
des Umgangs der Kinder mit dem nicht in der Familie lebenden Elternteil, nicht
selten als hoch problematisch (s. Borg-Laufs 2009). Aber auch in weniger kon-
flikthaften Fällen ist die Gestaltung gemeinsamer elterlicher Sorge bei getrennt
lebenden Eltern eine mitunter schwierige Aufgabe. Darüber hinaus muss nach
einer Trennung häufig auch das soziale Netzwerk der Betroffenen reorganisiert
werden.

Stieffamilie

Wenn es im Nachgang einer Trennung zur Neu-Zusammensetzung von Familien
kommt, so führt dies dazu, dass neben den üblichen Aufgaben von Nach-Tren-

nungs-Familien auch noch die Aushandlung neuer Familienrollen als wichtige Familienentwicklungsaufgabe zu bewältigen ist. Von einem neu hinzugekommenen Stiefelternteil wird häufig die Übernahme elterlicher Verantwortung und elterlichen Verhaltens erwartet. Gleichzeitig stößt diese Verantwortungsübernahme sowohl rechtlich als auch aus der Sicht der biologischen Eltern an Grenzen. Die Rollenklärung kann durchaus konfliktbehaftet verlaufen, insbesondere wenn Kinder bemerken, dass dem Stiefelternteil vom leiblichen Elternteil die volle Mitverantwortung für die Erziehung nicht gegeben wird, indem wichtige Entscheidungen letztlich doch vom biologischen Elternteil allein gefällt werden.

Tab. 1.6: Familienentwicklungsaufgaben in Anlehnung an Schneewind (2008)

Entwicklungsphase	Entwicklungsaufgaben
(verheiratetes) Paar	• Gestalten einer befriedigenden Paarbeziehung • Einpassung in das soziale Netz (Verwandtschaft) • Anpassung an Schwangerschaft
Familie mit jungen Kindern	• Schaffung eines für alle befriedigenden Heimes • Entwicklungs- und Leistungsermutigung der Kinder je nach Lebensalter • Auseinandersetzung mit Energieverlust und eingeschränkter Privatheit • Veränderung der Familienbeziehungen unter Einbezug von Eltern- und Großelternrolle
Familien mit Jugendlichen	• Verhältnis von Freiheit und Kontrolle entsprechend dem Entwicklungsprozess des Jugendlichen ausbalancieren • Neuorientierung der Eltern auf außerfamiliäre Themen und Ziele • Gemeinsame Pflege der älteren Generation
Familie im Ablösungsstadium	• Neugestaltung der elterlichen Zweierbeziehung • Neugestaltung der Eltern-Kind-Beziehung (einschl. der Beziehung zu Schwiegersöhnen bzw. -töchtern) • Auseinandersetzung mit Tod der älteren Generation
Familie im letzten Lebensabschnitt	• Anpassung an Rückzug aus dem Berufsleben • Umgang mit Alter und Krankheit • Anpassung an den Tod des Ehepartners

Familien mit rein sozialer (nicht biologischer) Elternschaft
Pflege- und Adoptivfamilien müssen zunächst die gleichen normativen Aufgaben bewältigen wie andere Familien auch. Besonders anspruchsvoll ist aber dennoch die Beziehungsgestaltung mit einem (häufig traumatisierten und hoch belasteten, vgl. Linderkamp, 2009) neuen Kind in der Familie. Es muss eine neue, befriedigende Familienumgebung für das betroffene Kind geschaffen werden und es muss eine sichere Eltern-Kind-Bindung vor dem Hintergrund erheblicher Vulnerabilitäten (Verletzlichkeiten) etabliert werden. Die betroffenen Kinder haben häufig einen besonderen Förderbedarf, dem sich die Pflege- oder Adoptiveltern stellen müssen. Die Gestaltung von Umgangskontakten mit den biologischen El-

tern, die häufig als hoch problematisch eingeschätzt werden können (vgl. Diouani 2003), sowie auch der Umgang mit sonstigen rechtlichen Ansprüchen der biologischen Eltern (etwa Rückführungsbegehren bei Pflegekindern), kann die Familien vor enorme Belastungen stellen. Im Jugendalter stellen sich Identitätsfragen bei den betroffenen Kindern nicht selten besonders heftig (vgl. Wälte/ Petzold/Kröger 1995).

1.4.3 Risiko- und Schutzfaktoren menschlicher Entwicklung

Von besonderer Bedeutung für die Einschätzung und Prognose menschlicher Entwicklung und damit auch für die Frage möglicherweise notwendiger sozialarbeiterischer Interventionen ist die Einschätzung des Verhältnisses vorliegender Risiko- und Schutzfaktoren. Als Risikofaktor gilt ein Merkmal, welches bei den davon betroffenen Menschen die Wahrscheinlichkeit, eine Störung zu entwickeln, im Vergleich zu nicht davon betroffenen Menschen erhöht. Umgekehrt ist ein Schutzfaktor eine Bedingung, welche bei den Betroffenen dazu führt, dass die Wahrscheinlichkeit der Entwicklung einer Störung vermindert wird.

Risiko- und Schutzfaktoren sind auf verschiedenen Ebenen zu unterscheiden. Zunächst ist danach zu unterscheiden, ob es sich um *fixe Marker* (d.h. unveränderliche Merkmale, etwa das eigene Geschlecht oder eine dauerhafte Behinderung) oder um *variable Faktoren* (z.B. Wohnumfeld, bestimmte Verhaltensgewohnheiten) handelt. Darüber hinaus wird häufig auch unterschieden, ob es sich um eher entfernte (*distale*) Faktoren, wie z.B. sozialstrukturelle Merkmale des Stadtteils, oder nahe (*proximale*) Faktoren handelt, etwa die innerfamiliären Beziehungen (vgl. Scheithauer u.a. 2000).

Bei den innerhalb der Person angesiedelten Faktoren gibt es eine besondere begriffliche Unterscheidung: Ist ein Mensch von Risikofaktoren betroffen, die innerhalb der eigenen Person liegen (z.B. ein ungünstiges Temperament, bestimmte negative frühkindliche Erfahrungen, etc.), so spricht man von *Vulnerabilität* (Verletzlichkeit). Gibt es hingegen innerhalb des betroffenen Menschen liegende Schutzfaktoren, die dafür sorgen, dass er oder sie trotz ungünstiger äußerer Bedingungen keine Störung entwickelt, so nennt man dies *Resilienz*.

Risiko- und Schutzfaktoren kindlicher Entwicklung (Auswahl)

Als *Risikofaktoren* kindlicher Entwicklung können gelten (Scheithauer u.a. 2000, Schmidt/Göpel, 2005):

- die psychische Erkrankung eines Elternteils (s. Kap. 1.5.1)
- verschiedene prä-, post- und perinatale Faktoren (Faktoren, die vor, während oder unmittelbar nach der Geburt auftreten), etwa ein sehr junges (15 Jahre) Alter der Mutter oder eine Mutter, die älter als 36 Jahre ist, chronische Belastungen der Mutter oder kritische Lebensereignisse für die Mutter während der Schwangerschaft, Frühgeburt, geringes Geburtsgewicht oder Mangelernährung
- ein schwieriges Temperament des Kindes (unzureichende Emotionsregulation)
- Disharmonie in der Familie

- beengte Wohnverhältnisse
- ausgeprägter Medienkonsum
- unsichere Eltern-Kind-Bindung (s. Kap. 1.5)
- niedriger sozial-ökonomischer Status.

Als Schutzfaktoren können zusammengefasst werden (Laucht/Esser/Schmidt, 1997):

A. Kindbezogene Faktoren
- Geschlecht (Mädchen haben günstigere Entwicklungschancen)
- Position in der Geschwisterreihe (Erstgeborene entwickeln sich am ehesten günstig)
- positives Temperament
- überdurchschnittliche Intelligenz
- positives Sozialverhalten
- hohe Selbstwirksamkeitsüberzeugung und aktives Bewältigungsverhalten.

B. Umgebungsbezogene Faktoren
- sichere Bindungen und ein gutes Familienklima, familiärer Zusammenhalt
- Modelle für positives Bewältigungsverhalten
- soziale Unterstützung im Umfeld
- gute Freundschaftsbeziehungen
- positive Schulerfahrungen.

Für die Diagnostik gerade von Schutzfaktoren (Ressourcen) hat Klemenz (2003) eine übersichtliche Ressourcentaxonomie entwickelt, in der er Personenressourcen einerseits und Umweltressourcen andererseits unterscheidet. Die Personenressourcen sind dann wiederum in physische Ressourcen (etwa Attraktivität, Gesundheit, positives Temperament) und psychische Ressourcen (Interessen, Fähigkeiten, Persönlichkeit, positive Emotionalität) zu trennen. Bei den Umweltressourcen sind die sozialen Ressourcen (Familie, erweitertes Netzwerk), ökonomische Ressourcen (vgl. zum Zusammenhang von Armut und psychischen Problemen Borg-Laufs 2010) und ökologische Ressourcen (Wohnbedingungen, Wohnumfeld) zu nennen.

📖 *Literaturempfehlungen*

Klemenz, B. (2003): Ressourcenorientierte Diagnostik und Intervention mit Kindern und Jugendlichen. Tübingen: DGVT-Verlag.
Mattejat, F. (2008): Entwicklungsorientierte Verhaltenstherapie mit Kindern, Jugendlichen, Familien. In: Verhaltenstherapie mit Kindern und Jugendlichen, 4. Jg., Heft 1, S. 77–88.
Schneewind, K. A. (2008): Sozialisation und Entwicklung im Kontext der Familie. In: Oerter, R./Montada, L. (Hrsg.): Entwicklungspsychologie, 6. Aufl., Weinheim: PVU, S. 117–145.

1.5 Befriedigung und Verletzung psychischer Grundbedürfnisse

1.5.1 Erkenntnisse über psychische Grundbedürfnisse

Klaus Grawe (1943–2005) hat das Konzept der durch die empirische Psychologie fundierten psychischen Grundbedürfnisse in seinen Arbeiten zur Psychotherapie im deutschsprachigen Raum einem breiten Leserkreis bekannt gemacht (v. a. Grawe 2004). Im Gegensatz zu älteren Konzeptionen psychischer Grundbedürfnisse (etwa Maslow 1954) hat Grawe vier Grundbedürfnisse postuliert, deren Bedeutung er ausführlich und gut nachvollziehbar aus den Ergebnissen psychologischer Grundlagenforschung ableitet. Diese Grundbedürfnisse sollen im Folgenden kurz dargestellt werden.

Das Bedürfnis nach Orientierung und Kontrolle
Menschen streben danach, ihr Leben und die Ereignisse, denen sie ausgesetzt sind, zu verstehen sowie diese in Grenzen vorhersehen und auch beeinflussen zu können. So ist ein Kind z. B. darauf angewiesen, die Handlungen seiner wichtigsten Bezugspersonen zu verstehen und sie auch in gewissem Maße vorhersehen zu können. Wenn es stattdessen so ist, dass die Reaktionen der Eltern auf das kindliche Verhalten äußerst wechselhaft sind, dann kann das Kind sich nicht daran orientieren. Auch Erfahrungen von Kontrolle, also der Möglichkeit, selber den Fortgang der Ereignisse bestimmen zu können, sind für Menschen in ihrer gesamten Entwicklungszeit von herausragender Bedeutung. Dabei dehnen sich im Verlauf der kindlichen und jugendlichen Entwicklung die Bereiche immer mehr aus, in denen sie selbstbestimmt handeln wollen.

Misshandlungserfahrungen und andere traumatische Ereignisse müssen als dramatische Kontrollverluste interpretiert werden. Das Bedürfnis nach Orientierung und Kontrolle kann durch solche Ereignisse nachhaltig verletzt werden.

Regelmäßige Erfahrungen von Orientierung und Kontrollmöglichkeiten führen zu einer generalisierten Kontrollüberzeugung, die in vielfacher Hinsicht zu einem glücklichen Leben beiträgt (höhere Lebenszufriedenheit, höhere Stressresistenz, bessere Bewältigungsressourcen (vgl. Flammer 1990). Einige psychologische Theorien von herausragender Bedeutung haben die Wichtigkeit des Verstehens der Welt um uns herum und der Überzeugung, diese beeinflussen zu können, betont („Selbstwirksamkeitsüberzeugung" nach Bandura 1997; „Kohärenzsinn" nach Antonovsky 1997).

Wird hingegen das Bedürfnis nach Orientierung und Kontrolle nicht befriedigt, so hat dies weitreichende Folgen. Grawe (2004, 249) schreibt zusammenfassend zu den vorliegenden empirischen Befunden, dass „Verletzungen des Kontrollbedürfnisses Gift für die psychische Gesundheit" sind.

Das Bedürfnis nach Lustgewinn und Unlustvermeidung
Es ist aufgrund der eigenen Lebenserfahrung unmittelbar einleuchtend, dass Menschen danach streben, angenehme Zustände zu erleben und aversive Zustände zu vermeiden. Wäre dies nicht so, dann wäre auch die funktionale Analyse menschlichen Verhaltens (vgl. Kap. 1.2.2) nicht sinnvoll, denn in der funk-

tionalen Verhaltensanalyse werden ja gerade die positiven Folgen des eigenen Verhaltens (C+ oder ₵–) als Motivation für das eigene Verhalten interpretiert. Wichtig ist hier allerdings festzuhalten, dass es nicht die Dinge an sich sind, die ein Empfinden von Lust oder Unlust hervorrufen, sondern stets unsere eigenen Bewertungen der Ereignisse und Zustände (s. Kap. 3). So ist ja bei vielen Reizen zu beobachten, wie sich ihre Bewertung im Entwicklungsverlauf ändert, z. B. mögen Erwachsene häufig bittere Geschmacksempfindungen, während Kinder diese durchweg als aversiv erleben. Insgesamt sind lust- und unlustbezogene Bewertungen sehr individuell, weswegen ja auch Belohnungsprogramme, wenn sie wirkungsvoll sein sollen, stets einzelfallangepasst geplant werden müssen (vgl. Borg-Laufs/Hungerige 2007).

Das Bedürfnis nach Selbstwerterhöhung/Selbstwertschutz

Menschen wollen sich selber als *gut* empfinden. Tatsächlich ist es sogar so, dass sich psychisch gesunde Menschen tendenziell eher *zu gut* einschätzen (Grawe 2004, 258 ff.). Solange zu positive Selbsteinschätzungen nicht zu sehr von der Einschätzung anderer Menschen abweichen, kann eine milde Selbstüberschätzung eher als Schutzfaktor denn als Problem gesehen werden. Zu negative Selbsteinschätzungen hingegen sind eng verbunden mit verschiedenen psychischen Störungen wie Depression und sozialer Phobie (s. Kap. 3).

Kinder sind zur Befriedigung dieses Grundbedürfnisses darauf angewiesen, dass sie von ihren wichtigen Bezugspersonen ermutigt werden und sich von diesen als wertgeschätzt erleben können. In hohem Maße selbstwertmindernd sind Erfahrungen von Misshandlung und Missbrauch (vgl. Kap. 1.5.2). Betroffene Kinder neigen dazu, sich selbst abzuwerten, wenn sie misshandelt werden, da sie existenziell darauf angewiesen sind, ihre Bindungspersonen als gut zu erleben. Würden sie ihre Kinder aber grundlos schlagen, so müssten die Kinder sie folglich für böse halten. Um dies zu vermeiden, werten sie sich lieber selbst ab, um die Illusion guter Eltern aufrecht erhalten zu können.

Das Bedürfnis nach Bindung

Unter Bindung versteht man ein lang andauerndes emotionales Band zu nicht ohne weiteres auswechselbaren Bezugspersonen (vgl. Bowlby 1975). Ainsworth (Ainsworth u. a. 1978) hat in bahnbrechenden Untersuchungen ein Klassifikationssystem für Bindungsverhalten entwickelt, welches noch heute handlungsleitend ist. Kernstück ihrer Untersuchungen war die so genannte „fremde Situation", eine Experimentalsituation für Kinder im Alter von 12 bis 18 Monaten und ihre Bezugspersonen. In acht dreiminütigen Sequenzen, in denen die Kinder u. a. durch die zeitweilige Abwesenheit der Bezugsperson belastet werden, wird das Verhalten der Kinder genau beobachtet.

Die „fremde Situation" nach Ainsworth u. a. (1979)

Die folgenden Sequenzen dauern jeweils 3 Minuten.

1. Bezugsperson und Kind betreten einen ihnen unbekannten Raum mit anregendem Spielzeug.
2. Eine fremde Person kommt hinzu.

3. Die Bezugsperson verlässt den Raum und das Kind ist mit der fremden Person allein.
4. Die Bezugsperson kehrt zurück. Sie sind wieder zu dritt.
5. Die fremde Person verlässt den Raum, Bezugsperson und Kind sind wieder zu zweit.
6. Die Bezugsperson geht ebenfalls, das Kind ist allein.
7. Die fremde Person kommt zurück.
8. Die Bezugsperson kommt zurück.

Das Verhalten der Kinder konnte in drei gut voneinander abgrenzbare Verhaltensklassen eingeordnet werden. Einige Kinder zeigen einen *sicheren Bindungsstil*. Sie waren in der Experimentalsituation explorierend (interessierten sich für das vorhandene Spielzeug und probierten es aus), kommunikativ und freundlich. Verließ die Bezugsperson den Raum, vermissten sie diese deutlich sichtbar. Sie ließen sich ein wenig von der fremden Person trösten. Kam die Bezugsperson zurück, suchten die Kinder sofort Nähe zu ihr, ließen sich dann schnell trösten und kehrten zum Spielzeug zurück. Eine zweite Gruppe von Kindern zeigte *unsicher-vermeidendes Bindungsverhalten*. Sie explorierten ebenfalls, kommunizierten dabei aber weniger. Verließ die Mutter den Raum, schien ihnen das egal zu sein. Kam sie zurück, so spielten sie ungerührt weiter, ohne sie zu beachten. Die dritte Gruppe zeigte ein Verhalten, das Ainsworth und Mitarbeiter *unsicher-ambivalent* genannt haben. Sie wirkten von Beginn an ängstlich und misstrauisch und beschäftigten sich wenig mit dem Spielzeug. Verließ die Mutter den Raum, zeigten sie sich verzweifelt, von der fremden Person ließen sie sich nicht trösten. Wenn die Bezugsperson zurückkam, waren sie sehr aufgeregt, weinten, zeigten sich zum Teil aggressiv, ließen sie nicht wieder allein und beschäftigten sich nicht mehr mit dem Spielzeug. Die als *desorientiert* klassifizierten Kinder zeigten uneinheitliches, z. T. aggressives oder bizarres Verhalten.

Die Entwicklung dieser unterschiedlichen Bindungsstile ist lerntheoretisch gut erklärbar. Sicher gebundene Kinder werden für ihr Bindungsverhalten verstärkt, denn sie erfahren, dass ihre Bezugspersonen sich in Notsituationen um sie kümmern. Daher lassen sie sich auch schnell beruhigen und fassen zügig wieder den Mut, sich mit der Umwelt auseinander zu setzen. Unsicher-vermeidend gebundene Kinder haben hingegen die Erfahrung gemacht, dass sie für das Zeigen von Bindungsverhalten bestraft werden, etwa durch Abwertung seitens der Eltern. Sie zeigen daher kaum noch Bindungsverhalten. Unsicher-ambivalent gebundene Kinder haben hingegen erlebt, dass manchmal auf ihr Bindungsverhalten reagiert wird, manchmal jedoch auch nicht. Sie können sich auf ihre Bindungspersonen nicht verlassen, daher maximieren sie ihre Anstrengungen, für Aufmerksamkeit und Zuwendung der Eltern zu sorgen.

Durch die bindungsrelevanten Erfahrungen, die die Kinder machen, bildet sich bei ihnen ein so genanntes internes Arbeitsmodell von Bindung heraus, welches beeinflusst, wie sie sich generell in Beziehungen benehmen, wie sehr sie anderen Menschen gegenüber Vertrauen aufbringen können oder wie misstrauisch sie ihnen gegenüber sind. Die entwicklungspsychologische Forschung der letzten Jahrzehnte hat gezeigt, dass dieses Arbeitsmodell von Bindung über den ganzen Lebenslauf beeinflussbar ist, allerdings mit abnehmendem Wirkungsgrad (vgl. Abb. 1.9). Das bedeutet, dass bindungsrelevante Erfahrungen besonders intensiv und nachhaltig in der frühen Kindheit wirken.

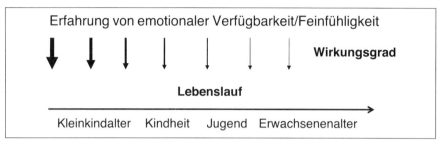

Abb. 1.9: Wirkungsgrad von bindungsrelevanten Erfahrungen auf das internale Arbeitsmodell von Bindung über den Lebenslauf aus Borg-Laufs (2005) in Anlehnung an Spangler und Zimmermann (1999)

Das Verhalten der Eltern, welches die Bindungsentwicklung fördert, wird *feinfühliges Verhalten* genannt. Zur elterlichen Feinfühligkeit gehört, dass Eltern in der Lage sind, kindliche Signale angemessen wahrzunehmen und zu interpretieren und dann auch angemessen (sensibel, annehmend, zusammenarbeitend, zugänglich) darauf reagieren.

Grossmann und Grossmann (2005) zeigen auf, welche weitreichenden Folgen die unterschiedlichen Bindungsmuster im weiteren Entwicklungsverlauf haben. Sicher gebundene Kinder erweisen sich als kompetent und kooperativ im Schlichten von Streitsituationen, sie werden gerne als Freunde gewählt, haben ein positives Weltbild, können flexibel und lösungsorientiert reagieren und nutzen häufig soziale Ressourcen. Unsicher-vermeidend gebundene Kinder werden hingegen von anderen Kindern negativ beurteilt, reagieren auf andere unsichere Kinder aggressiv, idealisieren eigene Kompetenzen und misstrauen anderen. Unsicher-ambivalent gebundene Kinder fallen durch Anhänglichkeit, Selbstunsicherheit und Passivität auf. Kinder mit desorganisiertem Bindungsstil fallen durch Aggressivität und durch ein starkes Bedürfnis nach Kontrolle anderen gegenüber auf. Anhand des Ausmaßes elterlicher Feinfühligkeit im Kindesalter kann recht gut vorhergesagt werden, wie sich die Kinder als junge Erwachsene in Partnerschaften erleben und verhalten (Grossmann u. a. 2002). So konnten sichere Partnerschaftsrepräsentationen (Wertschätzung des Partners, Verlässlichkeit, Verfügbarkeit, Zuneigung) bei Kindern von feinfühligen Eltern beobachtet werden, während unsicher gebundene Kinder später vor allem abwertende Partnerschaftsrepräsentationen zeigen: Der Wert der Partnerschaft wird bezweifelt, emotionaler Beistand wird weder gewünscht und gerne gegeben, Zuneigung wird als Abhängigkeit betrachtet.

1.5.2 Misshandlung und Vernachlässigung als Formen der Verletzung von Grundbedürfnissen

Kindesmisshandlung wird von Deegener (2005) in vier verschiedene Arten unterschieden:

- Physische Misshandlung (schlagen; gegen die Wand schleudern; schütteln; verbrennen; würgen; Urin trinken und Kot essen lassen; Münchhausen-by-proxy-Syndrom; u. a.)
- Psychische Misshandlung (ablehnen, ängstigen, terrorisieren, isolieren, beschimpfen, erniedrigen, einsperren, bedrohen)
- Sexuelle Gewalt (vor oder an einem Kind vorgenommene sexuelle Handlungen; gegen den Willen des Kindes oder Ausnutzung des Machtgefälles zur eigenen Befriedigung)
- Vernachlässigung (unzureichende Pflege, Kleidung, Ernährung, gesundheitliche Fürsorge, Beaufsichtigung, Zuwendung, Förderung; u. a.).

Hierbei ist allerdings zu berücksichtigen, dass sich Misshandlungsformen in der Regel überlagern. Das Erleiden mehrerer Misshandlungsformen gleichzeitig ist häufiger als das Erleiden einer einzelnen Misshandlungsform. Längere und schwerere Erfahrungen von Misshandlung führen zu schwerwiegenderen Beeinträchtigungen und einer höheren Wahrscheinlichkeit negativer Folgen (Dosis-Wirkung). Die häufigste (Münder/Mutke/Schone 2000) und am wenigsten erforschte Form der Kindesmisshandlung ist die Vernachlässigung.

Der internationale Forschungsstand erlaubt Aussagen darüber, welche Folgen die verschiedenen Misshandlungsformen für die weitere Entwicklung haben. So führt Vernachlässigung zu bedeutsamen Entwicklungsbeeinträchtigungen und unterdurchschnittlichen Schulleistungen, geringer Lernbereitschaft und geringem Selbstvertrauen, einer massiven Beeinträchtigung der Bindungsfähigkeit und zu einem erhöhten Risiko für verschiedene psychische Auffälligkeiten (Ängste, Depression, Störung des Sozialverhaltens, Suizidalität, Suchtverhalten) (Kindler 2006a). Psychische Misshandlung vermindert Lebensfreude, Selbstvertrauen und Selbstkontrolle, führt zu Problemen in sozialen Beziehungen, erhöht die Wahrscheinlichkeit für Suchtverhalten, verschiedene Verhaltensauffälligkeiten und die Entwicklung depressiver Störungen (Kindler 2006b). Körperliche Misshandlungen führen sowohl vermehrt zu internalisierenden Störungen (Ängste, Depression) als auch zu aggressiven Verhaltensstörungen, zu einem negativen Selbstbild, Beeinträchtigungen der Bindungsfähigkeit sowie der kognitiven und schulischen Entwicklung, zu vermehrten Suizidversuchen und zu einer erhöhten Rate Posttraumatischer Belastungsstörungen (Kindler 2006c). Sexueller Missbrauch führt zu einem verminderten Selbstwertgefühl sowie einer erhöhten Wahrscheinlichkeit des Auftretens verschiedener psychischer Störungen (Angst, Depression, aggressive Störungen, selbstverletzendes Verhalten, psychosomatische Störungen) (Unterstaller 2006).

Für die sozialarbeiterische Praxis ist es von höchster Bedeutung, die Risikofaktoren zu kennen, die die Wahrscheinlichkeit von Kindesmisshandlungen erhöhen. Werden entsprechende Risikofaktoren bei Familien vorgefunden, so bedeutet dies, dass die Sozialarbeiter/innen besonders gründlich prüfen müssen, ob es in der Familie zu Misshandlungen kommt.

Elterliche Risikofaktoren für Kindesmisshandlung (Bender/Lösel, 2005)

- junge Eltern
- geringes Bildungsniveau, soziale Unterschicht, finanzielle Probleme
- hohe Kinderzahl
- wenig Kontakte, soziale Isolation
- geringes Wissen über Kinder
- elterliche Depression, Angst, Unglück, negatives Selbstkonzept
- erhöhte Erregbarkeit, geringe Frustrationstoleranz, Überforderung der Eltern
- Alkohol- und Drogenmissbrauch
- Persönlichkeitsstörungen (vgl. Kap. 3)
- zu hohe und/oder zu rigide Erwartungen an das Kind, stabil negative Attributionen bezüglich des Kindes
- Bevorzugung körperlicher Strafen
- Gewalt in der Ursprungsfamilie der Eltern
- es wurde bereits ein anderes Kind in der Familie misshandelt.

Soziale Arbeit kann bedeutende Beiträge zur Verringerung von Risikofaktoren für Kindesmisshandlungen leisten. Sie kann an der sozialen Isolation und sozialen Problemen ansetzen, aber auch an finanziellen Problemen, an Alkohol- und Drogenkonsum der Eltern. Im Rahmen von Beratungsprozessen kann Wissens- und Kompetenzvermittlung erfolgen (alternative Erziehungsmethoden), darüber hinaus kann auf eine psychotherapeutische Behandlung hingewirkt werden (Borg-Laufs 2006b). Die Wirkfaktoren in der Arbeit mit misshandelnden Eltern sind – ähnlich wie in allen Beratungs- und Therapieprozessen – ein gelungener Beziehungsaufbau und Aufbau von Änderungsmotivation sowie die methodisch dem Einzelfall angepasste Herangehensweise (s. Kap. 3).

Ein Beispiel für Präventionsarbeit ist der Einsatz von Familienhebammen. Hebammen haben häufig einen besseren Zugang zu Familien, da sie zunächst nicht mit dem Jugendamt in Verbindung gebracht werden. Es handelt sich i. d. R. um Hebammen, die eine spezielle zusätzliche Schulung besucht haben. Sie nehmen bereits vor der Geburt Kontakt mit den Familien auf und bieten ihre Hilfen an. Sie sollten mit Sozialarbeitern des Jugendamtes kooperieren, denn trotz ihrer Zusatzqualifikation sind sie vorrangig für pflegerische und lebenspraktische Unterstützung ausgebildet, nicht aber für psychosoziale Beratung und Betreuung und auch nicht für die Soziale Arbeit mit Risikofamilien. Bei einem Modellprojekt in Niedersachsen (Zierau/Gonzalez-C. 2005) wurde versucht, insbesondere sehr junge Mütter, junge Mütter mit Migrationshintergrund, junge Mütter mit Gewalterfahrungen sowie junge Mütter mit Drogen- oder Alkoholproblematik zu erreichen. Dabei zeigte sich, dass die Häufigkeit der Kontakte sowie die Länge der Betreuung sehr unterschiedlich von Familie zu Familie ausfielen, wobei mehr als die Hälfte der Betreuungen nach weniger als einem halben Jahr beendet waren. Es zeigte sich auch, dass – entsprechend den Kompetenzen der Familienhebammen – pflegerische und lebenspraktische Beratung im Vordergrund der Betreuungen stand, während psychologisch ausgerichtete Arbeit an inneren Veränderungen der Klientinnen nur selten stattfand. Die Ergebnisse des Projektes waren durchaus ermutigend, nicht wenige Familien profitierten deutlich von der Hilfe und konnten ihre Probleme in verschiedenen Bereichen (z.B. soziale Isolation, Überforderungsgefühle, Suchtverhalten) verringern. Allerdings wurde auch durch diese sehr niedrigschwellige Maßnahme nur ein Teil der Familien nachhaltig beeinflusst.

Ähnliche Ergebnisse zeigen auch andere präventive Ansätze und auch Hilfsmaßnahmen für misshandelnde Eltern (vgl. etwa Lutzker/Rice 1987, Spangler 2004): Es wird auch bei ausgesprochen niedrigschwelligen und einzelfallorientierten Programmen stets nur ein Teil der Familien langfristig verändert. Aus den Ergebnissen ist insgesamt zu schließen, dass geeignete Präventions- und Interventionsmaßnahmen einerseits das Risiko von Kindesmisshandlung und -vernachlässigung senken können, dass wir uns aber andererseits keinen sozialarbeiterischen oder psychotherapeutischen Illusionen hingeben dürfen: Auch niedrigschwellige, einzelfallangepasste, intensive Hilfen greifen nur bei einem Teil der Familien (ausführlich: Borg-Laufs 2006b). Zur Prävention ist es notwendig, Risikofamilien frühzeitig zu erkennen und niedrigschwellige, aufsuchende Programme durchzuführen. Problematisch ist in diesem Zusammenhang allerdings, dass vorhandene Screening-Verfahren noch wenig genau sind und gleichzeitig aber auch das Urteil der Fachkräfte, sofern sie keinen anerkannten Kriterien folgen, häufig wenig zuverlässig ist. Auch Interventionsmaßnahmen bei misshandelnden Familien müssen aufsuchend und individuell sein. In allen Fällen sollte der Verlauf der gewünschten Veränderungen in kurzen Abständen überprüft werden. Sollten sich keine Veränderungen zeigen, z.B. weil es nicht gelingt, bei den Eltern Problemeinsicht und Veränderungsmotivation herzustellen, ist die Herausnahme eines Kindes die Methode der Wahl, um das Wohl des Kindes nachhaltig zu schützen.

1.5.3 Kinder psychisch kranker Eltern

Kinder psychisch kranker Eltern stellen eine lange vergessene Zielgruppe sozialarbeiterischer Interventionen dar. Obwohl es eine große Zahl Betroffener gibt – Lenz (2005) ermittelte etwa, dass 19,2 % aller stationär behandelten psychiatrischen Patientinnen und Patienten mit einem Kind unter 18 Jahren zusammen leben –, gab es über lange Zeit keine spezifischen Hilfsangebote. Psychiatrie-Patienten wurden in ihrer Elternrolle nicht wahrgenommen, ihre Kinder wurden „vergessen", obwohl es für Kinder eine sehr belastende und entwicklungshemmende Situation sein kann (vgl. Mattejat/Lisofsky 2008). Sie leiden häufig unter Einsamkeit, Entfremdung, Schamgefühlen und Ängsten (Jungbauer/Lenz 2008). Dabei haben jüngere Kinder und Jugendliche jeweils spezifische Probleme (Lenz 2005). Während bei Kindern die Angst vor Trennung von den Eltern sowie Gefühle von Wut und Resignation im Vordergrund stehen, entwickeln Jugendliche Schuldgefühle, wenn sie sich – ihren Entwicklungsaufgaben entsprechend (vgl.

Kap. 1.4.1) – von ihren Eltern lösen und abgrenzen. Außerdem stellt sich ihnen häufig die Frage, ob sie selbst eine ähnliche Störung wie ihr Elternteil entwickeln werden.

Da psychisch kranke Menschen im Zusammenhang mit ihrer Elternrolle Ängste haben, etwa dass ihnen ihre Kinder entzogen werden könnten (Kölch/ Schmidt 2008), benötigen sie verständnisvolle und kompetente Ansprache bezüglich dieses Problems, wobei die Nöte und Probleme des Kindes in den Mittelpunkt gestellt werden müssen.

Neben den üblichen Hilfen wie Erziehungsberatung und Sozialpädagogische Familienhilfe gibt es an manchen Orten auch spezifisch auf die Bedürfnisse der Kinder psychisch kranker Eltern zugeschnittene Programme. Diese häufig als Gruppenangebote konzipierten Programme sollen die Kompetenzen und Ressourcen der Kinder stärken. Sie erhalten die Möglichkeit, sich über ihre Probleme mit anderen Betroffenen und mit Fachleuten auszutauschen. Darüber hinaus sollte in den Programmen vermittelt werden, wie mit Ängsten, Trauer und Wut umgegangen werden kann, wie unangemessene Verantwortung zurückgewiesen werden kann und wie eigene Grenzen gezogen werden können.

Obwohl im Vordergrund der Bemühungen stehen muss, den Kindern ein Aufwachsen in ihrer Familie zu ermöglichen, muss letztlich auch die Möglichkeit der Herausnahme des Kindes erwogen werden, wenn das Verhältnis von Risiko- und Schutzfaktoren ungünstig ist und das Kindeswohl gefährdet erscheint (vgl. Borg-Laufs/Lüpertz 2008).

1.5.4 Psychische Störungen im Zusammenhang mit der Bindungsentwicklung

Grawe (2004, 216) fasst die Befundlage so zusammen, dass unsichere Bindungen im Kindesalter der größte bekannte Risikofaktor für die Entwicklung psychischer Störungen sind. Unsichere Bindungen oder ein desorganisiertes Bindungsmodell erhöhen die Vulnerabilität für viele schwerwiegende psychische Störungen (vgl. auch Rygaard 2006).

Abgesehen von der allgemein gesteigerten Vulnerabilität sind aber in der ICD-10 (Internationale Klassifikation psychischer Störungen der WHO) auch spezifische Bindungsstörungen definiert. Sie gelten als direkte Folge von Vernachlässigung, Missbrauch, Misshandlung oder einem häufigen Wechsel der Bezugspersonen. Zu unterscheiden sind die „Reaktive Bindungsstörung des Kindesalters" (F94.1) und die „Bindungsstörung des Kindesalters mit Enthemmung" (F94.2). Kinder mit einer Bindungsstörung der enthemmten Form sind daran zu erkennen, dass sie zu allen Menschen gleichermaßen freundlich sind und ihre Interaktionen mit Menschen seltsam austauschbar erscheinen. So geben sie sich auch mit unbekannten Erwachsenen sofort vertraut, nehmen Körperkontakt auf und lassen sich – im Gegensatz zu Kindern ohne Bindungsstörung – in Notsituationen scheinbar von allen Erwachsenen gleich gut trösten. Während dieser Typ der Bindungsstörung durch die Wahllosigkeit der Sozialbeziehungen gut erkennbar ist, zeigen die Kinder mit reaktiver Bindungsstörung ein weniger einheitliches und schwerer zu erkennendes Symptombild. Sie zeigen eine deutlich sichtbare emotionale Störung mit Verlust emotionaler Ansprechbarkeit, sozialem Rückzug und aggressiven Reaktionen. Ihr Sozialverhalten wirkt uneinheitlich und widersprüchlich.

Die Behandlung von Bindungsstörungen muss – falls die Eltern kooperationswillig und -fähig sind – in einer intensiven Eltern-Kind-Therapie bestehen. Fehlt es an elterlicher Kooperation, so besteht die einzig sinnvolle Handlungsmöglichkeit in einem Milieuwechsel (Pflegefamilie, stationäre Unterbringung, Adoption).

Während bei Kindern mit einer Bindungsstörung ein angemessen erscheinender sozialer Kontakt mit gesunden Erwachsenen herstellbar erscheint, zeigen Betroffene einer anderen Störungsgruppe, mit der Sozialarbeiter/innen häufig konfrontiert werden, noch grundlegendere Störungen des Interaktionsverhaltens. Bei Menschen mit einer Störung aus dem Autismusspektrum ist die Ursache ihrer Schwierigkeiten nicht in ihren Beziehungserfahrungen, sondern auf biologischer Ebene zu suchen. In erster Linie ist dabei an eine genetische Bedingung der Störung zu denken, in einzelnen Fällen kann eine autistische Störung aber auch Folge frühkindlicher Hirnschädigungen sein. Neben Abweichungen im Spiegelneuronensystem werden verschiedene andere kognitive Auffälligkeiten beschrieben, u. a. entwickeln autistische Menschen wesentlich später als andere Menschen, manchmal aber auch gar nicht, eine *Theory of Mind* (vgl. Kap. 1.3.2) (Freitag 2009, Greimel u. a. 2009).

Spiegelneuronen sind Nervenzellen im Gehirn, die bei der Betrachtung etwa der Handlung eines anderen Menschen ähnlich reagieren, als ob man selber die Handlung ausführen würde.

Als zentrales Merkmal autistischer Störungen kann die *extreme autistische Einsamkeit* gesehen werden. Die Betroffen finden kaum Zugang zu anderen Menschen, haben kein oder nur eingeschränktes Interesse an Beziehungen und zeigen große Schwierigkeiten bei der Gestaltung gelingender Kommunikation. Menschen, die an *frühkindlichem Autismus* (F84.0) leiden, sind in ihren Entwicklungs- und Interaktionsmöglichkeiten wesentlich stärker gestört als Menschen mit einer weniger schweren Art des Autismus, dem *Asperger-Syndrom* (F84.5).

Bei beiden Störungsbildern sind die Kernsymptome qualitative Auffälligkeiten der gegenseitigen sozialen Interaktion und Kommunikation sowie begrenzte Interessen und repetitive Verhaltensmuster. Im Kontakt mit einem autistisch erkrankten Menschen fällt die ungewöhnliche Kommunikation und Interaktion in der Regel sofort auf. Sie regulieren soziale Interaktion nicht oder kaum durch Blickkontakt, Mimik oder Gestik, häufig gebrauchen sie nicht verständliche eigene Wortschöpfungen, ihre Emotionen wirken häufig unpassend. Sie sind mehr oder weniger unfähig, Beziehungen zu Gleichaltrigen mit gegenseitigen Interessen und Gefühlen aufzubauen.

Während für Jugendliche mit Asperger-Syndrom in jüngerer Zeit Sozialtrainings vorgeschlagen werden, damit sie lernen können, wie sie Kommunikation und Interaktion befriedigend und sozial angemessen gestalten können, muss die Hilfe für Kinder mit frühkindlichem Autismus außerordentlich intensiv gestaltet werden, damit sie von der Behandlung profitieren können. Erforderlich ist eine in den Alltag integrierte Förderung, die mit kleinsten lernbaren Schritten, häufigen Wiederholungen und eindeutigen Konsequenzen gemäß dem Modell der operanten Konditionierung über mehrere Jahre und in ungewöhnlich hoher Intensität (mehr als 30 Stunden wöchentlich) durchgeführt wird. Solcherart intensive Trainingsprogramme können auch bei den Betroffenen zu deutlich wahrnehmbaren Verbesserungen führen, die bis zu sozialer Unauffälligkeit reichen können (Cordes 2006).

📖 *Literaturempfehlungen*

Borg-Laufs, M./Dittrich, K. (Hrsg.) (2010): Psychische Grundbedürfnisse in Kindheit und Jugend – Perspektiven für Soziale Arbeit und Psychotherapie. Tübingen: DGVT.

Cordes, R. (2006): Frühe Verhaltenstherapie mit autistischen Kindern. In: Schirmer, B. (Hrsg.): Psychotherapie und Autismus. Tübingen: DGVT, S. 37–56.

Deegener, G. (2005): Formen und Häufigkeit der Kindesmisshandlung. In: Deegener, G./Körner, W. (Hrsg.): Kindesmisshandlung und Vernachlässigung. Göttingen: Hogrefe, S. 37–58.

Grawe, K. (2004): Neuropsychotherapie. Göttingen: Hogrefe.

Mattejat, F./Lisofsky, B. (Hrsg.) (2008): Nicht von schlechten Eltern – Kinder psychisch Kranker, 2. Aufl. Bonn: Balance.

🎬 *Film-Empfehlung*

Borg-Laufs, M. (2008): Kinder psychisch kranker Eltern – ein Interview (DVD, 35 Min.). Tübingen: DGVT.

1.6 Entwicklung gesellschaftlich erwünschten und unerwünschten Verhaltens

1.6.1 Entwicklung prosozialen Verhaltens

Unsere Gesellschaft ist, so wie sie angelegt ist, darauf angewiesen, dass ihre Mitglieder sich prosozial verhalten. Es ist erwünscht, dass Menschen sich gegenseitig unterstützen und aufeinander Rücksicht nehmen. In der Entwicklungspsychologie stellt sich die Frage, wann und unter welchen Bedingungen sich prosoziales Verhalten bei Kindern entwickelt.

Schmidt-Denter (2005) fasst die Erkenntnisse zur Entwicklung prosozialen Verhaltens zusammen. Demnach zeigen schon sehr junge Kinder eine Art „Gefühlsansteckung", d.h., sie weinen mit, wenn sie ein anderes Kind weinen hören. Dies kann allerdings noch nicht als echtes Mitfühlen interpretiert werden. Zweijährige Kinder zeigen hingegen bereits deutliche Zeichen empathischen und helfenden Verhaltens: Es ist zu beobachten, dass sie trösten, Gegenstände bringen, Hilfe holen, Opfer zu verteidigen versuchen und ganz allgemein hilfreiches Verhalten zeigen, wenn sie ein anderes Kind in Not sehen. Sawin (1980, zit. n. Schmidt-Denter 2005) untersuchte, wie sich 3–7-jährige Kinder verhalten, wenn ein anderes Kind in ihrer Nähe (auf dem Spielplatz) weint. Die größte Gruppe (47 %) der Kinder zeigte kein hilfreiches Verhalten, sondern ein betroffenes Gesicht. 17 % der beobachteten Kinder trösteten die traurigen Kinder, 12 % zogen sich zurück, 10 % holten Erwachsene, 7 % zeigten keine erkennbare Reaktion, 5 % bedrohten das Kind, welches Anlass für das Weinen war und 2 % reagierten unfreundlich auf das weinende Kind. In diesem Alter zeigen sich also sehr unterschiedliche Verhaltensweisen, die aus einem Wechselspiel von situativer Anforderung und individuellen Verhaltensdispositionen zu erklären sind.

Mit zunehmendem Alter wird prosoziales Verhalten recht gezielt eingesetzt. Jugendliche wählen ihre Handlungen danach aus, wer das Ungemach verursacht hat, welchen Schuldanteil die Opfer selbst haben, wie vertraut sie mit dem Opfer sind und welche Erfahrungen sie bislang mit dieser Person gemacht haben.

Kinder verhalten sich um so eher prosozial, wenn sie eine sichere Bindung erleben. Ein emotional zugewandter, responsiver Erziehungsstil fördert prosoziales Verhalten. Auch ist es hilfreich, wenn erwachsene Bezugspersonen modellhaft prosoziales Verhalten zeigen. Schließlich gibt es Befunde, die darauf hindeuten, dass bei kleinen Kindern insbesondere das Modell der Erzieherinnen in der Kindertagesstätte einen großen Einfluss auf das prosoziale Verhalten der Kinder hat (Schmidt-Denter 2005).

1.6.2 Aufmerksamkeitsdefizit-Hyperaktivitäts-Störung (ADHS)

Robins Mutter ist völlig verzweifelt, weil sie mit ihrem nun 7-jährigen Sohn täglich von morgens bis abends Auseinandersetzungen erlebt. Bereits die tägliche Routine beim morgendlichen Waschen und Anziehen ist dadurch geprägt, dass er nicht bei der Sache bleibt, zwischendurch zu spielen beginnt und nicht rechtzeitig fertig wird. Seine Schultasche ist unordentlich und ohne Aufforderung vergisst er, sein Schulbrot hinein zu legen. In der Schule klagen die Lehrerinnen über seine starke Unruhe, er kippelt mit dem Stuhl, ruft in den Unterricht und scheint überhaupt nicht aufzupassen. Beim Mittagessen kleckert Robin Decke und Boden voll. Die Hausaufgaben geraten zum Kampf, Robin hat nie Lust, sie zu erledigen, und er weiß auch nicht genau, welche Aufgaben er erledigen muss. Beim Abschreiben macht er viele Fehler, die Rechenaufgaben erledigt er unkonzentriert und fehlerhaft. Allerdings entdeckt er die Fehler nie selber, da er die Ergebnisse nicht kontrolliert. Wenn seine Mutter sich neben ihn setzt, um ihm zu helfen, geraten sie schnell in heftige, laute Auseinandersetzungen. Wenn er nachmittags am Computer spielen oder draußen auf Bäume klettern kann, scheint die Welt für ihn in Ordnung zu sein.

Robin zeigt die typischen Symptome einer Aufmerksamkeitsdefizit-Hyperaktivitätsstörung (ADHS). Etwa jedes zwanzigste Kind leidet an dieser Störung, wobei erheblich mehr Jungen als Mädchen betroffen sind.

Kernsymptome der ADHS nach ICD-10 (Dilling/Mombour/Schmidt/2010)

Wichtig: Die Symptome müssen seit mindestens 6 Monaten bestehen und in mehr als einem Lebensbereich auftreten (also z. B. nicht ausschließlich in der Schule oder zu Hause, sondern gleichzeitig in der Schule *und* zu Hause).

1. Aufmerksamkeitsstörung (mindestens 6 Symptome aus:)

- Flüchtigkeitsfehler, Unaufmerksamkeit bei Details
- Schwierigkeit, Aufmerksamkeit über längere Zeit aufrecht zu erhalten (Vigilanz)
- hören scheinbar nicht zu, was man sagt
- können Erklärungen nicht folgen oder Pflichten nicht erfüllen
- die Organisation von Aktivitäten ist beeinträchtigt
- Vermeidung von Arbeiten, die Durchhaltevermögen erfordern
- verlieren häufig Gegenstände
- leicht ablenkbar
- vergesslich

2. Überaktivität (mind. 3 Symptome aus:)

- mit Händen oder Füßen zappeln, auf dem Platz winden
- verlassen ihren Platz, wenn Sitzenbleiben erwartet wird
- Herumlaufen, exzessives Klettern
- sind unnötig laut
- exzessive motorische Aktivität, scheinbar nicht beeinflussbar

3. Impulsivität (mind. 1 Symptom aus:)

- Herausplatzen mit einer Antwort vor dem Ende der Frage
- nicht warten können
- Unterbrechen, Stören
- exzessiv Reden

Die Ursachen von ADHS sind noch nicht völlig geklärt. Es ist von einer genetischen Disposition auszugehen, wobei Umwelteinflüsse (Familie, Schule, etc.) allerdings auch eine wichtige Rolle spielen. Die elterliche Erziehungskompetenz sowie die Eltern-Kind-Passung (wie gut kommen die Eltern gerade mit einem sehr lebhaften Kind zurecht?) sind in erheblichem Maße bedeutsam für die Ausprägung der Symptomatik. Es werden verschiedene neuropsychologische Zusammenhänge diskutiert. Die meisten Erkenntnisse weisen auf einen Dopamin-Mangel hin, der dafür sorgt, dass intensivere Reize benötigt werden, um einen Effekt zu verspüren. In die gleiche Richtung gehen EEG-Befunde zu einer großen Teilgruppe der betroffenen Kinder. Demnach weisen diese Kinder eine erhöhte Aktivität besonders langsamer Hirnwellen (Theta-Wellen) auf, während mittelmäßig schnelle Wellen (Beta-Wellen), wie sie üblicherweise bei entspannter Aufmerksamkeit produziert werden, zu wenig erzeugt werden (Strehl 2008).

Die Kinder und ihre Familien leiden – je nach Stärke der Problematik – ganz erheblich unter dieser Störung. Eltern und Kinder befinden sich in der Regel in endlosen Schleifen von ineffektiven und eskalierenden Auseinandersetzungen. Die Kinder zeigen aufgrund ihrer Problematik Entwicklungsrückstände und schulische Leistungsschwierigkeiten. Sie werden von ihren Mitschülern und Mitschülerinnen häufig nicht gemocht, weil sie für diese sehr anstrengend sind. Die Betroffenen selbst entwickeln häufig aufgrund ihrer negativen Erfahrungen in Leistungssituationen eine generalisierte Misserfolgserwartung. Ihr Selbstwertgefühl ist nicht selten schlecht, denn sie bemerken ihre Schwierigkeiten, ohne zu wissen, was sie dagegen unternehmen können. In 50 % der Fälle entwickeln die Kinder komorbid zusätzlich eine aggressive Verhaltensstörung.

Eine sachgerechte Behandlung der ADHS erfordert in der Regel eine multimodale und multiprofessionelle Herangehensweise. Als wirksame Behandlungsmaßnahmen können nach dem augenblicklichen Erkenntnisstand gelten:

• **Verhaltensorientierte Elternberatung bzw. Elterntrainings.** Gerade bei sehr jungen Kindern ist eine strukturierende Umgebung sowie ein liebevoll-konsequentes Elternverhalten wirkungsvoller als es viele andere Maßnahmen sind. Zu achten ist hier darauf, dass einerseits regelmäßige „Inseln des Gelingens" etabliert werden, also konfliktfreie Eltern-Kind-Zeiten, in denen die Beziehung der Familie wieder verbessert werden kann und in denen Eltern und Kind wieder positive Erfahrungen miteinander machen. Ein probates Mittel dazu ist die „Spiel- und Spaßzeit" (Döpfner/Schürmann/Frölich 2007): Eltern und Kind spielen täglich z. B. eine halbe Stunde ausschließlich nach den Wünschen das Kindes, was es will und auch wie es will (veränderte Spielregeln usw.). Die Eltern setzen sozusagen mit ihrer Erziehung einmal täglich eine halbe Stunde aus. Diese Erfahrung kann für alle Seiten höchst zufriedenstellend sein und erleichtert den anderen wichtigen Teil des elterlichen Erziehungsverhaltens: Sie müssen gerade bei einem ADHS-Kind mit wenig innerer Struktur durch äußerst konsequentes Erziehungsverhalten eine äußerer Struktur bereitstellen. Hilfreich sind häufig differenzierte und einzelfallangepasste Belohnungsprogramme (vgl. Borg-Laufs/Hungerige 2007).

• **Verhaltenstherapie mit dem Kind (z. B. Döpfner/Schürmann/Frölich 2007, Lauth/Schlottke 2009).** Die Kinder brauchen therapeutische Unterstützung einerseits für ihre komorbiden Probleme (Selbstwert, Aggression, u. a.), andererseits aber auch im Sinne eines Trainings in ihren zentralen Verhaltensschwierigkeiten. So wird in entsprechenden Programmen häufig intensiv geübt, Aufgaben in sachgerechter Weise zu lösen, also etwa, indem die Aufgabenstellung zuerst sorgfältig und bis zu Ende durchgelesen wird, dann die wesentlichen Informationen herausgesucht werden, dann langsam und bedacht die Aufgabe gelöst und anschließend das Ergebnis überprüft wird.

• **Pädagogisch-psychologische Maßnahmen in der Schule.** Viele im familiären Rahmen günstige Maßnahmen sind in angepasster Weise auch in der Schule anzuwenden. Auch dort muss die Lehrer-Schüler-Beziehung beachtet, für konsequentes und klares Verhalten der Lehrer gesorgt und die Lernsituation angemessen strukturiert werden.

• **Medikamentöse Behandlung.** Als alleinige Behandlungsmaßnahme ist eine Medikation fast nie indiziert (wenngleich es leider häufig die einzige therapeutische Maßnahme darstellt). Auch benötigen längst nicht alle betroffenen Kinder medikamentöse Unterstützung. In mittelgradigen oder v. a. in schweren Fällen stellt allerdings eine medikamentöse Begleitbehandlung (während parallel auch andere Maßnahmen stattfinden) für die Kinder und die Familien eine große Entlastung dar. In vielen Fällen wird die Symptomatik nach richtiger Medikamenten-Einstellung schlagartig deutlich verbessert, sodass der Zugang zum Kind wieder einfacher wird und andere therapeutische und ergänzende Maßnahmen überhaupt erst richtig greifen können. So schnell der Erfolg der medikamentösen Behandlung einsetzt, so schnell ist auch die Wirkung nach Absetzen der Medikation allerdings wieder vorbei, sofern die Zeit nicht sinnvoll für weitere therapeutische Unterstützungsmaßnahmen genutzt wurde. Auch ist der langfristige Erfolg bei ständiger Medikamentengabe, wie es erste umfangreiche Langzeit-Studien zeigen (Jensen u. a. 2007), weit weniger beeindruckend als der erste Erfolg zu Beginn der Behandlung.

• **EEG-Biofeedback (Neurofeedback).** Bei der Neurofeedback-Behandlung erhalten die Kinder über einen Computerbildschirm Rückmeldung über neurophysiologische Prozesse, die ohne die „Übersetzung" am Computer nicht wahrnehmbar wären. Mittels EEG wird die hirnelektrische Aktivität gemessen. Wie bereits erläutert, weicht die hirnelektrische Aktivität der Betroffenen deutlich von der bei anderen Kindern üblichen hirnelektrischen Aktivität im wachen Zustand ab. Die EEG-Signale werden nun am Computer so umgesetzt, dass etwa bei einer Erhöhung der (günstigen) Beta-Aktivität und einer Verringerung der (ungünstigen) Theta-Aktivität eine Belohnung nach dem Prinzip der operanten Konditionierung erfolgt (s. Kap. 1.2.2). Dies geschieht etwa so, dass die Kinder am Bildschirm einen Film sehen, der heller und besser sichtbar wird, wenn die hirnelektrische Aktivität sich in eine günstigere Richtung entwickelt. Eine andere Variante besteht darin, dass die Kinder mittels ihrer hirnelektrischen Aktivität eine Computer-Spielfigur steuern, die schneller wird, wenn sich die Hirnströme in die gewünschte Richtung entwickeln. Ohne dass die Kinder wissen müssen, *wie* sie genau ihre Hirnströme verändern, gelingt es ihnen im Laufe der Zeit über die kontingente Belohnung aber immer besser. Zwar kann diese Behandlungsmethode noch nicht als gesichert gelten, da die Anzahl der Studien dazu noch zu gering ist. Bisherige Studien deuten allerdings ein hohes Wirkungspotential an und zeigen Effekte, die der einer medikamentösen Behandlung gleichkommen oder sie sogar übertreffen (vgl. Monastra u. a. 2005, Gevensleben u. a. 2009).

Während die medikamentöse Therapie den Ärzten vorbehalten ist und die Psychotherapie des Kindes in der Regel durch Kinder- und Jugendlichenpsychotherapeutinnen durchgeführt wird, sind Elternberatung, Elterntraining und die Beratung von Lehrerinnen und Erziehern wichtige Einsatzgebiete von Sozialarbeitern. Bei entsprechender Zusatzqualifikation und Vorhandensein der notwendigen technischen Ausstattung können sie auch als Neurofeedback-Trainer tätig werden.

1.6.3 Aggressives Verhalten

Als aggressives Verhalten bezeichnen wir ein Verhalten, welches mit einer bewussten Schädigungsabsicht anderen gegenüber verbunden ist und welches von der Umwelt negativ bewertet wird (vgl. Borg-Laufs 2002). Im Rahmen einer klinischen Störungsklassifikation nach ICD-10 sind verschiedene Diagnosen denkbar, meist wird aber im Kindes- und Jugendalter die Diagnose „Störung des Sozialverhaltens" angemessen sein. Damit diese Diagnose vergeben werden kann, müssen verschiedene auffällige Symptome vorhanden sein, wobei zwischen zwei Symptomgruppen unterschieden wird: Einerseits gibt es die oppositionellaggressiven Verhaltensweisen (z. B. für das Entwicklungsalter zu häufige oder zu schwere Wutausbrüche; häufiges Streiten; häufige aktive Ablehnung von Wünschen/Vorschriften Erwachsener u. a.), andererseits werden aggressiv-dissoziale Verhaltensweisen beschrieben (körperliche Grausamkeit gegenüber anderen; Tierquälerei; Stehlen von Wertgegenständen; Zwingen einer Person zu sexuellen Handlungen u. a.). In Abhängigkeit von der Häufigkeit eher dissozialer oder eher oppositioneller Symptome und in Abhängigkeit von sonstigen Rahmenbedingungen (wird das Verhalten alleine oder in der Gruppe gezeigt? Tritt das Verhalten ausschließlich in der Familie auf?) können dann unterschiedliche Diagnosen vergeben werden.

Diagnosen „Störung des Sozialverhaltens" nach ICD-10

F91.0
Auf den familiären Rahmen beschränkte Störung des Sozialverhaltens (mind. drei dissoziale Symptome, nur in der Familie)

F91.1
Störungen des Sozialverhaltens bei fehlenden sozialen Bindungen (mind. drei dissoziale Symptome, keine engen Freundschaften, wenig Beziehungen zu Gleichaltrigen)

F91.2
Störungen des Sozialverhaltens bei vorhandenen sozialen Bindungen (mind. drei dissoziale Symptome, normale Beziehungen zu Gleichaltrigen)

F91.3
Störung des Sozialverhaltens mit oppositionellem, aufsässigem Verhalten (mind. vier aggressive Symptome, davon höchstens zwei dissoziale Symptome)

F91.8
Sonstige Störung des Sozialverhaltens

F91.9
Nicht näher bezeichnete Störung des Sozialverhaltens

Zur Entwicklungspsychopathologie aggressiven Verhaltens liegt eine große Zahl an empirischen Befunden vor (vgl. zusammenfassend Borg-Laufs 2002, ausführlich Fröhlich-Gildhoff 2006).

Bereits pränatal erhöhen Risikoverhalten sowie Ängste und Stress in der Schwangerschaft die Wahrscheinlichkeit für prä- und perinatale Probleme sowie für Regulationsstörungen (Schrei-, Schlaf- und Fütterstörungen) und kleinere neurologische Auffälligkeiten (i. d. R. Probleme der feinmotorischen Koordination) (vgl. hierzu und zu den folgenden Zusammenhängen Abb. 1.10). Die Regulationsstörungen ihrerseits erhöhen die Wahrscheinlichkeit chronischer elterlicher Überlastung. Kinder, die keinen Schlaf-Wach-Rhythmus finden, die wenig responsiv in der Beziehung sind (lächeln nicht erwidern, stattdessen weiter schreien) führen häufig zu immens hoher Belastung der Eltern. Durch diese chronische Überlastung und die hohen Anforderungen der Kinder ergibt sich im weiteren Verlauf eine erhöhte Wahrscheinlichkeit dafür, dass keine sichere Bindung

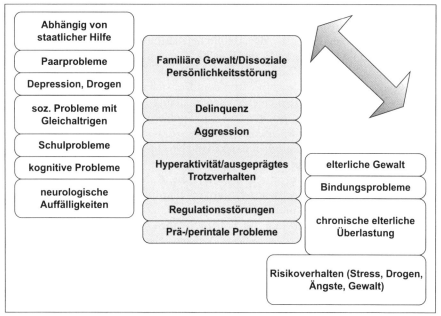

Abb. 1.10: Entwicklungspsychopathologie der Aggression (vgl. zu den empirischen Befunden Borg–Laufs 2002). Während die mittlere Säule die Entwicklung der Kernproblematik über den Entwicklungsverlauf darstellt, finden sich links begleitende komorbide Probleme des Kindes und rechts familiäre Risikofaktoren

aufgebaut werden kann. Die häufig nicht angemessenen Reaktionen der Eltern begünstigen die Entwicklung besonders intensiven Trotzverhaltens und hyperkinetischen Verhaltens im Vorschulalter. Infolgedessen entwickeln Kinder eine ungünstige Herangehensweise an kognitive Herausforderungen und bleiben mit höherer Wahrscheinlichkeit in ihrer kognitiven Entwicklung etwas zurück.

Im Grundschulalter führt dies nicht selten zu schulischen Problemen, die wiederum in Zusammenhang mit aggressivem Verhalten im Grundschulalter stehen, welches nicht selten die Fortsetzung des besonders trotzigen oder hyperaktiven Verhaltens im Vorschulalter ist. Wenn die Eltern überlastet sind, die Eltern-Kind-Bindung problematisch und das Kind „schwierig" ist, außerdem noch schulische Probleme hinzukommen, erhöht dies – gerade bei ressourcenarmen Eltern – die Wahrscheinlichkeit aggressiven Erziehungsverhaltens. Dies bewirkt wiederum in besonderem Maße (durch Modelllernprozesse), dass das Kind in seinem aggressiven Verhalten bestärkt wird.

Aggressive Kinder haben häufig Probleme mit Gleichaltrigen und werden von diesen zurückgewiesen. Dies führt dazu, dass aggressive Kinder weniger Freundschaften haben als andere Kinder und ihre Freundschaften sich meist auf andere ebenfalls aggressive Kinder beschränken. Infolgedessen werden sie Bestandteil einer aggressiven Subgruppe und die Wahrscheinlichkeit für delinquentes Verhalten im Jugendalter steigt an. Delinquente Jugendliche haben häufig komorbid

Drogenprobleme und weisen eine erhöhte Wahrscheinlichkeit der Entwicklung einer affektiven Störung (Depression) auf.

Im Erwachsenenalter geht die Delinquenzhäufigkeit deutlich zurück, aggressives Verhalten wird nun in der Familie ausgelebt. Studien zeigen, dass die Wahrscheinlichkeit von Paarkonflikten, aber auch die Wahrscheinlichkeit der Abhängigkeit von staatlicher Hilfe in diesen Konstellationen deutlich erhöht ist. Retrospektive Studien stellen einen Zusammenhang zwischen aggressivem Verhalten im Kindes- und Jugendalter und dem Symptombild einer dissozialen Persönlichkeitsstörung im Erwachsenenalter her.

In den hochbelasteten Familien (Abhängigkeit von staatlicher Hilfe, Drogenprobleme, Partnerschaftsprobleme usw.) sind nur wenige Ressourcen vorhanden, sodass im Sinne eines Generationentransfers die Wahrscheinlichkeit erhöht ist, dass die betroffenen Erwachsenen Risikoverhalten in der Schwangerschaft zeigen, sie schnell überlastet und nicht in der Lage sind, eine gelingende Bindung zu ihren Kindern aufzubauen und mit höherer Wahrscheinlichkeit zu aggressiven Erziehungsmitteln greifen, mit anderen Worten: Die Wahrscheinlichkeit, dass auch die eigenen Kinder wiederum aggressive Verhaltensauffälligkeiten entwickeln, ist deutlich erhöht.

Bei der Betrachtung dieser entwicklungspsychopathologischen Zusammenhänge sind nun zwei Sachverhalte zu beachten: Erstens handelt es sich nicht um eine zwangsläufige Abfolge. Menschen können einen Ausstieg aus dieser Entwicklung finden, wenn Schutzfaktoren ins Spiel kommen. Mit etwa 50 % Persistenz vom Vorschul- ins Jugendalter ist die Störung des Sozialverhaltens eine sehr hartnäckige Störung (McConaughty/Stanger/Achenbach 1992), andererseits zeigen eben auch 50 % der aggressiven Vorschulkinder im Alter von 16 Jahren nicht mehr die Symptome einer Störung des Sozialverhaltens.

Zweitens ist in der Sozialen Arbeit mit aggressiven Menschen zu berücksichtigen, ob diese „frühe Starter" sind, also einen Entwicklungsverlauf hinter sich haben, wie er hier skizziert wurde, oder ob es sich um „späte Starter" handelt, die bis ins Jugendalter keine der beschriebenen Auffälligkeiten gezeigt haben, nun aber möglicherweise unter dem Einfluss einer ungünstigen Peer-Gruppe oder infolge eines kritischen Lebensereignisses aggressive Verhaltensweisen zeigen. Während die „späten Starter" z. B. mit verhaltenstherapeutischen Standardmethoden gut beeinflussbar sind, ist die Hilfe für „frühe Starter", die aber erst als Jugendliche oder Erwachsene mit dem Hilfesystem in Berührung kommen, erheblich schwieriger und von unsicherem Ausgang. Da die in der frühen Lebensphase entstandenen Probleme nicht einfach verschwinden, ist ein aggressiver Jugendlicher, der als „früher Starter" begonnen hat, von vielen Problemen gleichzeitig betroffen (schlechte Eltern-Kind-Beziehung; schulische Probleme; kognitive Probleme; emotionale Probleme; soziale Probleme mit Gleichaltrigen; ggf. Drogenprobleme), so dass die Hilfe viel schwieriger und komplexer ist.

Neben der Beachtung der differenzierten Gesamtproblemstruktur ist es für die Interventionsplanung auch wichtig, sich kognitive Prozesse zu vergegenwärtigen, die den aggressiven Verhaltensablauf betreffen. Einem Modell von Kaufmann (1965, zit. n. Borg-Laufs 1997) folgend kann der sich in Sekunden-

schnelle vollziehende intrapsychische Ablauf bei einer aggressiven Verhaltens-
äußerung gut nachvollziehbar und handlungsrelevant beschrieben werden (vgl.
Abb. 1.11):

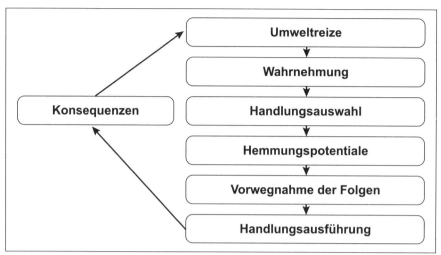

Abb. 1.11: Kognitive Prozesse, die zu aggressivem Verhalten führen (vgl. Borg-Laufs
1997)

Zunächst wird ein äußerer Reiz durch die Wahrnehmung gefiltert. Die Wahrnehmung von äußeren Reizen wird ganz maßgeblich durch unsere kognitiven Schemata mitbestimmt. Das, was wir bereits vor der Situation an kognitiven Strukturen aufweisen, bestimmt, wie wir einen Reiz wahrnehmen. Bei aggressiven
Kindern und Jugendlichen ist bekannt, dass sie kognitive Schemata entwickelt
haben, die ihnen die Welt feindselig erscheinen lassen. In einer beliebigen sozialen Situation nehmen aggressive Kinder und Jugendliche daher viel eher einen
Angriff oder eine Bedrohung wahr als andere. So könnte ein unauffälliges Kind
z. B. die Begrüßung „Na du Asi!", die ein Klassenkamerad gut gelaunt wählt, für
einen misslungenen Scherzversuch halten, während ein aggressives Kind vermutlich einen Angriff auf seine Person wahrnimmt. Ähnlich fühlen sich aggressive
Jugendliche häufig durch Blicke anderer Menschen angegriffen, die von nicht-
aggressiven Jugendlichen überhaupt nicht als Kommunikation (geschweige denn
als Angriff) interpretiert werden.
    Ein Kind oder Jugendlicher, der schon bei der Wahrnehmung einer sozialen
Situation keine Bedrohung und keinen Angriff identifiziert hat, wird sich daraufhin auch nicht aggressiv verhalten. Bei denjenigen, die einen Angriff wahrgenommen haben, wird sich erst nach dem Durchlaufen der weiteren Stufen des
Informationsverarbeitungsprozesses ergeben, ob sie sich aggressiv verhalten oder
nicht.
    Wurde also ein Angriff wahrgenommen, so kommt es nun zur Handlungsaus-
wahl. Die Betroffenen wählen aus dem ihnen zur Verfügung stehenden Handlungsrepertoire eine Reaktion auf diesen Angriff aus. Verhaltensunauffällige

Kinder haben in der Regel ein breites Handlungsrepertoire, welches *auch* aggressive Reaktionen beinhaltet, aber eben auch angepasstere und sozial erwünschtere Reaktionen wie etwa eine kommunikative Klärung. Welche Handlungsmöglichkeiten zur Verfügung stehen, ist ganz wesentlich von Modelllernprozessen abhängig. Auch über Medieninhalte (Fernsehen, Computerspiele) kann das Handlungsrepertoire in angemessener oder unangemessener Richtung erweitert werden, allerdings spielen etwa mediale Gewalterfahrungen insgesamt zwar keine ganz unbedeutende, aber doch deutlich geringere Rolle, als ihnen gelegentlich zugeschrieben wird (Anderson/Bushman 2001). Aggressive Kinder haben in der Regel ein viel eingeschränkteres Handlungsrepertoire. Für sie sind aggressive Reaktionen viel naheliegender als andere Reaktionen, möglicherweise verfügen sie in schwierigeren sozialen Situationen überhaupt nicht über nicht-aggressive Reaktionsalternativen.

Auch hier gilt: Wer kognitiv „aussteigen" konnte, also eine nicht-aggressive Verhaltensweise gewählt hat, wird sich nicht mehr aggressiv verhalten. Bei den anderen ergibt sich als nächstes die Frage, ob es Hemmungsmechanismen gibt, die sie von der Durchführung der ausgesuchten Verhaltensweise abhalten.

Gemeint sind damit etwa moralische Hemmungen. Hat ein Kind oder Jugendlicher entsprechende Normen und Werte verinnerlicht, so kann es sein, dass er eine Handlung, die er im vorherigen Schritt ausgewählt hat, doch noch verwirft, weil er sich, wenn er seine Normen verletzen würde, selber negativ beurteilen müsste. Als letzter kognitiver Schritt folgt noch die Vorwegnahme der Folgen: Aggressive Kinder und Jugendliche erwarten positive Folgen ihres Verhaltens. Üblicherweise hat ihr Verhalten im Sinne einer funktionalen Verhaltensanalyse auch kurzfristig angenehme Folgen, wie etwa eine Stärkung ihres Selbstwertgefühls, das Erleben von Macht und Kontrolle, das Besiegen eines Gegners, das Erlangen eines Spielzeuges (bei Kindern) usw. Die negativen Konsequenzen erfolgen erst mit größerem zeitlichem Abstand, wodurch sie kaum verhaltenswirksam sind. Verhaltensunauffällige Kinder und Jugendliche hingegen fokussieren eher negative Verhaltensfolgen (Strafen, Ärger, usw.).

Aus diesem Informationsverarbeitungsmodell zu aggressivem Verhalten ergeben sich klare Handlungsmöglichkeiten: Die kognitiven Schemata und damit die ungünstigen Wahrnehmungsprozesse zu beeinflussen, wäre ein wichtiger Schritt zur Aggressionsreduktion. Diese Intervention dürfte üblicherweise im Rahmen einer psychotherapeutischen Behandlung erfolgen. Die Erweiterung des Handlungsrepertoires kann hingegen über Informationsvermittlung, Rollenspiele, Modelldarbietung auch im Rahmen sozialer Gruppen- oder Einzelarbeit erfolgen. Bei Jugendlichen können ebenso Gespräche sinnvoll sein, die das moralische Niveau der Betroffenen verändern. Schließlich müssen die Kinder und Jugendlichen erleben, dass ihr Handeln schnelle und eindeutig negative Konsequenzen hat.

Verhaltenstherapeutisch orientierte Sozialtrainings (z.B. Petermann/Petermann, 2008b) greifen alle beschriebenen Punkte des Informationsverarbeitungsmodells auf und haben sich in der Behandlung von leicht oder mittelgradig aggressiven Kindern als effektiv erwiesen. Bei hoch aggressiven „frühen Startern" kann ein solches Training nur ein Interventionsbaustein sein, vielmehr müssen die Interventionen an den mannigfaltigen Problemen der Betroffenen ansetzen.

📖 *Literaturempfehlungen*

Döpfner, M./Schürmann, S./Frölich, J. (2007): Therapieprogramm für Kinder mit hyperkinetischem und oppositionellem Problemverhalten (THOP). 2. Aufl., Weinheim: PVU.
Fröhlich-Gildhoff, K. (2006): Gewalt begegnen. Stuttgart: Kohlhammer.

1.7 Entwicklung von Leistungsmotivation und Entwicklung von problematischen Verläufen im Bereich schulischer Anforderungen

1.7.1 Entwicklung von Leistungsmotivation

Es werden hohe Anforderungen an die Leistungsbereitschaft von Kindern und Jugendlichen gestellt. Der schulische Erfolg ist aus Sicht der Eltern, aber auch der Gesellschaft von herausragender Bedeutung und trägt sicherlich viel zu den Entwicklungs- und Entfaltungsmöglichkeiten heutiger Menschen bei. Daher sind Störungen der schulischen Anpassung häufig Anlass für sozialarbeiterische Hilfen. Der Grundstein für die Entwicklung einer angemessenen Leistungsmotivation liegt aber in der Regel bereits vor dem Schuleintritt. Zwar verändern sich entwicklungs- und aufgabenbedingt die konkreten Leistungsansprüche und -bewertungen, die grundlegende Leistungsmotivation bleibt aber häufig erhalten. Die Entwicklung der Leistungsmotivation kann wie folgt zusammengefasst werden (Holodynski/Oerter 2008): Im ersten Lebensjahr zeigen Kinder (als Vorläufer der Leistungsmotivation im engeren Sinne) bereits eine Freude am Effekt und am „Selbermachen". Eine Verknüpfung des Leistungsergebnisses mit der eigenen Tüchtigkeit ergibt sich aber erst etwa mit dreieinhalb Jahren. Darüber hinaus gelingt es erst etwa 10-jährigen Kindern, für sie angemessene Leistungsziele zu entwickeln und ihre Leistungsfähigkeit angemessen einzuschätzen.

Förderlich für die Entwicklung einer angemessenen Leistungsmotivation ist ein mittlerer Anregungsgehalt der Umwelt (also so viel äußere Anregung, dass neue Verhaltensweisen erst angestoßen werden, aber nicht so viel äußere Anregung, dass es sich kaum lohnt, sich für ein Ziel besonders stark einzusetzen, weil die Bedürfnisbefriedigung dann eben auf eine andere Weise erreicht werden kann). Eltern sollten durchaus anspruchsvoll im Hinblick auf Leistung sein, dabei aber grundsätzlich mit Lob verstärken anstatt zu bestrafen, den Kindern möglichst viele Freiräume lassen und selbst als leistungsmotivierte Modelle zur Verfügung stehen.

1.7.2 Lese-Rechtschreib-Schwäche/Störung (LRS)

Eine sehr häufige Auffälligkeit der schulischen Entwicklung, die Lese-Rechtschreib-Störung (LRS), entsteht nicht primär aus mangelnder Leistungsmotivation, kann diese aber negativ beeinflussen. Nicht jedes Kind, welches Probleme mit der Rechtschreibung hat, leidet an einer als psychische Krankheit definierten „Lese-Rechtschreib-Störung" (F81.0). Die Definition einer solchen Störung (früher: Legasthenie) setzt nicht nur voraus, dass die Kinder schlecht lesen und schreiben können, sondern vor allem auch, dass sie es *erwartungswidrig* schlecht können. Als erwartungswidrig gilt eine schlechte Lese-Rechtschreib-Leistung dann, wenn diese Teilfähigkeiten erheblich schlechter ausgeprägt sind als vom allgemeinen Intelligenzniveau des Betroffenen zu erwarten wäre. Es darf daher keine Intelligenzminderung vorliegen und das Ergebnis eines standardisierten Rechtschreib-Testes muss deutlich unter dem Ergebnis eines Intelligenztests liegen. Darüber hinaus verlangt die Diagnose noch, dass eine angemessene Beschulung erfolgt und auch sonst keine Gründe für die Minderleistung erkennbar sind (z. B. Seh- oder Hörschwächen). Etwa jedes 25ste Kind ist von einer LRS betroffen.

Als Ursachen können nach augenblicklichem Erkenntnisstand genetische Einflüsse als ausschlaggebend angesehen werden (Warnke/Hemminger/Roth 2002). Darüber hinaus ist eine unzureichende *phonologische Bewusstheit*, also die mangelnde Fähigkeit, Laute korrekt wahrzunehmen, Wörter, Silben und Reime in der gesprochenen Sprache zu erkennen, eng mit dem Auftreten einer LRS verbunden. Psychosoziale Zusammenhänge scheinen nur eine geringe Rolle zu spielen (Esser 2002).

Aufgrund der großen Bedeutung der Lese- und Rechtschreibfertigkeit für die Bewältigung der schulischen Entwicklungsaufgaben verwundert es nicht, dass eine LRS erhebliche Auswirkungen auf den weiteren Entwicklungsverlauf hat. So besuchen nur etwa 3 % der betroffenen Kinder ein Gymnasium und im Alter von 18 Jahren weisen die Kinder ein dreifach erhöhtes Risiko auf, erwerbslos zu sein (Esser 2002). Etwa 40 % der Kinder zeigen komorbid weitere psychische Störungen, häufig Aufmerksamkeitsprobleme und aggressives Verhalten, aber auch internalisierende Symptome wie Angst, Depression und sozialer Rückzug (Murjahn/Latoska/Borg-Laufs 2005). In der Regel kommt es zu Hause zu massiven Hausaufgabenkonflikten, die Kinder weisen Selbstwertprobleme auf und vermeiden häufig schulische Anstrengungen.

Prävention von Lese-Rechtschreib-Störungen sollte im Vorschulalter ansetzen und folgenden Grundsätzen folgen (Alby 1997): Sie sollte nicht aussondern, sondern integrieren, sie sollte spielerisch und motivierend (mit vielen Erfolgserlebnissen) aufgebaut sein. Besonders erfolgversprechend sind Kindergartenprogramme, die gezielt die phonologische Bewusstheit fördern (z. B. Küspert/Schneider 2006).

Therapeutische Maßnahmen bei Schulkindern bestehen insbesondere in symptomorientierten Übungsprogrammen. In der Regel werden die Kinder in kleinen Gruppen mehrmals wöchentlich mit speziellen Computerprogrammen zur Lese-Rechtschreib-Förderung behandelt (vgl. Walter 1996).

1.7.3 Schulvermeidendes Verhalten

Schulvermeidendes Verhalten ist ein ernsthaftes und häufig unterschätztes Problem. Es existiert keine einheitliche Definition des Schulschwänzens/Schulmeidens und es sind mangels einschlägiger Untersuchungen auch keine verlässlichen Angaben zum Ausmaß der Schulverweigerung in Deutschland bekannt. Zur Schulvermeidung können zwei ganz unterschiedliche Problemkonstellationen führen (vgl. Bellingrath 2008):

1. Schulschwänzen: Etwa 3 % der Jugendlichen haben irgendwann in ihrer Schullaufbahn eine Phase, in der sie regelmäßig ohne hinreichenden Grund nicht zur Schule gehen. Dabei handelt es sich um eine Problematik, die deutlich im Zusammenhang mit geringer elterliche Kontrolle steht. Sowohl familiäre Probleme als auch psychische Probleme der Jugendlichen, wahrgenommene Misserfolge, Perspektivlosigkeit und auch dissoziale Einstellungen und Verhaltensweisen sind hier relevant.
2. Angstbedingte Schulverweigerung: Meist handelt es sich gar nicht um eine Angst vor der Schule oder vor Dingen, die in der Schule passieren, sondern um Trennungsängste (F93.0), bei denen die Angst im Vordergrund steht, zu Hause könne etwas passieren, während man in der Schule ist (Tod oder Unfall eines Familienmitgliedes, häusliche Konflikte, Auszug eines Elternteiles u. Ä.). Andere Ängste können im Rahmen sozialer Phobien (F40.1) oder spezifischer Phobien (F40.2) auftreten. Die sozialen Ängste beziehen sich häufig auf Bewertungssituationen im Unterricht, können sich aber auch auf die Gleichaltrigengruppe beziehen.

Bei Interventionen müssen natürlich die unterschiedlichen Ursachenfaktoren betrachtet werden. Im Falle von phobischen Ängsten und Trennungsängsten sollte in der Regel eine psychotherapeutische Behandlung des Kindes eingeleitet werden. Die häufig bei Trennungsängsten vorliegenden häuslichen Probleme bedürfen ebenfalls einer Bearbeitung, die durch geeignete Elternberatung oder aufsuchende erzieherische Hilfen geschehen kann. Auch muss unbedingt an den aufrechterhaltenden Konsequenzen angesetzt werden: In der Regel wird die Verweigerung des Schulbesuches dadurch belohnt, dass dann zu Hause nicht gelernt werden muss, sondern das Kind eine angenehme Zeit verbringen kann (Zusammensein mit einem Elternteil, lesen, spielen). Hier gilt es, unattraktive Konsequenzen der Schulverweigerung zu etablieren, vor allem muss die Zeit, die eigentlich in der Schule verbracht werden müsste, vollständig der Bearbeitung des Schulstoffes gewidmet werden.

Auch bei den Schulschwänzern muss – sofern möglich – bei den verstärkenden Bedingungen angesetzt werden. In der Regel brauchen die Eltern dringend Unterstützung bei der Durchsetzung des Schulbesuches. Morgendliche Hausbesuche eines Sozialarbeiters, die helfen, den Schulbesuch durchzusetzen, zeigen häufig deutliche Wirkung.

📖 *Literaturempfehlungen*

Bellingrath, J. (2008): Schulverweigerung. In: Lauth, G. W./Linderkamp, F./Schneider, S./ Brack, U. (Hrsg.): Verhaltenstherapie mit Kindern und Jugendlichen. 2. Aufl. Weinheim: PVU, S. 324–339.
Warnke, A./Hemminger, U./Roth, E. (2002): Legasthenie. Leitfaden für die Praxis. Göttingen: Hogrefe.

🔲 *Gut zu wissen – gut zu merken*

Kostenintensive Soziale Arbeit mit Kindern und Jugendlichen ist eine gesellschaftliche Zukunftsinvestition, die hilft, hohe gesamtgesellschaftliche Folgekosten von abweichendem Verhalten zu minimieren.

Effektive Hilfe setzt spezifische entwicklungspsychologische Kenntnisse voraus, um den Klienten „da abzuholen, wo er steht".

Über klassische Konditionierung werden reflexhafte physiologische und emotionale Reaktionen gelernt. Geschieht dies in der Frühkindheit, so sind die gelernten Reaktionen sehr veränderungsresistent.

Menschliches Verhalten wird in starkem Maße durch kurzfristige Verhaltenskonsequenzen gelernt, während langfristige Konsequenzen nur wenig verhaltenswirksam sind.

Viele komplexe Verhaltensweisen werden durch Imitation (Modelllernen) gelernt.

Die kognitive Entwicklung eines Menschen vollzieht sich in Auseinandersetzung mit seiner Umwelt.

Der kognitive Entwicklungsstand von Kindern lässt sich gut anhand der Einordnung in Entwicklungsniveaus nach Piaget (sensumotorische Entwicklungsphase, präoperationale Phase, konkret-operationale Phase, abstrakt-operationale Phase) beschreiben. Die Kinder zeigen in den Phasen deutlich unterschiedliche Arten, sich mit der Welt auseinanderzusetzen.

Der IQ eines Menschen gibt an, wie kognitiv leistungsfähig ein Mensch im Vergleich mit anderen Menschen seiner Altersgruppe ist. Mehr als zwei Drittel aller Menschen haben einen IQ im Normbereich zwischen 85 und 115 Punkten.

Das Verhältnis von vorliegenden Risiko- und Schutzfaktoren beeinflusst, wie gut Menschen ihre lebensaltertypischen Entwicklungsaufgaben bewältigen können. Dabei spielen sowohl innere Faktoren (Vulnerabilität vs. Resilienz) als auch äußere Faktoren eine wichtige Rolle. Die entwicklungspsychologische Forschung konnte bereits eine Reihe von relevanten Risiko- und Schutzfaktoren kindlicher Entwicklung ermitteln. Sozialarbeiter sollten überprüfen, inwieweit ihre Klienten bei den jeweils anstehenden Entwicklungsaufgaben Hilfe benötigen und bei den Hilfen berücksichtigen, wie sie die Ressourcen ihrer Klienten dabei nutzen können.

Die Befriedigung der psychischen Grundbedürfnisse nach Bindung, Orientierung/Kontrolle, Selbstwerterhöhung/Selbstwertschutz sowie Lustgewinn/Unlustvermeidung ist von herausragender Wichtigkeit für eine gelingende Entwicklung. Damit Kinder dies erleben können, ist es notwendig, dass ihre Eltern in der Lage sind, ihre eigenen Bedürfnisse zugunsten der Bedürfnisse ihrer Kinder zurückzustellen. In Misshandlungs- und Vernachlässigungsfamilien ist dies offensichtlich nicht der Fall. Gefährdet in dieser Hinsicht sind aber auch Kinder psychisch kranker Eltern.

Verletzungen des Bindungsbedürfnisses erhöhen die Vulnerabilität für viele psychische Störungen.

Autistische Störungen sind hauptsächlich biologisch bedingt. Ihre Behandlung ist außerordentlich zeitintensiv.

Die Behandlung von ADHS erfordert ein multimodales und multiprofessionelles Vorgehen, bestehend aus Elterntraining, Lehrerberatung und psychotherapeutischen Hilfen für das Kind. In schweren Fällen ist eine medikamentöse Begleitbehandlung sehr hilfreich. EEG-Biofeedback-Behandlung scheint ebenfalls sehr günstige Wirkungen bei den Betroffenen zu entfalten.

Bei aggressivem Verhalten besteht die Gefahr hoher Persistenz. Dementsprechend sollte möglichst früh interveniert werden.

Aggressive Jugendliche, die als so genannte „frühe Starter" im Verlauf ihrer Entwicklung eine große Anzahl verschiedener Probleme entwickelt haben, benötigen sehr differenzierte und einzelfallbezogene Hilfen, die weit über symptombezogene Sozialverhaltenstrainings hinausgehen.

Leistungsmotivation entwickelt sich bereits vor dem Schuleintritt und wird durch angemessene Forderung und Unterstützung gestärkt.

Lese-Rechtschreib-Schwäche kann durch geeignete Fördermaßnahmen im Kindergarten vorgebeugt werden.

Die Behandlung der Lese-Rechtschreib-Schwäche muss eng symptomorientiert erfolgen (schreiben üben!).

Hinweis: Einige Themen dieses Kapitels (u. a. die funktionale Verhaltensanalyse) werden vom Autor auch in kurzen Videos auf YouTube *dargestellt. Sie finden die Videos, indem Sie im Suchfeld bei* YouTube *den Namen „Borg-Laufs" eingeben.*

Burkhart Brückner

2 Der Mensch im sozialen Kontext – Sozialpsychologie

Was Sie in diesem Kapitel lernen können

Die Sozialpsychologie ist eine Teildisziplin der Psychologie und umfasst das menschliche Denken, Fühlen und Handeln in sozialen Zusammenhängen. Sozialpsychologen beschäftigen sich mit psychischen Phänomenen im sozialen Kontext, mit den Wechselbeziehungen zwischen Personen und Gruppen und mit dem Verhältnis zwischen den Individuen und der Gesellschaft. In der sozialpsychologischen Grundlagenforschung werden experimentell begründete Theorien entwickelt, während die angewandte Sozialpsychologie wissenschaftlich fundierte Konzepte für die Praxis zur Verfügung stellt. Das folgende Kapitel präsentiert einige für die Soziale Arbeit besonders wichtige Themengebiete der Sozialpsychologie:

- *Sozialer Einfluss:* Auf welche Weise beeinflussen Personen andere Menschen und wie werden sie von ihnen beeinflusst?
- *Soziale Wahrnehmung:* Wie erklären wir uns das Verhalten anderer Menschen? Wie entstehen Stereotypen und Vorurteile?
- *Gruppen:* Welche Merkmale und Prozesse prägen das Handeln und die Arbeit in Gruppen?
- *Prosoziales Handeln:* Warum und unter welchen Bedingungen helfen Menschen einander?
- *Gesundheit:* Welche Rolle spielen soziale Beziehungen für die Förderung von Gesundheit und die Vermeidung von Krankheiten?

2.1 Warum ist die Perspektive der Sozialpsychologie wichtig für die Soziale Arbeit?

Sozialarbeiter und Sozialarbeiterinnen benötigen sozialpsychologisches Wissen, um die Bedeutung des individuellen und kollektiven Handelns in modernen Gesellschaften zu verstehen. Deshalb fließen sozialpsychologische Kenntnisse in fast jeden professionellen Kontakt ein – sei es in der Beratung für die Gestaltung der Beziehungen zu den Klienten oder sei es für die Gruppenarbeit mit Modellen aus der Kleingruppenforschung. Sozialpsychologische Ergebnisse fundieren das generelle Wissenschafts- und Berufsverständnis in der Sozialen Arbeit, aber auch konkrete Arbeitsvorhaben, etwa Anti-Diskriminierungs-Projekte und Programme zur Stärkung des Hilfeverhaltens oder zur Förderung der Gesundheit. Die Soziale Arbeit profitiert von drei Ebenen des sozialpsychologischen Wissens (Auhagen/Bierhoff 2003):

1. Die *sozialpsychologische Grundlagenforschung* vermittelt fundamentales Wissen über die sozialen Beziehungen im menschlichen Leben. Sie bietet eine wissenschaftliche Perspektive auf das wechselseitige Verhältnis zwischen Individuum und Gesellschaft und die subjektive Verarbeitung von sozialen Zusammenhängen. Dies betrifft zum Beispiel die Fragen, in welcher Weise die Menschen sich das Handeln von anderen Personen erklären, wie sich in Gruppen Minderheiten gegen Mehrheiten behaupten können oder wie zwischenmenschliches Mitgefühl entsteht.

2. Die *angewandte Sozialpsychologie* ermöglicht theoriehaltige Erklärungen von konkreten sozialen Prozessen und Problemstellungen. Darauf aufbauend können die Aufgabenfelder, Konzepte und Methoden der Sozialen Arbeit fachgerecht entwickelt werden. Die angewandte Sozialpsychologie bietet unter anderem Modelle für die Balance von Nähe und Distanz, für den Zusammenhang zwischen Selbstwahrnehmung und Fremderfahrung, für die Arbeit in Gruppen und die Regulation von sozialen Konflikten. Charakteristische Problemstellungen sind: Welche Regeln gelten für eine produktive und gute Kommunikation im Team? Inwiefern beeinflusst soziale Unterstützung die Bewältigung von Krankheiten? Was zeichnet gut funktionierende Familien aus?

3. Die *praktische Sozialpsychologie* trägt auf wissenschaftlicher Grundlage zu alltagsrelevanten Problemlösungen bei. Vor dem Hintergrund sozialpsychologischer Konzepte können in Institutionen, Teams oder Arbeitsgruppen flexible und angemessene Lösungen für konkrete Konfliktsituationen im „Hier und Jetzt" deutlich werden. Dies betrifft etwa die Betreuung von verhaltensauffälligen Jugendlichen, Probleme zwischen Lehrern und Schülern oder das professionelle Verhalten als Streetworker.

Die Soziale Arbeit nutzt Ergebnisse, die auf jeder dieser drei Ebenen gewonnen werden. Wie aber definieren Sozialpsychologen ihre wissenschaftliche Tätigkeit?

Sozialpsychologie als Wissenschaft

In der Sozialpsychologie werden allgemeine Merkmale des menschlichen Erlebens und Handelns im sozialen Kontext erforscht. Das Soziale, der *soziale Kontext* des Individuums, ergibt sich im Lebenslauf aus der

- realen oder symbolischen Präsenz anderer Personen,
- durch die Beziehungen zu ihnen,
- mit den jeweiligen gesellschaftlichen Verhältnissen und Kulturräumen,
- den konkreten materiellen Rahmenbedingungen der Lebenswelten und
- den bedeutsamen Normen, sozialen Rollen und biographischen Ereignissen.

Vom psychologischen Standpunkt aus gesehen, werden diese Kontextbedingungen individuell wahrgenommen und im Handlungszusammenhang psychisch verarbeitet – die objektiven Bedingungen werden subjektiv erfahren. Mit dieser subjektiven Erfahrung sind bewusste oder unbewusste Bewertungen, Ressourceneinschätzungen und Sinnzuweisungen verbunden. Nur mit dieser subjektiven Vermittlung, also im Zuge der psychischen Verarbeitung, werden die gesellschaftlichen Kontextbedingungen zu „wirksamen" Handlungsvoraussetzungen. Nicht die Lebensbedingungen als solche „verursachen" die Handlungen, sondern die Menschen verhalten sich aktiv zu diesen Bedingungen und gestalten so ihre Lebensführung.

Die empirischen Ergebnisse der sozialpsychologischen Forschung werden durch Experimente, Befragungen, Feldbeobachtungen, Interviews oder Dokumentenanalysen erzielt. Nach Graumann (1979) bezieht sich diese weit verzweigte Forschung

- auf das Individuum, sein Verhalten und seine psychischen Prozesse im sozialen Kontext,
- auf die interindividuellen Wechselwirkungen zwischen mehreren Personen sowie
- auf die jeweils individuell bedeutsamen Strukturen von sozialen Systemen.

Die klassische und am häufigsten zitierte Definition der Sozialpsychologie stammt von Gordon Allport (1954a, 5): „Mit wenigen Ausnahmen sehen Sozialpsychologen ihre Disziplin als einen Versuch an, zu verstehen und zu erklären, wie die Gedanken, Gefühle und Verhaltensweisen von Individuen durch die tatsächliche, vorgestellte oder implizite Anwesenheit anderer menschlicher Wesen beeinflusst werden."

Im Mittelpunkt stehen hier weniger die jeweiligen Persönlichkeitszüge oder die biologische Ausstattung der Individuen, sondern das Verhalten der Personen in sozialen Situationen, ihre Interaktionen und die verinnerlichte, psychische Repräsentation des Sozialen. Die klassische Sozialpsychologie konzentriert sich häufig auf die jeweils aktuellen, äußeren Bedingungen des individuellen Handelns. Im Vordergrund steht die Frage, welchen momentanen Einfluss diese situativen Bedingungen auf das Verhalten der Personen ausüben. Der Ansatz entspricht oft einem naturwissenschaftlichen Beobachtungs- und Forschungsmodell: Das Verhalten einer Person („abhängige Variable") wird in einen messbaren Zusammenhang mit methodisch kontrollierten Umweltmerkmalen („unabhängige Variable") gebracht, um zu beobachten, wie sich das Verhalten unter verschiedenen (Labor-) Bedingungen verändert. Deshalb ist das Experiment der „Königsweg" der klassischen Sozialpsychologie, mit dem Kausalhypothesen durch statistische Methoden überprüft werden. Neben Laborexperimenten werden Feldexperimente unter natürlichen Bedingungen sowie Umfragemethoden eingesetzt. Bedeutende Forscher, wie etwa Stanley Milgram (1933–1984), Solomon Ash (1907–1996) oder Henri Tajfel (1919–1982), haben dazu beigetragen, dass dieser, vor allem aus den USA stammende, individualwissenschaftliche Ansatz zum dominierenden „Hauptstrom" der akademischen Sozialpsychologie wurde.

Eine neuere Definition der Sozialpsychologie setzt weitere Akzente: Nach Johanna Hartung (2006, 16) wird in der Sozialpsychologie das Individuum „als Akteur im sozialen Kontext betrachtet, dessen Wahrnehmung, Denken, Fühlen und Handeln sich in der Interaktion mit der sozialen Umwelt entwickelt, das gestaltend auf eine soziale Umwelt Einfluss nimmt und seinerseits durch Bedingungen der sozialen Umwelt beeinflusst wird."

Hier liegt das Gewicht auf den Wechselbeziehungen zwischen dem Individuum und dem Sozialen. Das Handeln der Menschen hängt von den gesellschaftlichen Lebensbedingungen ab, aber die Personen können sich vor dem Hintergrund ihrer Lebensgeschichte als Akteure und „Subjekte" aktiv zu ihren Lebensbedingungen verhalten und diese gestalten. Der Ansatz stellt unter anderem die Frage nach der Gesellschaftlichkeit des Individuums und geht von intentional und reflexiv handelnden Personen aus. Dementsprechend hat Keupp (1993) den Ausdruck „Reflexive Sozialpsychologie" eingeführt. Die verschiedenen Konzepte basieren eher auf europäischen Forschungstraditionen mit soziologischen, handlungstheoretischen, systemtheoretischen und psychoanalytischen Begriffen. Neben experimentellen Methoden werden qualitative, rekonstruktive, biographische und interpretative Verfahren eingesetzt. Im Mittelpunkt stehen insbesondere die Beziehungen und das Verhältnis zwischen der individuellen Erfahrung, Biographie und Sinngebung und den übergreifenden soziokulturellen Strukturen, um verallgemeinerbare Typen und Muster sozialen Handelns herauszuarbeiten. Diese sozialwissenschaftliche Forschungsrichtung ist verbunden mit bedeutenden Forschern wie etwa George Herbert Mead (1863–1931), Erich Fromm (1900–1980) oder Erving Goffman (1922–1982).

Sowohl der individualwissenschaftliche als auch der sozialwissenschaftliche Ansatz beziehen sich auf die Frage nach der Bedeutung des Sozialen für die Individuen. In den folgenden Kapiteln werden Ergebnisse aus beiden Strömungen aufgegriffen, wenngleich in der Darstellung die experimentelle, kognitive Sozialpsychologie überwiegt. Zu Beginn soll das Gebiet des „sozialen Einflusses" mit einem klassischen Experiment zur „Gehorsamsbereitschaft" vorgestellt werden.

📖 *Literaturempfehlungen*

Werth, L./Mayer, J. (2008): Sozialpsychologie. Berlin, Heidelberg: Springer.
Keupp, H. (Hrsg.) (1993): Zugänge zum Subjekt. Perspektiven einer reflexiven Sozialpsychologie. Frankfurt: Suhrkamp.

2.2 Sozialer Einfluss

Überall wo Menschen zusammen kommen, findet nicht nur Interaktion und Kommunikation statt, sondern auch mehr oder weniger bewusste Einflussnahme. So würde eine Sozialarbeiterin *direkten Einfluss* ausüben, wenn sie mit einem Jugendlichen im Heim ein Einzelgespräch führt, oder sie würde *indirekten Einfluss* ausüben, wenn sie die Inneneinrichtung des Heims zusammen mit ihrem Team gestaltet. Sie weiß auch, dass Jugendliche in Gruppen häufig anderes handeln als alleine. Ihre bloße Anwesenheit in der Cafeteria des Heims dürfte das Verhalten der Jugendlichen verändern, auch wenn sie die Jugendlichen gar nicht absichtlich beeinflussen möchte. In der Sozialpsychologie werden solche Phänomene mit dem Fachterminus „sozialer Einfluss" bezeichnet. Dabei wird unterschieden zwischen dem *impliziten sozialen Einfluss*, der unabsichtlich stattfindet (Passanten, Kinopublikum), und dem *expliziten sozialen Einfluss*, der sich durch kontrollierte und strategisch gezielte Einflussnahme ergibt (Werbung, Politik, Autorität) (Gollwitzer/Schmidt 2005, 136). Impliziter sozialer Einfluss findet also statt, wenn die Personen, von denen der Einfluss ausgeht, zufällig anwesend

sind und ohne Absicht handeln. Expliziter sozialer Einfluss ergibt sich demgegenüber mit bewusst beabsichtigtem Verhalten, mit dem eine Person auf eine andere
Person einzuwirken versucht.

Grundsätzlich werden die Einflüsse des sozialen Kontextes von den Personen
im Alltag aktiv verarbeitet. Der Verarbeitungsprozess geht von den sinnlichen Informationen in den sozialen Situationen aus. Beispielsweise arbeitet die genannte
Sozialarbeiterin im Heim mit Materialien sowie mit Kollegen und Klienten, die
jeweils eine bestimmte Bedeutung für sie besitzen. Die Sozialarbeiterin wählt
bewusst oder unbewusst Informationen aus, bewertet ihre Umwelt denkend,
fühlend und willentlich, fasst vor dem Hintergrund ihrer (Lebens-)Erfahrung
sinnvolle Entschlüsse und begründet ihr Handeln gegenüber sich selbst und anderen Personen. Durch jede Aktion und Reaktion übt die Sozialarbeiterin po-
tentiell selbst Einfluss aus, denn sie verändert ihre Situation und damit auch die
Situation für andere Menschen. Solche wechselseitigen Verarbeitungs- und Be-
einflussungsprozesse stehen im Zentrum der Theorie des sozialen Einflusses. In
den folgenden Abschnitten werden vor allem explizite Formen sozialen Einflusses thematisiert, insbesondere das Phänomen der sogenannten „Konformität" in
Gruppensituationen.

Eine zentrale sozialpsychologische Forschungsfrage lautet: Wie weit können
wir unser Handeln in sozialen Zusammenhängen selbst bestimmen? Beispielsweise schließen wir uns häufig Empfehlungen von Experten an. Das kann ein
Arzt sein, der ein Medikament verordnet, oder ein Lehrer, der eine Rechenauf-
gabe erklärt. Wenn solche Experten eine Uniform oder einen Titel tragen, erhöht
dies ihre Autorität. Wo aber liegt die Grenze zur Manipulation? Gibt es Situationen, in denen scheinbare Experten widersinnige oder sogar unmenschliche
Anweisungen erteilen und ihnen freiwillig gefolgt wird? Es ist einer der bemer-
kenswertesten Beiträge der Sozialpsychologie, gezeigt zu haben, unter welchen
Bedingungen dies möglich ist. Ein klassischer Nachweis gelang einer Arbeitsgruppe um den Sozialpsychologen Stanley Milgram (1933–1984) vor gut fünfzig
Jahren an der Yale-Universität in den USA. Die Untersuchungen sind unter der
Bezeichnung „Milgram-Experimente" in die Geschichte der Sozialpsychologie
eingegangen (vgl. Blass 1992).

2.2.1 Das „Milgram-Experiment"

Studien über Gehorsam und Autorität werden in der Psychologie seit über einhundert Jahren durchgeführt. Stanley Milgrams (1974, 10) Pionierleistung bestand darin, die Forschung auf die Frage des „reinen Gehorsams" bei destruktiven Befehlen zuzuspitzen: „Unter welchen Bedingungen wird ein Mensch, dem
ein Versuchsleiter aufträgt, mit zunehmender Härte gegen einen anderen Menschen vorzugehen, diesen Befehlen gehorchen, und unter welchen Bedingungen
wird er den Gehorsam verweigern?"

Milgram untersuchte über 700 Teilnehmer aus verschieden Alters- und Berufs-
gruppen, die per Annonce für eine bezahlte Gedächtnisstudie rekrutiert wurden. Im Labor angekommen, wurden die Teilnehmer von einem Versuchsleiter
begrüßt und in Paare eingeteilt, denen anscheinend per Losverfahren die Rollen

eines „Lehrers" und eines „Schülers" zugeteilt wurden. Die echten Versuchspersonen erhielten regelmäßig die Rolle des „Lehrers".

Der zweite Versuchsteilnehmer, der „Schüler", war in Wirklichkeit ein in den Versuchsablauf eingeweihter Vertrauter der Forscher, dessen Verhalten genau abgesprochen war. Die Versuchsperson sollte zusammen mit dem Versuchsleiter in einem Raum arbeiten, während der „Schüler" in einer abgetrennten, nicht einsehbaren Kabine saß (Abb. 2.1).

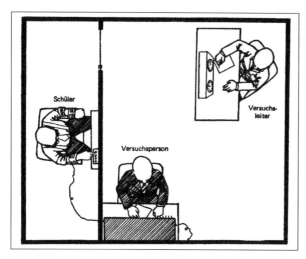

Abb. 2.1: Milgrams Versuchsanordnung

Die Aufgabe der Versuchspersonen bestand darin, dem „Schüler" eine Liste mit Wortpaaren vorzulesen, z. B. das Wortpaar „Blau/Schachtel". Etwas später wurde dem „Schüler" das erste Wort aus jenen Paaren („Blau") erneut vorgelesen und im Anschluss daran vier weitere Wörter (z. B. „Farbe, Tag, Schachtel, Mond"). Unter diesen vier Wörtern sollte die Versuchsperson dasjenige Wort herausfinden, mit dem das erste Wort ursprünglich gepaart war. Die Antworten wurden per Tastendruck durch eine Signalanlage übertragen. Außerdem waren die Äußerungen des „Schülers" über Lautsprecher hörbar. Machte der „Schüler" Fehler, sollte er von der Versuchsperson mit angeblich ungefährlichen Stromstößen bestraft werden. Zu diesem Zweck war das Handgelenk des „Schülers" über ein Kabel mit einem Elektroschockgerät verbunden, das die Versuchsperson auf einem Tisch bedienen konnte. Dieses Gerät besaß dreißig beschriftete Schalter ab 15 Volt (bezeichnet mit „leichter Schock") bis zu 450 Volt („XXX"). Der „Lehrer" sollte nach jedem Fehler die Stärke der Schocks um eine Stufe erhöhen. Um die Funktion der Anlage zu demonstrieren, erhielt zunächst der Lehrer einen durchaus schmerzhaften Schock von 45 Volt. Danach wurde die Tür zur Kabine geschlossen und der Versuch begann.

Natürlich erhielten die angeblichen „Schüler" in dieser fingierten Versuchsanordnung keine Stromschläge. Ihre Reaktionen wurden vom Tonband abgespielt. Der Versuch war jedoch so raffiniert aufgebaut, dass die Täuschung nicht auffiel. Zu Beginn antwortete der „Schüler" anscheinend richtig, machte aber später

<u>Aufruf an die Öffentlichkeit</u>

WIR BEZAHLEN IHNEN 4.00 DOLLAR FÜR EINE STUNDE IHRER ZEIT

Personen für eine Untersuchung über Gedächtnisleistung gesucht

Wir bezahlen fünfhundert Männer aus New Haven, die uns bei der Erstellung einer wissenschaftlichen Untersuchung über Gedächtnisleistung und Lernvermögen helfen. Diese Untersuchung findet an der Yale-Universität statt.

Jedem Teilnehmer werden 4.00 Dollar (plus 50 Cents Fahrtkosten) für etwa eine Stunde bezahlt. Wir brauchen Sie nur für eine Stunde. Weitere Verpflichtungen: keine. Sie können selbst entscheiden, wann Sie kommen möchten (abends, wochentags oder am Wochenende).

Spezielles Training, Erziehung oder Erfahrung nicht erforderlich. Wir suchen:

Fabrikarbeiter	Geschäftsleute	Bauarbeiter
Städt. Angestellte	Buchhalter	Verkäufer/Vertreter
Arbeiter	Freiberufliche	Büroangestellte
Friseure	Post-/Telefonang.	u. andere

Interessenten müssen zwischen 20 und 50 Jahre alt sein. Oberschüler und Studenten scheiden aus.

Wenn diese Bedingungen auf Sie zutreffen, füllen Sie bitte untenstehenden Abschnitt aus und senden Sie ihn an Prof. Stanley Milgram, Psychologische Fakultät, Yale University, New Haven. Sie werden dann später vom genauen Zeitpunkt und Ort der Untersuchung informiert. Wir behalten uns vor, Bewerber abzulehnen.

Sie erhalten 4.00 Dollar (plus 50 Cents Fahrtkosten) bei Ihrem Eintreffen im Laboratorium.

TO: PROF. STANLEY MILGRAM, DEPARTMENT OF PSYCHOLOGY, YALE UNIVERSITY, NEW HAVEN, CONNECTICUT. Ich möchte mich an dieser Untersuchung über Gedächtnisleistung und Lernvermögen beteiligen. Ich bin über 20 und unter 50 Jahre alt. Ich erhalte eine Vergütung von 4.00 Dollar (plus 50 Cents Fahrtkosten), wenn ich teilnehme.

NAME (Bitte Druckschrift) ....

ANSCHRIFT ....

Tel. .... Am besten zu erreichen um: ....

ALTER .... BERUF .... MÄNN./WEIBL.

WANN KÖNNEN SIE KOMMEN:

WERKTAGS .... ABENDS .... AN WOCHENENDEN ....

Abb. 2.2: Milgrams Aufruf zur Rekrutierung von Versuchspersonen

immer mehr Fehler. Bereits beim fünften Fehler, der scheinbar mit einem Schock von 75 Volt bestraft wurde, konnte die Versuchsperson einen Schmerzensschrei hören. Bei 150 Volt bat der „Schüler" um Abbruch des Experiments, weil er Herzprobleme habe. Bei 180 Volt schrie er vor Schmerzen und rief: „Ich kann den Schmerz nicht aushalten, lassen Sie mich hier raus!". Bei 300 Volt schrie er: „Ich verweigere absolut jede weitere Antwort, lassen Sie mich hier raus. Sie können mich hier nicht festhalten, lassen Sie mich raus, lassen Sie mich auf jeden Fall hier raus!". Bei über 400 Volt war keinerlei Reaktion mehr zu vernehmen.

Falls die Versuchspersonen im Laufe des Versuchs zögerten oder versuchten, mit dem Wissenschaftler zu diskutieren, ob es nicht besser wäre, den Versuch abzubrechen, reagierte der Versuchsleiter mit einer Reihe von festgelegten Antworten. Er sagte zunächst „Bitte fahren sie fort", beim zweiten Protest sagte er „Das Experiment erfordert, dass Sie weiter machen", beim dritten Einwand forderte er die Versuchspersonen auf „Sie müssen unbedingt weiter machen!" und beim vierten Argument gab er die Antwort „Sie haben keine Wahl, Sie müssen weiter machen!". Das Experiment wurde beendet, falls eine Versuchsperson bis zur höchsten Schockstärke von 450 Volt ging oder wenn der Versuchsleiter mit seiner vierten Instruktion keinen Gehorsam erzielen konnte.

Tab. 2.1: Gehorsamsraten im Milgram-Experiment

Angeblicher Schock in Volt	„Schüler"	Gehorsamkeit Vp
bis 75 („moderat")	antwortet	100 %
90 („moderat")	klagt über Schmerzen	95 %
150 („stark")	bittet um Abbruch	83 %
180 („stark")	ruft, Schmerzen unerträglich	80 %
300 („intensiv")	schreit, verweigert	76 %
450 („XXX")	schweigt	62,5 %

Die Ergebnisse waren ernüchternd. Niemand verweigerte sich völlig, alle Versuchspersonen wählten mindestens 75 Volt. 62,5 % der Teilnehmer gingen bis zur letzten Grenze von 450 Volt. Die durchschnittliche maximale Schockstärke betrug 360 Volt.

Dieses Ergebnis widersprach nicht nur den Erwartungen der Versuchsleiter, sondern auch im Vorfeld durchgeführten Befragungen. Milgram (1974, 43 ff.) befragte Studenten, normale Mittelschichtsbürger und Psychologen, inwiefern sie glauben, dass die Versuchspersonen bis zur höchsten Voltstärke gehen würden. Die Befragten schätzten, nur etwa ein Prozent der Teilnehmer gehe bis zum Maximum. Die meisten konnten sich höchstens Schockstärken bis 150 Volt vorstellen, also bis zu dem Punkt, wo der „Schüler" das erste Mal deutlich um den Abbruch des Experiments bittet.

Milgram (1974, 217) resümierte: „Die Ergebnisse, die wir im Laboratorium erlebten, sind für mich beunruhigend. Sie rufen das Gefühl hervor, daß die menschliche Natur – oder im spezielleren Fall, der Charakter, den die demokratische Gesellschaft in den USA hervorbringt – keine Garantie dafür bietet, den Menschen und Bürger gegen die Möglichkeit, auf Weisung einer böswilligen Autorität brutal und unmenschlich zu handeln, zu immunisieren. Ein beachtlicher Bestandteil der Bevölkerung tut, was befohlen wird, ohne den Sinn und Gehalt der Handlung zu berücksichtigen und ohne durch das Gewissen eingeschränkt zu werden, solange der Befehl als Äußerung einer legitimen Autorität gilt."

Das Experiment wurde bis heute in zahlreichen Nachfolgestudien und in verschiedenen Ländern wiederholt, so auch in Deutschland, und mit ähnlichen, unabhängig von Geschlecht und Alter der Versuchspersonen erzielten Ergebnissen bestätigt (vgl. Lüttke 2004).

Milgram erhoffte sich weiteren Aufschluss, indem er die Versuchsbedingungen variierte. Wenn die Versuchspersonen einen Gehilfen anweisen konnten, die Schocks auszulösen, stieg ihre Bereitschaft, 450 Volt zu verabreichen, auf eine Rate von 92,5 %. Befanden sich die Versuchspersonen hingegen im gleichen

Raum wie der „Schüler", so sank sie auf 40 %. Verließ der Versuchsleiter den Raum und gab telefonische Anweisungen, verringerte sich die Zustimmungsrate auf 20,5 %. Konnten die Versuchspersonen die Stärke der Schocks selber wählen, sank die Rate auf 2,5 %.

Was für Schlüsse lassen sich aus diesen Untersuchungen ziehen? Gehorsam gegenüber Autoritäten wird durch *soziale Normen* beeinflusst: Die Probanden gehorchten trotz teils heftiger Gewissenskonflikte, emotionaler Spannungen und Debatten mit dem Versuchsleiter letztlich doch den wissenschaftlichen Experten. Die befolgte Norm lautet: „Autoritätspersonen hat man zu gehorchen!" Zudem spielt die *soziale Distanz* eine Rolle: Der Gehorsam sank mit zunehmender Nähe zwischen Schüler und Versuchspersonen und ebenso mit abnehmender Nähe zum Versuchsleiter. Durch das rasche Voranschreiten der Aufgaben und die Steigerung der Maßnahmen wurde offenbar die Selbstreflexion eingeschränkt (Milgram 1963, 278). Die Experimente zeigen, dass Menschen dazu tendieren, auch destruktiven Befehlen gehorchen, wenn sie die persönliche Verantwortung für das Leid, das sie verursachen, zurückweisen und anderen Personen übertragen können.

Milgram (1974, 216) warf schließlich die Frage auf, inwieweit auch Verbrechen gegen die Menschlichkeit, etwa zur Zeit des Nationalsozialismus oder während des Vietnam-Krieges, vor dem Hintergrund seiner Experimente zu deuten sind. Eine typische Täterfigur bei solchen Verbrechen sei „der Funktionär, dem man eine Aufgabe übertragen hat und der sich abmüht, in seiner Arbeit den Eindruck zu erwecken, daß er in seiner Arbeit kompetent sei". Diese Aussage entspricht auch weiteren Ergebnissen der sozialwissenschaftlichen Faschismusforschung. Ungefähr zur gleichen Zeit, als Milgram seine Forschung in Yale durchführte, beobachtete die Soziologin Hannah Arendt den Strafprozess gegen den Organisator der nationalsozialistischen Judendeportationen Adolf Eichmann. Ihre berühmte, 1963 veröffentlichte Studie „Eichmann in Jerusalem" versah sie mit dem Zusatz „Ein Bericht von der Banalität des Bösen". Der Untertitel sollte die typische „Gedankenlosigkeit" und „Realitätsferne" auf den Begriff bringen, mit dem dieser „Schreibtischtäter" den beispiellosen „Verwaltungsmassenmord" an den Juden organisierte.

Allerdings wurde auch wissenschaftliche Kritik an Milgrams Studien laut: Es sei ethisch fragwürdig, die Versuchspersonen zu täuschen und sie der Gefahr einer Traumatisierung auszusetzen. Aus diesem Grund wurde Milgram für ein Jahr aus der *American Psychological Association* ausgeschlossen, bis seine Ergebnisse überprüft und anerkannt wurden. Aus methodischer Sicht wurde eingewandt, die künstliche Laborsituation sei nicht realitätsgerecht. Zudem wurde auch die Bezahlung als Motiv der Versuchspersonen angeführt und behauptet, die Gehorsamkeit beruhe lediglich auf dem Vertrauen gegenüber der angesehenen Universität von Yale. Letzteres war allerdings gerade zu beweisen, zumal Milgram eine relativ enge Definition von „Gehorsam" verwendete. Inzwischen wird in der Forschung angenommen, unter natürlichen Bedingungen könnten die Gehorsamsraten in ähnlichen Situationen sogar noch weitaus höher liegen (Lüttke 2004).

2.2.2 Sozialer Einfluss und Konformität

Das „Milgram-Experiment" verdeutlicht eine Grundfrage der Sozialpsychologie: Unter welchen Bedingungen und aus welchen Gründen unterliegen oder widerstehen Menschen dem Einfluss anderer Menschen? Im Alltag lassen sich die entsprechenden Phänomene besonders gut bei Entscheidungsprozessen in Gruppen und angesichts des wechselnden Einflusses von Mehrheiten und Minderheiten beobachten.

Stellen Sie sich eine Hauptschulklasse vor, in der die Schulsozialarbeiterin im Projektunterricht eine Abstimmung über die Frage anregt „Habe ich Vorurteile?". Ein Junge meldet sich und behauptet, er habe „nie Vorurteile". Schnell schließt sich eine Mehrheit der Schüler an. Dies wird in der Sozialpsychologie als *konformes Verhalten* bezeichnet: Gruppenmitglieder handeln „konform", wenn sie sich dem Verhalten oder der Meinung von anderen Gruppenmitgliedern anschließen, die eine Mehrheit innerhalb der Gruppe bilden. Doch auch Minderheiten haben Einfluss und können eine Gruppe mit innovativen Ideen bereichern. Dieses Verhältnis zwischen Konformität und Nonkonformität soll jetzt genauer betrachtet werden.

Konformität ergibt sich aus der Zustimmung von Einzelnen zum Verhalten der Mehrheit in einer Gruppe. Aber wie genau funktioniert diese Neigung zur Konformität? Welchen sozialen Sinn hat sie? Und wann schlägt Konformität in Abhängigkeit um? Wenn Menschen sich konform verhalten, geschieht dies hauptsächlich aus zwei Gründen. Entweder geht es ihnen darum, sachlich angemessen zu handeln (informativer sozialer Einfluss). Oder aber sie suchen emotionale Akzeptanz in einer Gruppe (normativer sozialer Einfluss).

Abb. 2.3: Konformität im Alltag

Informativer sozialer Einfluss ist häufig in unklaren, verworrenen und mehrdeutigen Situationen zu beobachten. Die Personen brauchen Orientierung und zusätzliche Informationen von anderen Menschen, um angemessen handeln zu können. Sie passen sich dem Verhalten der anderen an, weil sie sich sagen: „Die Mehrheit hat recht, weil sie mich überzeugt!". Ein typisches Beispiel wäre eine Diskussion in einem Team von Sozialarbeitern, in dem sich Einzelne von den

Argumenten anderer überzeugen lassen. Ein weiteres Beispiel wäre ein älterer Jugendlicher, der zum ersten Mal allein eine Flugreise macht und auf dem großen Zielflughafen nach dem Ausstieg den anderen Passagieren folgt, um die Gepäckausgabe zu finden.

Ein instruktives Experiment zum informativen sozialen Einfluss wurde Ende der 1960er Jahre in städtischer Umgebung durchgeführt. Verschieden große Gruppen von Helfern der Versuchsleiter versammelten sich an einer belebten Straßenecke und schauten gemeinsam nach oben. Die Forscher beobachteten, wie sich die vorbeilaufenden Passanten verhielten. Bereits wenn lediglich zwei oder drei Helfer zusammen kamen, schauten Passanten, die dies bemerkten, ebenfalls nach oben, um sich zu „informieren", was für diese Gruppe so interessant sein könnte. Bei einer Gruppengröße von fünf Personen ahmten fast 80 % der Passanten das Verhalten nach. Der Effekt stieg zunächst mit der Größe der Gruppe an, flachte dann aber ab. Bei einer Anzahl zwischen fünf und 15 Personen reagierten nicht wesentlich mehr Passanten als bei fünf Personen (Milgram/Bickman/Berkowitz 1969). Informativer sozialer Einfluss entsteht also in der Regel in mehrdeutigen Situationen, in denen Personen nach Orientierung suchen, kompetente Informationen durch das Verhalten anderer erwarten und sachlich angemessen handeln wollen.

Hingegen wird der so genannte *normative soziale Einfluss* eher in relativ eindeutigen Situationen wirksam. Die Menschen möchten sich ebenfalls orientieren, aber nicht anhand von Informationen, sondern um von einer Gruppe akzeptiert und gemocht zu werden. Sie handeln konform, weil sie sich sagen „Ich schließe mich der Mehrheit an, weil ich dazu gehören will!" Typische Beispiele sind Sauberkeitsregeln oder Kleiderordnungen bei gesellschaftlichen Anlässen. Normativer sozialer Einfluss entsteht also in der Regel in eindeutigen Situationen, in denen Personen nach Orientierung suchen, Akzeptanz von den anderen erwarten und sozial angepasst handeln wollen. Gerade für Jugendliche ist es für die Entwicklung ihrer Identität bedeutsam, wie sich Vorbilder, etwa Väter, der ältere Bruder, Idole aus der Jugendkultur oder Lehrer verhalten. Sie suchen in der Lebensführung anderer nach Anhaltspunkten für das eigene Handeln und verhalten sich konform, wenn sie Vorbilder und Rollenmodelle erleben, mit denen sie sich identifizieren können.

Die in den sozialen Situationen bedeutsamen *sozialen Normen* sind als Regeln zu verstehen, die das typische und erwartbare Verhalten der Mitglieder einer Gruppe bestimmen. Sie vereinfachen und regulieren Interaktionen und bieten eine Ordnung an, die den individuellen Bedürfnissen nach Sicherheit und Zugehörigkeit entspricht. Solche Normen werden in der Sozialisation von frühester Kindheit an vermittelt. Sie können durch Tradition begründet werden, durch Setzung bestimmt werden oder spontan entstehen.

Nun könnte man annehmen, dass konform handelnde Personen sich tendenziell weniger mit dem eigenen Verhalten auseinander setzen, sondern eher „blind" Mehrheitsmeinungen folgen. Letzteres stellt sicherlich eine Gefahr dar, zumal Mehrheiten nicht immer „recht haben". Allerdings können Mehrheiten im Sinne der demokratischen Meinungsbildung eine sozial angemessene und realistische Orientierung bieten. Dabei besitzen konform handelnde Personen zwei grundsätzliche Optionen, um sich mit dem eigenen Verhalten auseinanderzusetzen: Zum einen können sie ihr öffentlich sichtbares Verhalten der Mehrheit anpassen, aber im Stillen anderer Meinung bleiben. Dies wird als *öffentliche Konformität* bezeichnet und ist häufig eine Folge normativen sozialen Einflusses. Umgekehrt können die Personen sich auch überzeugen lassen. Dies wird als *private Konformität* betrachtet: Die Person passen sowohl ihre öffentliche als auch ihre private Meinung der Mehrheit an, was typisch für informativen sozialen Einfluss ist.

2.2.3 Studien zu Konformität und Nonkonformität

Die Macht der Neigung zur Konformität wird anhand weiterer klassischer Experimente noch anschaulicher, die von einer Forschungsgruppe um den amerikanischen Sozialpsychologen Solomon Asch (1907–1996) in den 1950er Jahren durchgeführt wurden. Asch (1955; 1956) fragte, in welchen Ausmaß Personen sich konform verhalten, wenn eine Gruppe fremder Menschen offensichtlich und eindeutig der Wahrheit widerspricht. Diese Untersuchungen haben das wissenschaftliche Verständnis für die Willensbildung in Gruppen entscheidend erweitert.

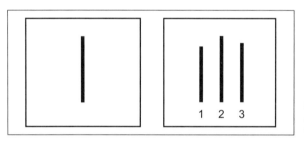

Abb. 2.4: Strichtafeln für Aschs Konformitätsexperiment

Asch präsentierte einer Gruppe von sechs Personen in einem Konferenzraum verschiedene Tafeln mit vertikalen Strichen. In der Gruppe befand sich allerdings nur eine einzige echte Versuchsperson, die anderen fünf waren instruierte Helfer der Versuchsleiter. Die Aufgabe bestand darin zu beurteilen, ob die Länge eines auf einer Tafel dargebotenen Striches mit der Länge einer Vergleichslinie auf einer anderen Tafel übereinstimmt (Abb. 2.4). Die Anwesenden sollten ihre Einschätzungen nacheinander abgeben, wobei die Versuchsperson niemals als erste urteilten.

Bei insgesamt 18 Durchläufen ordneten in den ersten Durchgängen sowohl die instruierten Helfer als auch die jeweilige Versuchsperson die Strichlängen eindeutig und richtig zu. Doch nach sechs Durchläufen begannen die instruierten Helfer, geschlossen falsche Antworten zu geben. Die Versuchspersonen schienen also ihren eigenen Augen nicht mehr trauen zu können! Unter dieser Voraussetzung passten sich tatsächlich 76 % von ihnen in mindestens einem Durchlauf der falschen Mehrheitsmeinung an. Im Schnitt gaben sie bei 37 % aller Durchläufe eine wahrheitswidrige Antwort. Allerdings blieben auch 24 % der Versuchspersonen stets bei der richtigen Antwort. Der „Gruppendruck" erhöhte sich mit der

Anzahl der Helfer. Gab es in einer Paarsituation nur einen einzigen Vertrauten des Versuchsleiters, gaben die Versuchspersonen in 3,6 % der Durchläufe eine falsche Antwort, bei zwei Vertrauten erhöhte sich die Rate auf 13,6 %, und ab drei Opponenten blieb die Rate der „Fehleinschätzungen" stets über 30 % (Asch 1955, 6).

Abb. 2.5: Versuchsteilnehmer bei Aschs Konformitätsexperiment mit Versuchsperson (Mitte) und eingeweihten Helfern

In einer aufschlussreichen Variante des Experiments konnten die Versuchspersonen ein Formular benutzen, anstatt offen vor der Gruppe zu antworten. Dabei sank Konformitätsrate auf 12,5 %. In einer weiteren Variante gab einer der Helfer nach der Hälfte der Durchgänge wieder konsistent richtige Antworten. In diesem Fall sank die Konformitätsrate auf 8,7 %. Und war ein stets richtig antwortender Partner im Raum, verminderte sich die Rate der konformen Antworten auf bis zu 5,5 %. Wenn dieser Partner allerdings nach einigen Durchläufen wieder ausstieg, erhöhte sich die Rate sogleich auf 28,5 % (Asch 1956).

Offensichtlich handelt es sich bei dem Phänomen, das in diesen Experimenten untersucht wurde, um normative Konformität. Viele Versuchspersonen berichteten im postexperimentellen Interview über starke Selbstzweifel, Stress und die Furcht, angefeindet zu werden. Sie passten sich also in einer eindeutigen Situation ohne weiteren sachlichen Informationsbedarf der Gruppenmeinung an, um nicht als Außenseiter oder Querulanten zu gelten. Die Formularvariante und auch die Variante mit den eingesetzten Partnern zeigen nachdrücklich, dass trotz öffentlicher Konformität keine private Zustimmung vorlag. Diejenigen Versuchspersonen, die der Versuchung zur Konformität widerstanden, gaben an, sie hätten sich auf die Aufgabe konzentriert und der eigenen Wahrnehmung vertraut.

Die Neigung zur Konformität sichert zwar Gemeinschaften, aber gefährdet diese auch, wenn die individuelle Verantwortung geschwächt wird. Asch (1955, 34) folgerte: „Dass wir in unserer Gesellschaft eine so starke Tendenz zur Konformität gefunden haben, dass durchaus intelligente und gutmeinende junge Leute bereit sind, Weiß für Schwarz zu halten, ist ein Grund zur Sorge. Damit werfen sich Fragen über die Art der Erziehung und über die Werte auf, die unsere Haltung begleiten." Aschs Untersuchungen wurden international in weit über einhundert Studien wiederholt. Dabei blieb zwar der grundsätzliche Effekt erhalten, aber die Konformitätsraten sanken über die Jahre hinweg um wenige Prozentpunkte (Bond/Smith 1996).

Für diese fallende Tendenz sind offenbar die soziokulturellen Veränderungen in der zweiten Hälfte des 20. Jahrhunderts verantwortlich. Mit der Individualisierung der Lebenswelten ist der normative Druck zum Gehorsam gegenüber Autoritäten in den westlichen Gesellschaften gesunken. Denn seit den 1950er Jahren sind tradierte Rollenmuster und Statusunterschiede von den nachrückenden Generationen wiederholt kritisch in Frage gestellt worden. Somit hat auch das Phänomen der *Nonkonformität* in der sozialpsychologischen Forschung an Bedeutung gewonnen.

In der Alltagssprache wird üblicherweise ein auffallendes, sozial unangepasstes Auftreten als „nonkonform" bezeichnet, etwa ein extravaganter Kleidungsstil oder die Zugehörigkeit zu einer Subkultur. Der sozialpsychologische Begriff der Nonkonformität ist jedoch enger definiert und lässt sich vielleicht am besten im Vergleich mit dem soziologischen Begriff des „abweichenden Verhaltens" veranschaulichen.

Der Kontakt mit gesellschaftlichen Randgruppen oder Minderheiten gehört ja zu den Kernaufgaben der Sozialen Arbeit. Menschen, die den durchschnittlichen Normen in unserer Gesellschaft nicht entsprechen, etwa verhaltensauffällige Jugendliche, psychisch Kranke oder Obdachlose, sind zwar möglicherweise hilfebedürftig, aber ihr Verhalten muss im sozialpsychologischen Sinne keineswegs von vornherein als „nonkonform" gelten. Nonkonformität bedeutet vielmehr, dass sich Angehörige von Gruppen mit ihrer Meinung oder ihrem Handeln der Mehrheit in diesen Gruppen bewusst entgegenstellen. Der sozialpsychologische Begriff der „Nonkonformität" ist insofern neutraler als der soziologische Begriff des abweichenden Verhaltens. So dürfte eine Person, die an einer schweren psychischen Störung leidet, angesichts bestimmter Merkmale (Symptome, Verhalten, sozialer Status) und Zuschreibungen (etwa von Sozialarbeitern, Ärzten, Angehörigen) der Gruppe der „psychisch Kranken" zugerechnet werden und somit – zumindest in akuten Phasen der Störung – als „sozial abweichend" wahrgenommen werden. Mit solch einer Subsumtion der betroffenen Person unter eine soziale Kategorie können bei anderen Personen bestimmte Stereotype aktiviert werden, die entweder im positiven Sinne zu sozialer Unterstützung, Hilfehandeln und Integration motivieren (vgl. 2.5 u. 2.6.3) oder aber in negativer Weise Ausgrenzung, Vorurteile oder Diskriminierung und soziale Exklusion erzeugen (vgl. 2.3.2). Beides hätte jeweils unterschiedliche, aber erhebliche Auswirkungen auf das Selbstverständnis der Betroffenen. Doch aus sozialpsychologischer Perspektive wäre damit keineswegs sicher, dass die betroffene Person sich in denjenigen Gruppen, denen sie sich zugehörig fühlt (etwa in der Familie oder in einer Selbsthilfegruppe), auch „nonkonform" verhält. Denn der Begriff der „sozialen Abweichung" ergibt sich aus der soziologischen Makroperspektive, während die Phänomene der Konformität oder Nonkonformität vor allem aus der Mikroperspektive für kleinere Gruppen untersucht werden.

Im Feld der Sozialen Arbeit wird so beispielsweise deutlich, dass Jugendliche, die sich in Cliquen oder Straßengangs organisieren, zwar möglicherweise von gesellschaftlichen Normen abweichen (Kleidung, Sprache, ggfs. Kriminalität), aber gleichzeitig – im Sinne von normativer Konformität – die subkulturellen Normen ihrer Bezugsgruppe übernehmen, um „dazu zu gehören". Die Jugendlichen haben also eigene Gründe, die Mitgliedschaft in der Clique oder „Gang" besitzt eine identitätsstiftende und selbstwertdienliche Funktion. In der Sozialen Arbeit sollten diese Motive und damit auch die Neigung zu Konformität oder Nonkonformität berücksichtigt werden. In der offenen Jugendarbeit könnten etwa einzelne Klienten gezielt in ihrer Verantwortlichkeit gestärkt werden, damit sie „Mut zur eigenen Meinung" entwickeln und Diskussions- und Veränderungsprozesse in ihrer Bezugsgruppe anregen.

Bedeutende Erkenntnisse über die Funktion von Minderheiten in Gruppen erarbeitete seit den 1970er Jahren der französische Sozialpsychologe Serge Moscovici. Vorher galt sozialer Einfluss hauptsächlich als eine Folge von Mehrheiten, doch Moscovici (1976) zeigte eindrücklich, dass der Einfluss von Minderheiten steigen kann, wenn sie einheitlich, langfristig und mit persönlichem Einsatz auftreten. Die Minderheit müsse „konsistent" handeln und inhaltliche Fragen anregen, um die eigene Position zu stärken. Die entstehenden Gruppenkonflikte seien produktiv, wenn beide Seiten Veränderungen ihrer Position zuließen, um einen Konsens zu erreichen. Dieses Modell wurde bis in die Gegenwart mit verschiedenen Studien untermauert und ausdifferenziert (Wood u.a. 1994, Moscovici/ Lage 2006). Man fand heraus, dass Nonkonformität in der Gruppe anders als Mehrheitseinfluss verarbeitet wird und vor allem in kleineren, privaten Kreisen funktioniert. Mitunter entstehen dabei kreative und innovative Prozesse. Möglicherweise lässt sich das Modell auch auf die gesellschaftliche Ebene übertragen, denn konsistent auftretende gesellschaftliche Minderheiten können soziale Probleme verdeutlichen und sozialen Wandel anstoßen.

Unter dem Strich wird die Neigung zur Konformität nicht nur durch personale Faktoren begünstigt, sondern stets auch durch die individuelle Verarbeitung von situativen Einflüssen. Menschen passen sich tendenziell Mehrheiten an, wenn

- sie Entscheidungen in unübersichtlichen Krisensituationen treffen müssen,
- ihnen die Mehrheitsnormen besonders bedeutsam und wichtig erscheinen,
- sie von überzeugenden Experten oder Autoritäten beeindruckt sind,
- persönliche Verantwortung delegieren,
- Zugehörigkeit und Solidarität, Sicherheit und Kontrolle brauchen,
- oder selbstunsicher und ängstlich sind.

Die Neigung zur Konformität sichert also soziale Gemeinschaften, kann aber auch in Abhängigkeit und Unterdrückung umschlagen. Um die menschlichen Bedürfnisse nach Autonomie und Bindung zu vereinbaren, ist eine Ethik der individuellen Verantwortung ebenso wichtig wie das kollektive Zusammenspiel von Mehrheits- und Minderheitseinflüssen. Das Leben in demokratischen Gesellschaften erfordert Anpassungsfähigkeit, Toleranz und Akzeptanz von Mehrheitsmeinungen, aber auch individuelle Urteilskraft, Verantwortung und Zivilcourage.

📖 *Literaturempfehlungen*

Bierhoff, H.-W. (2006): Sozialer Einfluss, Konformität und Macht. In: Bierhoff, H.-W.: Sozialpsychologie. Ein Lehrbuch. Stuttgart: Kohlhammer, S. 413–438.
Milgram, S. (1974): Das Milgram-Experiment. Zur Gehorsamsbereitschaft gegenüber Autorität. Reinbeck bei Hamburg: Rowohlt.

2.3 Soziale Wahrnehmung

Die Frage, wie Menschen sich in ihrer sozialen Lebenswelt orientieren, gehört zum Gebiet der „Sozialen Wahrnehmung". Im Vordergrund der heutigen Forschung stehen die sozialen Prozesse der kognitiven Informationsverarbeitung. Viele Sozialpsychologen vertreten die Ansicht, unsere Wahrnehmung sei generell hypothesengeleitet (Lilli/Frey 1993): Die Menschen bildeten stets Annahmen über die Wirklichkeit, die mit kognitiven „Landkarten" und „Schemata" verknüpft seien und die Aufmerksamkeit steuern. Dabei finde ein stetiger Abgleich zwischen verschieden starken Hypothesen und dem „Input" der Sinnesorgane statt. Im Folgenden werden zwei umgrenzte Konzepte aus dem Gebiet der sozialen Wahrnehmung vorgestellt, zum einen die Attributionstheorie mit Modellvorstellungen über alltägliche Handlungserklärungen und zum anderen die sozialpsychologische Vorurteilsforschung.

2.3.1 Attributionen und Handlungserklärungen

Sozialarbeiter sind mitunter darauf angewiesen, Klienten zu beobachten und die Ursachen ihres Handelns zu beurteilen. Zudem hören Sozialarbeiter auch Einschätzungen über die Ursachen des Verhaltens anderer. So könnte etwa ein Schulsozialarbeiter mit der Klage einer Mutter über die schulischen Probleme ihrer 13-jährigen Tochter konfrontiert sein. Hat das Mädchen mehrere Klassenarbeiten nicht bestanden, wird der Sozialarbeiter eventuell darauf hinweisen, das Mädchen habe sich mit einer schwierigen Clique in der Klasse befreundet und wirke abgelenkt. Die Mutter kennt die schulischen Leistungen ihrer Tochter und glaubt angesichts des eher plötzlichen Leistungsabfalls an ein vorübergehendes Tief. Die Lehrerin könnte einwenden, dass in der jetzigen Klassenstufe die Schwierigkeit der Aufgaben gestiegen sei. Auch wird das Mädchen selbst versuchen, eine Erklärung zu finden. Alle Beteiligten stellen also angesichts einer Problemsituation Vermutungen über kausale Zusammenhänge an.

Solche Kausalhypothesen über menschliches Verhalten werden in der Sozialpsychologie „Attributionen" genannt. Der Ausdruck *Attribution* bedeutet „Zuschreibung". Attributionen sind subjektive Erklärungen für beobachtete Handlungen. Als Attribution bezeichnet man den alltäglichen Denkprozess, mit dem Menschen dem eigenen und fremden Verhalten bestimmte Ursachen zuschreiben. Als Zuschreibungen sind Attributionen Antworten auf die Frage „Warum, aus welchen Gründen handelt jene Person so oder so?" Attributionen sind stets subjektive Denkweisen, die zur Deutung oder auch zur Kontrolle der Lebenswelt mehr oder weniger bewusst ablaufen und unser Handeln mitbestimmen. Die Attributionstheorie hat den Anspruch zu erklären, wie wir dem Verhalten anderer Personen Bedeutung zumessen und auf dieser Grundlage zu Urteilen kommen. Wie wird nun in solchen Einschätzungsprozessen „im Kopf" vorgegangen? Welche Informationen werden berücksichtigt? Und welche „Fallen" sollten vermieden werden? Nehmen wir ein weiteres Beispiel, nun aus einer Partnerbeziehung.

Beispiel: Attribution

Der Student Patrick ist mit seiner Freundin Melanie in einem Café verabredet. Als er sich gerade mit seinem Fahrrad auf den Weg macht, bemerkt er, dass ein Reifen Luft verliert. So kann er nicht weiterfahren. Patrick entscheidet sich, zu Fuß zu gehen, kommt aber über zwanzig Minuten zu spät zur Verabredung. Melanie wartet bereits auf ihn und ist sehr ärgerlich über die Verspätung. Sie denkt, Patrick habe, wie schon öfters, getrödelt und klagt ihn sofort an: „Immer kommst Du zu spät! Das habe ich satt!" Die Stimmung ist hinüber (nach Konermann/Kühne/ Müller 2005).

Was ist hier passiert? Offensichtlich hat Melanie sich Gedanken über das Verhalten von Patrick gemacht, aber – aufgrund ihrer Erfahrungen – die Möglichkeit unterschätzt, es könne ihm etwas Unvorhergesehenes dazwischen gekommen sein. Sie interpretiert sein Verhalten falsch und sucht die Ursache für Patricks Verhalten in seiner Person, anstatt auch situative Faktoren einzubeziehen. Aus Sicht der Sozialpsychologie handelt es sich um eine unvollständige Verarbeitung der Realität, die durch eine verzerrte Zuschreibung von Handlungsursachen entsteht und als „fundamentaler Attributionsfehler" bezeichnet wird (Ross 1977). Dabei werden die persönlichen Eigenschaften der Beteiligten zur Erklärung ihres Handelns betont und die Verarbeitung der Kontexteinflüsse unterschätzt. Dadurch können Ärger und Rückzug, Verständigungsschwierigkeiten, Beziehungsabbrüche und auch Vorurteile entstehen (Gilbert/Malone 1995). Welche Forschungsansätze existieren zu diesen und ähnlichen Phänomenen?

Attributionstheorien

Die Attributionstheorien systematisieren alltägliche Handlungserklärungen. Ihr Begründer ist der österreichische Sozialpsychologe Fritz Heider (1958), der in den 1950er Jahren die Erkenntnisse der vorfindlichen Wahrnehmungs- und Sozialpsychologie zu einer Psychologie des Alltags kombinierte. Er nahm an, alle Menschen würden in Problemsituationen als „naive Psychologen" agieren und versuchen, die Handlungsursachen ihrer Mitmenschen zu erschließen. Im Anschluss an die „Verhaltensgleichung" des deutschen Sozialpsychologen Kurt Lewin (1936, 11), die besagt, jegliches Verhalten sei eine Funktion von Person und Umwelt, ging Heider von zwei so genannten Ursachendimensionen aus, nämlich den Kräften der Person und denen der Umwelt. Solche Ursachendimensionen sind theoretische Konstrukte, um die im Alltag gebräuchlichen Ursachenbegriffe einordnen zu können. Als „Kräfte der Person" bezeichnete Heider die jeweiligen Fähigkeiten, Motive und Anstrengungen bei bestimmten Aufgaben. Wenn Handlungen durch personale Zuschreibungen erklärt würden, handele es sich um *internale Attributionen*. Wenn Handlungen hingegen durch Umwelteinflüsse erklärt würden, etwa durch bestimmte Lebensbedingungen, die Schwierigkeit von Aufgaben oder auch den Zufall, nannte Heider dies *externale Attribution* (Tab. 2.2).

Kommen wir auf das eingangs genannte Beispiel zurück: Nicht nur die Mutter und der Sozialarbeiter fragen sich, warum das Mädchen ihre Klassenarbeiten plötzlich nicht mehr besteht. Auch die Schülerin selbst stellt Vermutungen an.

Sie attribuiert, d.h. sie weist einem Effekt eine Ursache zu. Möglicherweise weiß sie, dass sie sich schlecht vorbereitet hat, oder sie nimmt an, sie sei nicht begabt genug („internale Attribution"). Aber sie könnte auch behaupten, die Aufgaben seien zu schwierig gewesen oder sie sei während der Arbeit von anderen Schülern abgelenkt geworden („externale Attribution"). Tatsächlich kann sich die Art solcher Zuschreibungen auf die Bewältigung zukünftiger Aufgaben auswirken, auch wenn diese auf ganz anderen Anforderungen beruhen.

Tab. 2.2: Kausalattribution nach Heider

Person	Fähigkeit, Anstrengung, Eigenschaft, Disposition	internale Attribution
Umwelt	Lebensbedingungen, Aufgaben- schwierigkeit, Zufall	externale Attribution

In der gegenwärtigen Attributionsforschung werden nicht nur die beiden Ursachendimensionen Person und Umwelt betrachtet. Zudem gibt es verschiedene Theorien über die Art und Weise des Zuschreibungsprozesses und seine praktischen Konsequenzen (Meyer/Försterling 1993).

Tab. 2.3: Verhältnis Attributionstheorien und attributionale Theorien

Ereignis → Attributionsprozess → Folgen	
Attributionstheorien	Attributionale Theorien

Wir unterscheiden die *Attributionstheorien im engeren Sinne*, die den intrapsychischen Mechanismus der kausalen Zuschreibungen analysieren, von den *attributionalen Theorien*, welche die Folgen bestimmter Attributionsmuster abbilden. Im Beispiel von der Schülerin wäre mithilfe einer attributionalen Theorie zu klären, in welcher Weise die Mutter sich als Folge ihrer Zuschreibungen Sorgen macht, oder inwiefern die Schülerin frustriert ist und ebenso unter welchen Bedingungen der Sozialarbeiter mit ihr spricht. Attributionale Theorien systematisieren die Konsequenzen der Attributionsprozesse für die Akteure. Sie besitzen einen Anwendungsbezug für die Beratung, Partnerbeziehungen, familiäres Gesundheitsverhalten oder das Verständnis von Vorurteilen.

Allerdings sind die Attributionstheorien auch kritisch betrachtet worden. Zum einen weichen die gängigen alltäglichen Kausalerklärungen in verschiedenen Kulturkreisen voneinander ab. Zudem ist in der Forschung keineswegs geklärt, welche und wie viele Ursachendimensionen als allgemeingültig anzusehen sind. Denn die Bedeutung von Informationen erschließt sich ja im Alltag häufig erst durch den sozialen Kontext, in den sie eingebunden sind. Außerdem ist das Verhältnis zwischen objektivierbaren „Handlungsursachen" und subjektiven „Handlungsgründen" schwierig zu bestimmen. Und in offenen Befragungen wurden zum Teil erheblich mehr ursächliche Faktoren benannt, als in den Theorien vorgesehen sind (Möller 1997).

Die Attributionstheorien im engeren Sinne unterscheiden sich heutzutage vor allem in den Auffassungen über die Mechanismen des Attributionsprozesses. Zwei bis heute einflussreiche Modelle wurden bereits in den sechziger Jahren entwickelt. Das so genannte „Modell der korrespondierenden Schlussfolgerungen" (Jones/Davis 1965) untersucht insbesondere die möglichen Rückschlüsse von einer beobachteten Handlung auf die Absichten der Akteure und deren damit korrespondierenden persönlichen Eigenschaften.

Hingegen bezieht das Modell der „Kovariationsanalyse" (Kelley 1967) neben Personenmerkmalen auch situative Umstände und die Objekte der Handlungen mit ein, also die Gültigkeit und die zeitliche Beständigkeit von Effekten bei verschiedenen Personen und Gegenständen: Handelt die Person auch bei anderen Objekten so? Handeln andere Personen ähnlich? Verhält sich die Person immer so? Wenn zum Beispiel ein Student seine Prüfungen in einem bestimmten Fach mit Bravour besteht, könnte man davon ausgehen, die Ursache für diesen Effekt liege an ihm selbst, sofern er auch Prüfungen in weiteren Fächern besteht, andere Studenten bei den Prüfungen weniger gut abschneiden und die guten Leistungen über längere Zeit anhalten. Beobachter kommen demnach zu ihren Schlüssen, indem sie die gemeinsamen Veränderungen (die Kovariation) von möglichen Ursachen für einen Effekt einschätzen.

Schauen wir uns ein weiteres Modell etwas genauer an. Der amerikanische Sozialpsychologe Bernard Weiner (1986; 1988) geht von drei Ursachendimensionen aus, die insbesondere bei der Leistungsmotivation, etwa in schulischen Situationen, eine Rolle spielen können.

1. *Lokation* – Wo liegt die Ursache?
Nach Weiner wird eine vermutete Handlungsursache gewissermaßen „verortet". Wesentlich sind die bereits von Heider herausgehobenen Möglichkeiten, die Ursachen für ein Verhalten entweder dem Handelnden selbst oder den äußeren Umständen zuzuschreiben.

Wird auf die Person mit ihren Motiven und Fähigkeiten attribuiert, handelt es sich, wie bereits erwähnt, um eine „internale" Attribution, wird hingegen auf die Umwelt attribuiert, um eine „externale" Attribution.

2. *Stabilität* – Wie lange besteht die Ursache?
Auf der Dimension der Stabilität wird eine Änderung der wahrgenommenen Ursachen über die Zeit beurteilt. Entweder wird angenommen, dass eine Ursache zeitlich stabil ist, etwa eine Charaktereigenschaft, oder aber dass sie variabel ist und sich über die Zeit hinweg ändern kann.

3. *Kontrollierbarkeit* – Ist die Ursache handhabbar?
Auf der dritten Ursachendimension wird die Möglichkeit eingeschätzt, ob die Ursache von der Person, deren Verhalten beobachtet wird, beeinflusst werden kann oder nicht. Als kontrollierbare Ursachen gelten z. B. die Anstrengungsbereitschaft oder auch Wachheit und Müdigkeit. Als unkontrollierbare Ursachen gelten Zufälle, aber auch Begabungen oder Krankheiten.

Tab. 2.4: Kausalattribution nach Weiner (1988)

Dimensionen	Belegung
Lokation Liegt die Ursache im Handelnden oder in der Situation?	*Internal*
	External
Stabilität Ist die Ursache (zeitlich) stabil oder variabel?	*Stabil*
	Variabel
Kontrollierbarkeit Ist die Ursache für den Handelnden kontrollierbar oder nicht?	*Kontrollierbar*
	Unkontrollierbar

Weiner (1988) hat ein Schema konstruiert, das einige Varianten von subjektiv wahrgenommenen Ursachen bei Erfolgen oder Misserfolgen in Leistungssituationen systematisiert. Nach dieser, hier nur für zwei Dimensionen dargestellten Aufteilung werden *Fähigkeiten* als internal-stabile Ursachen aufgefasst, *Anstrengungen* dagegen als internal-variable Ursachen. Die *Schwierigkeit* einer gestellten Aufgabe gilt als external-stabile Ursache und der *Zufall* als eine external-variable Ursache.

Tab. 2.5: Vierfelderschema nach Weiner

	Stabil	**Variabel**
Internal	Fähigkeit	Anstrengung
External	Aufgabenschwierigkeit	Zufall

Wenden wir dieses Schema auf das Beispiel der Schülerin an, die sich nach den Gründen für ihre schlechten Klassenarbeiten fragt. Eine Möglichkeit bestände darin, dass sie glaubt, sie habe sich nicht genügend angestrengt, dies entspräche einer internal-variablen Attribution, sie sieht die Ursache bei sich, aber beim nächsten Mal könne es ja auch wieder anders sein. Denkt die Schülerin jedoch, die Ursache liege in ihrer geringen Begabung, nimmt sie eine internal-stabile Attribution vor, fühlt sich selbst verantwortlich und glaubt, dies könne sie nicht ändern, was möglicherweise wiederum künftige Misserfolge vorherbestimmt. Eine ähnliche Konsequenz folgt wahrscheinlich, wenn sie behauptet, die Aufgaben seien zu schwierig gewesen, und somit external-stabil attribuiert, weil sie glaubt, sie habe auf die Aufgabenstellung der Lehrerin keinen Einfluss. Eine Chance hat das Mädchen also vor allem dann, wenn sie auf variable Ursachen attribuiert. Die Zuschreibung stabiler Ursachen führt hingegen häufig zur Entmutigung, zu Rückzug und Leistungsverweigerung.

Im Alltag tendieren die Menschen zu charakteristischen *Attributionsstilen* mit sozialen Folgen und Auswirkungen auf ihr zukünftiges Verhalten. Ein „pessimistischer" Attributionsstil gilt als charakteristisch für depressiv strukturierte Personen und wird auch zur wissenschaftlichen Erklärung von depressiven Störungen berücksichtigt (Abrahamson/Seligman/Teasdale 1978). Ebenso können typische Fehleinschätzungen auftreten. Bisweilen werden Merkmale herangezogen, die irrelevant für die zu beurteilende Dimension sind. Zudem tendieren viele Menschen dazu, das eigene Handeln situativ zu erklären und das Handeln von anderen Menschen auf deren persönliche Eigenschaften zurückzuführen (Jones/Nisbett 1972, Ross/Green/House 1977). Das heißt, man überschätzt leicht die Kräfte einer Person, wenn man diese beobachtet, und dies ist eine wichtige Voraussetzung, um einen *„fundamentalen Attributionsfehler"* zu begehen: Situative Faktoren werden unterschätzt und personale Faktoren überschätzt.

In der Sozialen Arbeit trägt die Kenntnis der Attributionstheorie zu einem besseren Verständnis von Klienten bei. So könnte es etwa die Aufgabe eines Schulsozialarbeiters sein, die Theorien von Klienten zu entschlüsseln, mit deren Hilfe sie sich ihre Situation erklären, damit er seine Beratung und Interventionen daran ausrichten kann. Wenn er es etwa mit der Mutter der besagten Schülerin zu tun hat, käme es unter anderem darauf an, die Attributionsmuster der Beteiligten (Mutter, Schülerin, Lehrerin) zu erkennen und sich darüber in der Beratung zu verständigen. Da die Mutter angibt, es handele sich um ein vorübergehendes Leistungstief, also um eine variable Ursache, könnte es sinnvoll sein, sie in dieser Auffassung zu bestärken, aber verbunden mit einem Hinweis auf die Beziehungen des Mädchens zu der Jugendclique. Die Lehrerin gibt ebenfalls eine externale Ursache an, nämlich die Aufgabenschwierigkeit der Prüfung, wobei die Frage wäre, ob sie das Scheitern des Mädchens auf deren mangelnde Anstrengung oder fehlende Fähigkeiten zurückführt. Die Aufgabe der Lehrerin könnte es sein, den Unterricht so zu gestalten, dass die Schülerin einen deutlichen Zusammenhang zwischen ihrer eigenen Anstrengung und ihrem Lernerfolg wahrnehmen kann.

Für Schülerinnen und Schüler gibt es eine Reihe von Reattributionstrainings, mit denen problematische Attributionsstile beeinflusst werden sollen. Das Training kann in den Unterricht eingebunden werden, aber auch in zusätzlichen Gruppen oder einzeln an einem Computer durchgeführt werden. Dabei werden die Aufgaben und Lernschritte mit Kommentaren zu Motivation und Attributionen verbunden, wie etwa: „Du bist diejenige, auf die es ankommt" (Zuschreibung von Fähigkeit), „Wenn Du dich weiter so gut konzentrierst, wirst Du die Aufgabe verstehen" (Anstrengung), „Schade, aber manchmal hat man auch Pech" (Zufall). So werden den Schülern systematische Rückmeldungen zu Erfolgen oder Misserfolgen angeboten, damit sie diese realistisch bewerten, gegebenenfalls umdenken können und ein angemessenes Selbstbild erwerben (Ziegler/Schober 2001).

Bestimmte Attributionsstile können auch eine Rolle bei Aufrechterhaltung von Vorurteilen spielen, wobei allerdings noch ganz andere Aspekte aus der Einstellungsforschung hinzu kommen, die im Folgenden dargestellt werden sollen.

2.3.2 Grundlagen der Vorurteilsforschung: Einstellungen

Vorurteile ähneln normalen alltäglichen Überzeugungen. Dies ist einer der Gründe, warum sie sich so hartnäckig halten können. Vorurteile erschweren häufig zwischenmenschliche Begegnungen und sind doch allgegenwärtig. Als emotional besetzte Denkweisen beeinflussen sie das Handeln und können zu Diskriminierungen führen. Werden sie von größeren Gruppen geteilt, können sich ideologische Strukturen in Form von Fremdenfeindlichkeit, Rassismus oder Sexismus bilden. In der sozialpsychologischen Vorurteilsforschung ist es allerdings umstritten, inwieweit die Entstehung und Aufrechterhaltung von Vorurteilen eher durch situativ-soziale oder durch personale Faktoren zu erklären ist (Akrami u. a. 2009). Welche Annahmen leiten die Forschung?

Eine erste Theorietradition beruht auf persönlichkeitstheoretischen Hypothesen (Hodson u. a. 2009), aber auch auf sozialwissenschaftlichen Studien über den Zusammenhang von vorurteilsbehafteten Denkweisen und gesellschaftlichen Problemkonstellationen. Eine klassische Studie (Adorno u. a. 1950) erklärt die Neigung zu rassistischen, insbesondere antisemitischen Vorurteilen als Ausdruck einer „autoritären" Persönlichkeitsstruktur. Die Akteure seien auf der Basis einer rigiden Erziehung und entsprechend labiler Selbstkonzepte gegenüber Autoritäten unterwürfig und gegenüber Fremdgruppenmitgliedern feindselig eingestellt. Das Vorurteil ergebe sich aus einer unbewussten Verschiebung von ursprünglich gegen die eigenen, versagenden Eltern gerichteten Aggressionen. Ausschlaggebend sei also eine in der frühen Kindheit erworbene Konfliktdynamik, die in sozialen Drucksituationen ausagiert werde, indem die das eigene Selbst bedrohenden Impulse auf andere Personen „projiziert" würden. Im Mittelpunkt dieses aus der Psychoanalyse kommenden Ansatzes steht der Abwehrmechanismus der *Projektion* (Freud 1936, 42). Eine Projektion ist ein psychischer Abwehrmechanismus, mit dem eine Person die eigenen, aber für sie bedrohlichen oder belastenden Wünsche oder Gefühle entkräftet, indem sie diese unbewusst nach außen wendet und anderen Personen unterstellt.

Die individuelle Dynamik solch projektiv gebildeter Vorurteile wird im engen Zusammenhang mit politischen und sozioökonomischen Faktoren gesehen. Repressive gesellschaftliche Verhältnisse würden ideologische Denkweisen fördern, die sich wiederum auch in Form von Vorurteilen manifestierten. Das Maß der individuellen „Vorurteilshaftigkeit" könne dabei durch Befragungen und Skalen bestimmt werden. In modifizierter Form werden solche Überlegungen und Methoden heutzutage unter anderem zur Erklärung von rechtsextremistischen und rassistischen Vorurteilsstrukturen herangezogen (Altemeyer 1998).

Eine zweite Theorietradition betont die soziale Herkunft von Vorurteilen. Aus lerntheoretischer Sicht ergeben sich Vorurteile aus Sozialisationserfahrungen. Die Vorurteile würden im Elternhaus oder im Freundeskreis gelernt und von einer Generation zur nächsten Generation weiter gegeben. Seit der „kognitiven Wende" in der Psychologie der 1970er Jahre werden Vorurteile als eine besondere Form von so genannten „Stereotypen" betrachtet (Six 1987). Dieser Forschungszweig richtet den Blick auf die interpersonelle Wahrnehmung und deren Verarbeitung vor dem Hintergrund einer allgemeinen Theorie der Wahrnehmung und des Denkens. Ausschlaggebend seien nicht der Charakter und die Persönlichkeit, sondern soziale Prozesse, nämlich die Art und Weise, wie Menschen ihre Umwelt bewerten und in Kategorien einteilen und wie sie sich auf dieser Basis bestimmten Gruppen zuordnen oder von Gruppen abgrenzen. Um diesen heute in der sozialpsychologischen Forschung bevorzugten Zugang genauer zu betrachten, sollen zunächst die Begriffe „Einstellung", „Stereotyp", „Vorurteil" und „Diskriminierung" erläutert werden.

Alltägliche Überzeugungen werden in der Sozialpsychologie als *Einstellungen* bezeichnet. Unter einer Einstellung versteht man ein mentales Konstrukt, das ein Werturteil gegenüber einen bestimmten Objekt ausdrückt. Die Einstellungsforschung beschäftigt sich mit Fragen wie: Wie stark sind Einstellungen? Wie werden sie erzeugt? Wie können sie verändert werden?

Einstellungen werden hinsichtlich kognitiver, affektiver und verhaltensbezogener Aspekte differenziert. Nehmen wir zum Beispiel die Aussage eines Altenheimbewohners: „Ich möchte gut mit meinen Nachbarn auskommen." Zum einen kann hier die Gedankenwelt untersucht werden, also das inhaltliche Bild, das eine Person von einem Gegenstand hat, etwa warum, wie und wann jener Bewohner an seine Nachbarn denkt, ob er etwa Wert auf viel Kontakt, Hilfsbereitschaft oder auf gute Kleidung bei den Nachbarn legt. Auf der affektiven Ebene der Einstellungen werden emotionale oder moralische Reaktionen beforscht, hier etwa welche Gefühle beim Anblick der Nachbarn ausgelöst werden und wie diese Reaktionen die Haltung zu ihnen bestimmt. Die Verhaltenskomponente ergibt sich mit der jeweiligen Handlungsbereitschaft gegenüber dem Einstellungsobjekt – es käme darauf an, wie der Altenheimbewohner sich zu seinen Nachbarn tatsächlich verhält. Je nach Person, Situation und Inhalt besitzen diese Ebenen unterschiedliches Gewicht, werden bewusst gesteuert oder eher impulsiv ausgedrückt, sind langfristig wirksam oder treten nur vereinzelt auf. Vorurteile sind sicherlich Abkömmlinge von solchen alltäglichen Überzeugungen, aber sie besitzen besondere Merkmale, die sie von Überzeugungen und Stereotypen einerseits und von diskriminierenden Handlungen andererseits abgrenzen.

2.3.3 Stereotyp, Vorurteil und Diskriminierung

Als *Stereotyp* bezeichnet man in der Sozialpsychologie generalisierende Einstellungen gegenüber einer Gruppe von Personen, durch die allen Mitgliedern der Gruppe gleiche Eigenschaften zugeschrieben werden: „Ärzte tragen einen weißen Kittel" oder „Nachbarn sind neugierig". Solche „Bilder in unseren Köpfen" helfen, die Komplexität der Wirklichkeit zu reduzieren und orientierende Kategorien zu bilden (Petersen/Six 2008). Sie werden vermutlich erlernt und in jeder Kultur gibt es charakteristische Stereotypen, die innerhalb von Millisekunden unbewusst aktiviert werden können.

Beispielsweise wurden in amerikanischen Studien zum sogenannten „Polizisten-Dilemma" verschiedenen Versuchspersonen in sehr kurzen Abständen Bilder von Personen gezeigt, die erstens entweder bewaffnet oder unbewaffnet waren sowie zweitens entweder eine „weiße" oder „schwarze" Hautfarbe aufwiesen. Die Teilnehmer sollten durch das Drücken eines Knopfes einen Schuss auf die bewaffneten Personen simulieren und die unbewaffneten durch das Drücken eines anderen Knopfes verschonen. Bewaffnete mit „schwarzer" Hautfarbe wurden deutlich häufiger und schneller „erschossen" als Bewaffnete mit „weißer" Hautfarbe (Correll u. a. 2002). Das Ausmaß einer solchen Aktivierung von Stereotypen wird unter anderem von Persönlichkeitsfaktoren, etwa dem Geschlecht oder dem Trainingszustand beeinflusst. Da sich Polizisten in den USA häufig in ähnlichen Entscheidungssituationen befinden, wurde dieses Experiment mit ausgebildeten Polizisten wiederholt. Diese reagierten wesentlich angemessener, woraus sich schließen lässt, dass Erfahrung und Ausbildung dazu beitragen können, die Wirkung von aktivierten Stereotypen einzuschränken (Corell u. a. 2007). Stereotypen und die daraus entstehenden Schemata können also wieder revidiert und neu organisiert werden. Deshalb sind Stereotype zwar eine Basis von Vorurteilen, aber noch keine Vorurteile selbst.

Ein Stereotyp wird zum *Vorurteil*, wenn eine Überzeugung über die Mitglieder einer Gruppe mit einer stabilen affektiven Bewertung verbunden ist. Ein Vorurteil ist demnach ein aktiviertes und affektiv akzentuiertes Stereotyp. Die Wendung des Blicks auf Gruppenprozesse entspricht Allports (1954b, 9) klassischer Definition: „Ein ethnisches Vorurteil ist eine Antipathie, die auf fehlerhaften und inflexiblen Generalisierungen beruht." Ein Beispiel wäre die stereotype Aussage „Künstler stehen spät auf". Mit affektiver Akzentuierung könnte sie lauten: „Ich finde, Künstler stehen *zu* spät auf". Vorurteile sind entweder positiv oder negativ akzentuiert, doch üblicherweise spricht man nur bei feindseliger oder abwertender Färbung von einem Vorurteil. Verbreitete Formen von Vorurteilen richten sich auf die Geschlechts- und Rassenzugehörigkeit (Sexismus und Rassismus), das Alter (Ageism), die körperliche Erscheinung oder die Religionszugehörigkeit.

Eine weitere Kategorie der Vorurteilsforschung ist der Begriff des „Stigmas". Unter *Stigmatisierung* wird ein negativer sozialer Zuschreibungsprozess auf körperliche, charakterliche oder ethnische Merkmale verstanden. Der Begründer des Konzepts, der amerikanische Soziologe Erving Goffmann (1963), untersuchte insbesondere die gravierenden Konsequenzen der Stigmatisierung und der folgenden sozialen Exklusion für das Selbstkonzept der Betroffenen. Heutzutage unterstützt beispielsweise die Weltgesundheitsorganisation „Anti-Stigma-Kampagnen", mit denen der Diskriminierung psychisch Kranker entgegengewirkt werden soll.

Wie weit sind Vorurteile in der Bevölkerung verbreitet? Eine von der Europäischen Kommission (2008) in Auftrag gegebene Befragung von 26 746 Teilnehmern in ganz Europa enthielt unter anderem die Frage, wie die Befragten ihr Wohlbefinden einschätzen würden, falls Angehörige einer Minderheit in ihre Nachbarschaft zögen. Die Antworten auf einer Skala von eins („sehr unwohl") bis zehn („vollkommen wohl") zeigen eine Rangfolge der Vorurteilshaftigkeit gegenüber bestimmten Minderheiten (Abb. 2.6). Dabei hängt die Häufigkeit und Stärke von Vorurteilen von gesellschaftshistorischen Bedingungen ab. So haben sich beispielsweise zur Homosexualität sowohl die rechtlichen und medizinischen Bewertungen als auch die Einstellungen in der Bevölkerung in den letzten 50 Jahren erheblich zum Positiven verändert, während Muslime vergleichsweise feindseliger bewertet werden.

Ein Vorurteil wird zu einer *Diskriminierung*, wenn damit ein bestimmter Handlungsvorsatz oder ein Handlungsimpuls verbunden ist. Wird aus dem Stereotyp „Künstler stehen spät auf" der Schluss gezogen, den Künstlern stehe auch kein Arbeitslosengeld zu, handelt es sich um eine Diskriminierung. Aus soziologischem Blickwinkel liegt eine Diskriminierung vor, wenn Angehörige einer gesellschaftlichen Minderheit benachteiligt werden und geringere Chancen zur

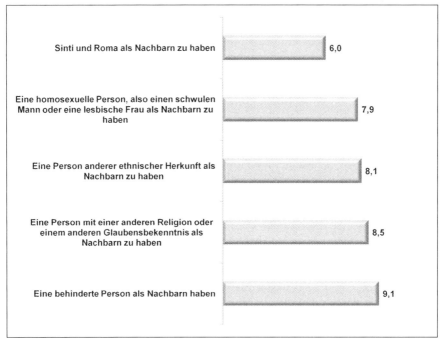

Sinti und Roma als Nachbarn zu haben	6,0
Eine homosexuelle Person, also einen schwulen Mann oder eine lesbische Frau als Nachbarn zu haben	7,9
Eine Person anderer ethnischer Herkunft als Nachbarn zu haben	8,1
Eine Person mit einer anderen Religion oder einem anderen Glaubensbekenntnis als Nachbarn zu haben	8,5
Eine behinderte Person als Nachbarn haben	9,1

Abb. 2.6: Verbreitung von Vorurteilen in der EU (2008): Durchschnittswerte zur Einschätzung des Wohlbefindens auf einer Skala von 1 („sehr unwohl") bis 10 („vollkommen wohl")

Teilhabe an der Gesellschaft haben. In der genannten, von der Europäischen Kommission (2008) herausgegebenen Befragung gaben 15 % der Befragten an, in den letzten 12 Monaten diskriminiert worden zu sein, wobei Benachteiligungen aufgrund Alter und Geschlecht am häufigsten genannt wurden.

Wenn man Vorurteile als eine Form von akzentuierten Stereotypen versteht, ist noch keineswegs deutlich, unter welchen Bedingungen sie entstehen und wie sie aufrechterhalten werden. Dafür werden in der heutigen Sozialpsychologie insbesondere zwei Phänomene verantwortlich gemacht, nämlich zum einen die Neigung der Menschen, ihre soziale Umwelt in Gruppen zu kategorisieren, und zum anderen die Tendenz von Gruppen, untereinander in Wettbewerb zu treten. Aus Sicht der *Theorie der Sozialen Identität* (Tajfel/Turner 1986) wird die Wahrnehmung der sozialen Umwelt prinzipiell durch die Bildung von Kategorien strukturiert. Die *sozialen Kategorien* („Männer und Frauen", „Arbeiter und Unternehmer", „Alte und Junge") würden merkmalsorientiert gebildet und stellten ein Gerüst zur Identifizierung der eigenen Position dar. Ein treibendes Motiv der sozialen Kategorisierung sei also neben der Orientierungsfunktion auch die Suche nach einem stabilen positiven Selbstkonzept. Die Zugehörigkeit zu Gruppen bilde einen wesentlichen Teil der Identität. Um die Bewertung der Gruppenzugehörigkeit in das Selbstkonzept einzubinden, werde die eigene Gruppe (*Ingroup*) mit fremden Gruppen (*Outgroup*) verglichen. Der Vergleich der eigenen Gruppe mit fremden Gruppen stärke entweder das eigene Selbstkonzept oder führe zur Distanzierung von der eigenen Gruppe. Durch die Wettbewerbssituation und die individuellen Entscheidungen würden letztlich auch soziale Unterschiede erzeugt. Im Rahmen dieser Abgrenzungs- und Verarbeitungsprozesse erhöhe sich allerdings ebenso die Gefahr der Stereotypisierung. Die Prozesse, die dabei eine Rolle spielen können, sollen jetzt am Beispiel eines Sozialarbeiters illustriert werden, der sich mit einem Fußballfan-Projekt beschäftigt.

2.3.4 Strukturen und Abbau von Vorurteilen

Stellen Sie sich vor, Sie werden von einem großen Fußballverein als Sozialarbeiter in einem Fanprojekt angestellt. Sie sollen die sportliche Verbundenheit der Vereinsmitglieder fördern, Konflikte zwischen konkurrierenden Fanclubs vermitteln und insbesondere die mögliche Gewaltbereitschaft einiger Fangruppierungen abbauen. Sie erfahren, dass eines der nächsten Spiele des Vereins aufgrund der traditionellen Rivalität gegenüber dem gegnerischen Verein heikel werden könnte. Mit welchen Stereotypen und Vorurteilsstrukturen haben Sie zu rechnen?

1. Eigengruppenaufwertung: Die eigene Gruppe wird gegenüber fremden Gruppen bevorzugt: „Wir sind besser als die." Die Fans tendieren möglicherweise grundsätzlich dazu, nicht nur die sportliche Leistung ihres Vereins mit der der gegnerischen Mannschaft zu vergleichen, sondern auch die eigene und die gegnerische Fankultur.

2. Fremdgruppenhomogenität: Die Mitglieder von fremden Gruppen werden für homogener als die eigene Gruppe gehalten: „Die sind ja alle gleich, aber wir sind jeweils verschieden." Im Vergleich der eigenen Gruppe mit der fremden Gruppe verschwimmen die Differenzen, die es in der anderen Gruppe gibt. Die Fans der anderen Mannschaft werden als geschlossener und einheitlicher Block empfunden, während die eigene Fankultur als vielschichtiger und reichhaltiger wahrgenommen wird.

3. Fremdgruppenabwertung: Die Mitglieder der fremden Gruppe werden abgewertet und erhalten weniger Wertschätzung: „Die Anderen sind schlechter und verdienen das auch." Abwertungsmotive sind zentrale Aspekte von Vorurteilen. Einige Fans werden also möglicherweise nicht nur die gegnerische Mannschaft abwerten, sondern auch deren Anhänger, indem sie konkrete Merkmale suchen, die eine Abwertung rechtfertigen („deren Dialekt", „die Farbe ihrer Schals").

4. Illusorische Korrelationen: Vorurteile halten sich unter anderem so hartnäckig, weil bestimmte Zusammenhänge gesehen werden, die nicht der Realität entsprechen. So könnte z. B. ein Fan eines bestimmten Fußballvereins im Straßenverkehr zufällig einem Auto begegnen, das – allein dem Kennzeichen nach zu urteilen – aus der Stadt des rivalisierenden Fußballvereins kommt. Würde dieser Fan nun spekulieren „Auch dieser Autofahrer ist Anhänger des rivalisierenden Fußballvereins", könnte dies wiederum sein Verhalten im Straßenverkehr beeinflussen. Und hat der genannte Fan einen Autofahrer, der anscheinend aus der Stadt des anderen Clubs kommt, dann erst einmal bei einem Verkehrsverstoß beobachtet, könnte er möglicherweise nach dem Motto „So einer schon wieder!" alle Autofahrer aus jener Stadt generalisierend noch skeptischer beobachten. Informationen, die im Widerspruch zur eigenen Überzeugung stehen, werden dagegen tendenziell weniger zur Kenntnis genommen.

5. Sich selbst erfüllende Prophezeiungen: Erwartungen gegenüber den Mitgliedern einer als fremd wahrgenommen Gruppe beeinflussen das eigene Verhalten. Es entsteht ein Teufelskreis nach dem Muster: „Man erhält, was man erwartet." Dieses Phänomen wird „sich selbst erfüllende Prophezeiung" genannt. Der Sozialarbeiter im Fanprojekt sollte sich seiner eigenen Überzeugungen bewusst sein, um nicht in einen solchen Zirkel zu geraten. „Sich selbst erfüllende Prophezeiungen" wurden insbesondere im schulischen Kontext erforscht. In verschiedenen Studien konnte ein zwar relativ geringer, aber konsistenter Zusammenhang zwischen den Erwartungen von Lehrern an den Erfolg oder Misserfolg ihrer Schüler und deren folgender Leistung nachgewiesen werden (Jussim/Harber 2005). Nimmt ein Lehrer an, er habe einen begabten Schüler vor sich, kann er diesen Schüler auch tatsächlich motivieren. Umgekehrt kann allein die Erwartung, bestimmte Schüler seien mangelhaft begabt, bei diesen Schülern ein niedrigeres Leistungsniveau erzeugen. In diesem Fall würde der Lehrer die Schüler entweder weniger fördern oder die Schüler würden die negative Zuschreibung des Lehrers bemerken und sich weniger anstrengen, weil sie annehmen, sie wären zu besseren Leistungen gar nicht in der Lage. Allerdings geben Lehrer auch durchaus richtige Prognosen ab, wenn sie das Niveau ihrer Schüler korrekt einschätzen. Handelt es sich jedoch um Vorurteile, können diese für die betroffenen Personen sehr bedrohlich sein. Aus Sorge, ein Stereotyp zu erfüllen, aus Scham und Angst zu versagen oder nicht die „richtige" Einstellung zu haben und den Erwartungen nicht zu entsprechen, können Unsicherheit, Rückzug und Leistungseinbußen entstehen.

6. Attributionale Verzerrungen: Mitunter halten sich Vorurteile, weil sie aufgrund bestimmter Kausalzuschreibungen als berechtigt angesehen werden. Werden etwa gegnerische Fans global in ihrer persönlichen Integrität in Frage gestellt („aggressiv", „unberechenbar") handelt es sich um einen Attributionsfehler. Die Neigung, internale Attributionen über eine ganze Gruppe von Menschen zu bilden, wird *ultimativer Attributionsfehler* genannt (Pettigrew 1979). Verhalten sich die eigenen Gruppenmitglieder so, wie man es sich erhofft, wird dies häufig stabilen, internalen Ursachen zugeschrieben (z. B. einem „guten Charakter"). Umgekehrt wird positives Verhalten von Fremdgruppenmitgliedern eher vor dem Hintergrund von externalen und instabilen Ursachen gesehen (z. B. mit der Aussage „Das sind Ausnahmen!"). Auf einem Attributionsfehler basiert auch die Neigung, Opfern die Schuld für ihr Unglück in die Schuhe zu schieben. Ein typisches Beispiel sind die Aussagen von Tätern bei sexualisierter Gewalt, ihr Opfer habe die Anwendung von Gewalt selbst provoziert.

Wenn versucht wird, Vorurteile durch Maßregelungen zu verhindern oder sie einfach zu verbieten, besteht die Gefahr, sie dadurch eher zu aktivieren und zu verstärken. Erfolgreicher ist es, an die Wurzel zu gehen und die sozialen Kategorisierungsprozesse, auf denen die Vorurteile basieren, emotional und kognitiv zu differenzieren. Am Beispiel des Fanprojektes könnte der Sozialarbeiter sich über die verschiedenen Fankulturen informieren und deren Erscheinungen als „symbolisches Kapital" verstehen, das die Fans einsetzen, um sich ihrer Identität und sozialen Bindungen zu vergewissern (Hopf 1998, Geisler/Gerster 2009). Um die

Abgrenzungsdynamik einzuschränken, sollten dann im Sinne der so genannten „Kontakthypothese" Gemeinsamkeiten zwischen den rivalisierenden Gruppen gefunden und betont werden. Dieses Konzept basiert auf der Annahme, dass Vorurteile durch gemeinsame Erfahrungen der Mitglieder von gegnerischen Gruppen abgebaut werden können (Pettigrew 1998). Hierbei kommt es nicht nur auf die Vermittlung von Informationen an, sondern ebenso auch auf die Differenzierung der emotionalen Aspekte.

Im Rahmen eines Fanprojekts sollten sich die Beteiligten kennen lernen und Erfahrungen machen, die sie emotional überzeugen, dass ihre Vorurteile tatsächlich Vorurteile sind. Der Sozialarbeiter könnte versuchen, einflussreiche Mitglieder der jeweiligen Fanclubs an einen Tisch zu bringen. Hilfreich wären Unterstützungsmaßnahmen durch Institutionen und Vorbilder, etwa durch die Sportler selbst, die Orientierung am gemeinsamen übergeordneten Zielen, beispielsweise der Verpflichtung von Ordnern aus beiden Lagern, sowie das Reden auf gleicher Augenhöhe, etwa durch ein Treffen der Vorstandsmitglieder der beteiligten Fanclubs. Die Kontakte sollten gut geplant und achtsam begleitet werden, möglichst Umfeldmediatoren einbeziehen, die Möglichkeit bieten, Freundschaften zu knüpfen oder Erfolge zu erleben, und wiederholt werden, um die Interessen der beteiligten Gruppen langfristig aufzugreifen.

📖 Literaturempfehlungen

Meyer, W.U./Försterling, F. (1993): Die Attributionstheorie. In: Frey, D./Irle, M. (Hrsg.): Theorien der Sozialpsychologie. Bd. I. Kognitive Theorien. Bern: Huber, S. 175–214.
Petersen, L.-E./Six, B. (Hrsg.) (2008): Stereotype, Vorurteile und soziale Diskriminierung, Theorien, Befunde und Interventionen. Weinheim: Beltz PVU.

2.4 Die Person in der Gruppe

Bislang sind vor allem die sozialen Einflüsse und Verarbeitungsprozesse bei einzelnen Personen thematisiert worden. Ebenso lassen sich die Beziehungen zwischen zwei oder mehreren Personen und die Besonderheiten von ganzen Kollektiven in den Fokus nehmen. Für die Soziale Arbeit sind Kenntnisse aus der sozialpsychologischen Kleingruppenforschung und Gruppendynamik eminent wichtig. Sozialarbeiter und Sozialarbeiterinnen richten ja ihren Blick prinzipiell auf die sozialen Netzwerke ihrer Klienten und auf die Gruppen, denen diese Klienten angehören und über die sie sich definieren. Ein Beispiel dafür ist die Arbeit mit Migranten, bei denen möglicherweise hierzulande unbekannte, etwa religiös oder familiär begründete, Gruppenkonstellationen auftreten. So sind beim Einsatz aller gruppenbezogenen Methoden der Sozialen Arbeit profunde Kenntnisse über den „Gegenstand" und die Folgen der Interventionen erforderlich.

2.4.1 Gruppenprozesse

Sei es in der Familie, in der Schule, in der Jugendclique oder am Arbeitsplatz, Menschen schließen sich Gruppen an, sie bilden Gruppen, besitzen einen Status innerhalb von Gruppen und fühlen sich Gruppen zugehörig. Im folgenden Abschnitt soll geklärt werden, welche Art von Zusammenschlüssen als „Gruppen" anzusehen sind, welche Merkmale und innere Dynamik sie besitzen und wie die Leistungen in unterschiedlich strukturierten Gruppen variieren.

In der Sozialpsychologie wird sowohl das Handeln von Einzelnen in der Gruppe als auch das Verhalten von Gesamtgruppen betrachtet. Generell kann man Gruppen als eine Form von sozialen Systemen verstehen. Der Begriff des sozialen Systems ist ein Grundbegriff aus der Soziologie. Der deutsche Systemtheoretiker Niklas Luhmann (1975, 9) hat behauptet: „Sobald überhaupt Kommunikation unter Menschen stattfindet, entstehen soziale Systeme, denn mit jeder Kommunikation beginnt eine Geschichte." Die menschliche Kommunikation sei also die primäre, systemstiftende Interaktionsform. Aus systemtheoretischem Blickwinkel werden vier verschiedene Formen von sozialen Systemen unterschieden:

- *Interaktion:* Eine erste Form von sozialen Systemen entsteht mit der Interaktion von Menschen, die mehr oder weniger zufällig aufeinander treffen, etwa vor einer Kinokasse oder im Bus.
- *Gruppen:* In Gruppen nehmen sich zwei oder mehrere Personen gegenseitig bewusst wahr, tauschen sich aus und besitzen gemeinsame Ziele oder Interessen; etwa die Mitglieder einer Musikband oder eines Fortbildungsseminars.
- *Organisationen:* In Organisationen, wie etwa einer Hochschule, gibt es in Abgrenzung zu bloßen Gruppen klar definierte Regeln für den Ein- und Austritt.
- *Gesellschaften:* Auf der obersten Ebene der sozialen Systeme stehen Gesellschaften und Kulturen, wobei heutzutage von einer globalisierten „Weltgesellschaft" gesprochen werden kann.

Welche besonderen Merkmale zeichnen Gruppen aus? Als eine *Gruppe* bezeichnet man den Zusammenschluss von zwei oder mehreren Personen mit dauerhaften und persönlichen Beziehungen, mit gemeinsam geteilten Zielen und Normen, mit verschieden Rollen, aber auch mit deutlichen individuellen Spielräumen, durch die die einzelnen Gruppenmitglieder ihre Position gestalten können. Die sozialpsychologische Kleingruppenforschung basiert üblicherweise auf Gruppen mit bis zu zwanzig Mitgliedern. Bei darüber hinaus gehenden Zusammenschlüssen spricht man auch von einer „Menge" oder einer „Masse".

Warum schließen wir uns überhaupt Gruppen an? Zum einen werden wir in bestimmte soziale Gruppen „hineingeboren", zum anderen ziehen wir häufig einen persönlichen Gewinn aus der Mitgliedschaft in einer Gruppe. Die grundsätzlichen Bedürfnisse nach zwischenmenschlichem Kontakt, nach Bindung und Kooperation sind vermutlich angeboren (vgl. auch Kap. 1.5). Lebensgeschichtlich definieren wir uns häufig über die Zugehörigkeit zu einer Gruppe. Die Gruppenmitgliedschaft wird Teil der eigenen Identität. So lässt sich festhalten: Wir schließen uns Gruppen an, um

- nicht alleine zu sein (Inklusion),
- um Zugehörigkeit und Bindung zu erfahren (Solidarität),
- um Informationen und Hilfe zu erhalten (Orientierung),
- um sicher zu sein und Ängste abzubauen (Entspannung),

- um Ziele und Interessen zu verwirklichen (Nutzen),
- um Einfluss auszuüben (Macht) und auch
- um den Erwartungen anderer Menschen zu entsprechen (Konformität).

Nehmen wir eine studentische Lerngruppe als Beispiel, um typische *Gruppenstrukturen* zu differenzieren. Stellen Sie sich vor, sechs Studierende vereinbaren in einem Seminar, den Lernstoff gemeinsam aufzuarbeiten.

- Erstens werden die Teilnehmer sich darüber verständigen, welche Regeln und Erwartungen bezüglich aller Mitglieder dieser Lerngruppe bestehen, d.h. sie bilden *Normen*. Beispielsweise möchten sie sich wöchentlich abends für drei bis vier Stunden treffen.
- Zweitens entstehen *Rollen*, also gemeinsame Regeln und Erwartungen bezüglich einzelner Mitglieder, etwa wenn ein Mitglied den E-Mail-Verteiler betreut.
- Drittens bilden sich *Netzwerke* aus, d.h. Quantitäten und Qualitäten der Kommunikation und der Beziehungen in der Gruppe, etwa durch neue Freundschaften.
- Viertens zeigt sich mit der Zeit der Grad des inneren Zusammenhalts der Gruppe, also welche *Kohäsion* sie aufweist, ob etwa die Arbeitsgruppe nach wenigen Treffen wieder auseinander geht oder vielleicht das ganze Studium über zusammen arbeitet.

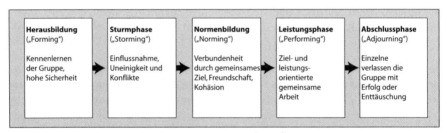

Abb. 2.7: Gruppenphasen nach Tuckman/Jensen (1977)

Neben den genannten Strukturmerkmalen gibt es die *Gruppendynamik*. Mit diesem Ausdruck werden unter anderem typische Veränderungsprozesse von Gruppen bezeichnet, und zwar sowohl aus der Perspektive der einzelnen Mitglieder als auch für die Gesamtgruppe (Abb. 2.7). Aus der Perspektive der Gesamtgruppe gilt Folgendes: Nach der *Herausbildung* der Gruppe, in der die Mitglieder sich gegenseitig kennen lernen, kommt es zu einer Phase des *Stürmens*, in der sich die Teilnehmer ihrer Solidarität, aber auch ihrer Unterschiedlichkeit versichern, bis schließlich in der Phase der *Normenbildung* gemeinsame Regeln mit hoher Gruppenkohäsion gebildet werden. Die Gruppe arbeitet danach in der Phase der *Leistung* gemeinsam an ihren Zielen, bis einzelne Gruppenmitglieder in der Phase des *Abschließens* den Kreis verlassen (Tuckman/Jensen 1977).

Aus der Perspektive einzelner Gruppenmitglieder haben Levine und Moreland (2002) die Phasen der „individuellen Gruppenkarriere" unterschieden. Ein Beispiel: Zu den Studierenden, die sich für den Aufbau einer Arbeitsgruppe interessieren, gehört auch Patrick. Er spricht in einer Phase der *Erkundung* andere Studierende in der Mensa oder den Seminaren an. Nachdem sechs Teilnehmer mitmachen und der erste Termin, also der Eintritt in die Gruppe, gut verlaufen ist, befindet Patrick sich im Stadium der *Sozialisation*. Mehr oder weniger bewusst werden nun für die Gruppe wichtige Normen und Rollen ausgehandelt. Patrick beurteilt das Lernniveau und schaut, ob es auch locker genug zugeht. Da die anderen das Gleiche tun, konsolidiert sich die Gruppe in einer Phase der *Erhaltung*. Nach erfolgreicher Arbeit im Laufe des Semesters schlagen drei Mitglieder vor, auch im nächsten Semester wieder zusammen zu arbeiten. Doch Patrick ist sich unsicher, ob er genügend Zeit hat. Angesichts seines Interessenkonflikts befindet er sich in der so genannten Phase der *Resozialisierung*, das heißt, er überdenkt seine soziale Situation und formiert diese neu. Tatsächlich beschließt er, nicht ohne Bedauern, aus der Arbeitsgruppe wieder auszutreten. Im Nachhinein kann Patrick im Stadium der *Erinnerung* Rückschau halten und sich über die gelungene Zusammenarbeit freuen. Charakteristisch für solche Gruppenkarrieren sind bestimmte Rollenübergänge (Eintritt, Akzeptanz, Divergenz, Austritt), bei deren Bewältigung die Betroffenen unter Umständen professionell unterstützt werden können.

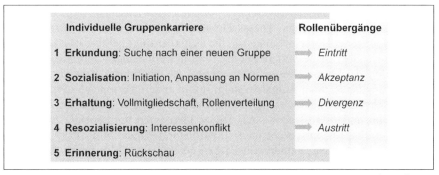

Abb. 2.8: Stufen der individuellen Gruppenkarriere nach Levine/Moreland (2002)

Für die professionelle Gruppenarbeit sind diese Phasenmodelle hilfreich, um soziale Diagnosen zu stellen und die professionellen Interventionen zu steuern. Einzelne Mitglieder der betreuten Gruppe können hinsichtlich ihrer „Gruppenfähigkeit" beurteilt werden (inwiefern bei ihnen z. B. die genannten Phasen erkennbar sind) oder es können ihre gruppenbezogenen Schwierigkeiten gezielt angesprochen und Ressourcen trainiert werden. Dabei kann es wichtig sein, den Klienten überhaupt die Funktion von Gruppen für die eigene Persönlichkeitsbildung nahe zu bringen.

Denn Gruppen besitzen eine kultur- und identitätsbildende Funktion. Widerlegt ist die These, dass Individuen in Gruppen irrationaler und impulsiver reagieren, weil reguläre Normen und Grenzen des Verhaltens gelockert würden („Deindividuation"). Vielmehr können die Einzelnen in Gruppen an Kompetenz gewinnen, wenn sie eine durch die gemeinsamen Gruppennormen geteilte *soziale Identität* bilden. Während der Begriff der persönlichen Identität die individuellen Besonderheiten betont, bezieht sich der Begriff der sozialen Identität auf die Zugehörigkeit zu einer persönlich bedeutsamen Gruppe. Die von Tajfel und Turner (1986) ausgearbeitete Theorie der sozialen Identität geht insofern von einem grundlegenden Bedürfnis des Menschen nach einem befriedigenden Selbstkonzept aus (vgl. Kap. 1.5). Die Mitgliedschaft in Gruppen sei ein zentraler Teil des Selbstkonzeptes. Die Gruppe, der man sich zugehörig fühle (Ingroup), werde gegenüber fremden, aber bedeutsamen anderen Gruppen abgegrenzt (Outgroups) und damit einem Vergleichsprozess unterworfen. Der Vergleich stärke dann entweder das eigene Selbstgefühl oder veranlasse zum Gruppenwechsel. Der identitätsstiftende Druck des sozialen Vergleichs sei der Motor zur Bildung von sozialen Unterschieden in Gesellschaften.

2.4.2 Soziale Erleichterung und Hemmung

Wie verändert sich nun das Verhalten von einzelnen Personen in einer Gruppe? Eines der ersten Experimente in der Sozialpsychologie veröffentlichte der Amerikaner Norman Triplett im Jahr 1898. Er maß die Geschwindigkeit von Radrennfahrern oder das Tempo, mit dem Versuchspersonen Angelschnüre aufwickelten. Stets war die Geschwindigkeit, mit der die Aufgaben bewältigt wurden, schneller, wenn die Personen in Gruppen arbeiteten, als wenn sie alleine waren. Triplett meinte, die bloße Anwesenheit von anderen Menschen reiche allein aus, um den Effekt zu erzeugen. Dieses Phänomen wird *soziale Erleichterung* genannt. In weiteren Untersuchungen stellte sich allerdings heraus, dass der Effekt nicht immer, aber insbesondere bei leicht zu bewerkstelligen Aufgaben eintrat. Als soziale Erleichterung bezeichnet man also das Phänomen, dass die individuelle Leistung bei leichten Aufgaben steigt, wenn andere Personen anwesend sind.

Umgekehrt zeigte sich, dass die individuelle Leistung bei schweren Aufgaben sinkt, wenn andere anwesend sind. Dieses Phänomen wird *soziale Hemmung* genannt. In einem entsprechenden Experiment (Huguet u. a. 1999) wurden den Versuchspersonen Namen von Farben gezeigt, jedoch in unterschiedlicher Schriftfarbe. Entweder glich die Schriftfarbe dem Farbnamen, z. B. wenn der Farbname „Grün" auch in grüner Schrift gezeigt wurde, oder die Schriftfarbe variierte, z. B. wenn der Farbname „Rot" in blauer Farbe gezeigt wurde. Bei diesem so genannten „Stroop-Farb-Test" kommt es bei der Nennung der Farbnamen in farbungleicher Schrift aufgrund kognitiver Interferenzen zu messbaren Verzögerungen der Antworten. Der Test wurde den Versuchspersonen einzeln oder in Gruppen vorgelegt. In der Gruppensituation wurden die in gleicher Farbe geschriebenen Wörter schneller genannt (soziale Erleichterung) und die in anderen Farben geschriebenen langsamer (soziale Hemmung) als in Einzelversuchen. Wie sind die Ergebnisse zu erklären?

Mitte der 1960er Jahre hatte Zajonc (1965) versucht, ähnliche Effekte zu systematisieren. Er behauptete, die individuelle Leistung werde in Gruppen gefördert, wenn einfache, nicht zu komplexe Aufgaben anstünden, die mit gewohnten, etwa angeborenen oder gut gelernten und gefestigten Verhaltensweisen bewältigt werden könnten. Umgekehrt werde die individuelle Leistung beeinträchtigt, wenn schwierige oder komplexe Aufgaben zu bewältigen seien, die neue, ungewohnte, noch nicht verfestigte Verhaltensweisen erforderten.

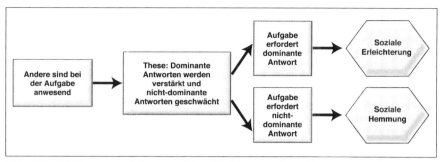

Abb. 2.9: Erklärungsmodell der sozialen Erleichterung bzw. Hemmung nach Zajonc (1965)

Zur Erklärung ging Zajonc davon aus, dass die Anwesenheit anderer Personen die jeweilige individuelle psychophysische Erregung steigere. Zudem nahm er an, eine höhere Erregung würde gewohnte, so genannte „dominante" Reaktionen fördern und ungewohnte, so genannte „nicht-dominante" Reaktionen hemmen. Deshalb könnten leichte Aufgaben bei Anwesenheit anderer mit „dominanten" Reaktionen schneller gelöst werden. Hingegen erfordern schwere Aufgaben „nicht-dominante" Antworten und würden durch die Anwesenheit anderer Personen gehemmt.

In der weiteren Forschung wurde allerdings bezweifelt, ob die Anwesenheit anderer generell eine Erregungssteigerung mit sich bringt und ob jene Erregungssteigerung eine notwendige Bedingung für den beobachteten Effekt ist. So werden heutzutage auch Einflüsse durch emotional-kognitive Bewertungsprozesse oder durch das jeweilige Selbstkonzept in Betracht gezogen. Denn Leistungen verändern sich, wenn man Angst vor Bewertungen hat oder sich gut präsentieren möchte. Unter dem Strich sind die Phänomene der sozialen Erleichterung und der sozialen Hemmung vermutlich nicht durch eine einzige allgemeingültige Theorie zu erklären. Die Effekte hängen unter anderem vom Aufgabentyp ab, vom Verhältnis zu anderen Mitwirkenden oder von der jeweiligen Bedeutsamkeit („Salienz") der jeweiligen Aufgabe für die Einzelnen.

Kommen wir zu einem weiteren Effekt bei der individuellen Leistung in Gruppen. Der französische Agraringenieur Maximilian Ringelmann (1913) untersuchte in einem frühen sozialpsychologischen Experiment, wie effizient Menschen, Nutztiere und Maschinen arbeiten. In Modellversuchen zeigte sich beim Tauziehen, dass die Leistung von Personen in Gruppen kleiner ist als die Summe der Leistung, die jede Person für sich alleine erbringen könnte. Gerade beim Tauziehen müssen ja die Kräfte aller beteiligten Personen genau koordiniert werden, um optimal zu wirken. Koordinationsverluste verringern die Leistung. Dieser so genannte „Ringelmann-Effekt" ist ein Spezialfall der sozialen Hemmung bei unterschiedlichen Gruppengrößen.

Vereinfacht gesagt, nimmt die individuell zu erwartende Leistung mit zunehmender Gruppengröße ab. In der weiteren Forschung erwies sich aber auch, dass nicht nur Koordinationsverluste zu berücksichtigen sind, sondern ebenso Motivationsverluste, d. h. die Einzelnen sparen Kraft, sie handeln wie „Trittbrettfahrer". Gruppenmitglieder halten also ihre Leistung zurück, wenn die Gruppe zu groß ist, falls die individuelle Leistung nicht bewertet werden kann, wenn kein klares Maß für die Bewertung der Gruppenleistung ersichtlich ist oder die Aufgabe bzw. der eigene Beitrag als unwichtig angesehen wird. Die verschiedenen Phänomene werden unter dem Begriff der *sozialen Faulheit* zusammen gefasst. Als Richtschnur gilt die folgende Formel der *Gruppenproduktivität*: Die Gruppenproduktivität ist gleich der potentiellen Produktivität abzüglich der Motivationsverluste und abzüglich der Koordinationsverluste (Stroebe/Frey 1982).

2.4.3 Teamarbeit

Soziale Arbeit funktioniert im Team und in einer Hilfekette. Im Team erfahren Sozialarbeiter und Sozialarbeiterinnen Gruppenprozesse am eigenen Leib. Neben organisationspsychologischem Wissen sind sozialpsychologische Kenntnisse von Vorteil. Dies wird besonders anhand von Studien über Entscheidungsprozesse in Gruppen deutlich. Dieser Forschungszweig beschäftigt sich mit den Bedingungen, unter denen Gruppen im Hinblick auf ihre Ziele gut oder schlecht funktionieren.

Stellen Sie sich etwa ein Team von Sozialarbeitern in einem Krankenhaus vor, das über die Aufgabenverteilung diskutiert. Die leitende Sozialarbeiterin hat bereits vorher in der Runde der Chefärzte Vorschläge zur Neuverteilung der Aufgaben für die Soziale Arbeit diskutiert, die sie aber vorerst dem Team nicht mitteilt. Doch wenn solche Informationen zurückgehalten werden, wird in der gemeinsamen Diskussion im Team nicht mehr herauszufinden sein, als bereits vorher alle wussten. Allerdings sind Teamentscheidungen nicht immer besser als Einzelentscheidungen. So ist etwa im Licht der sozialpsychologischen Forschung zur Konformität zu überlegen, inwieweit auch in Gruppen von Professionellen Konformitätsdruck ausgeübt wird, wenn schwierige Entscheidungen zu fällen sind, etwa bei Hilfeplankonferenzen und Fallbesprechungen.

Ein weiteres Beispiel betrifft das seit 1950er Jahren sehr populäre *Brainstorming*. Dabei handelt es sich um eine Methode des freien Assoziierens von Ideen angesichts bestimmter Fragestellungen mit folgenden Regeln:

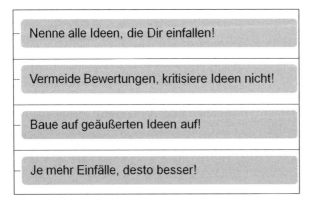

Abb. 2.10: Traditionelle Regeln für ein „Brainstorming"

Die Regeln basieren auf der Annahme, das freie Assoziieren in der Gruppe bringe produktivere, originellere und optimalere Ergebnisse hervor als die Einzelarbeit. Diese Annahme wird inzwischen bezweifelt. Denn die Zeit, die beim Warten der Einzelnen auf das Gesamtergebnis verstreicht, dürfte ein wichtiger produktivitätsmindernder Faktor sein (Stroebe/Nijstad 2004). Wenn Brainstorming im Team gewollt wird, dann sollten Zweipersonengruppen gebildet werden.

Bei einer optimalen Größe von acht bis zehn Personen profitieren Arbeitsgruppen vor allem von klaren, verständlichen und herausfordernden Aufgaben, für die sich die Mitglieder interessieren und verantwortlich sind, sowie von individuellen Arbeitsphasen und Vorbereitungen, von genügend Zeit für den Gruppenprozess, aber auch von einer sinnvollen Wettbewerbssituation mit anderen Gruppen. In der Teamarbeit kommt es immer darauf an, die Bedürfnisse, Ressourcen und Möglichkeiten der Einzelnen im Auge zu behalten.

Teamentscheidungen können auch problematisch sein, wenn die Mitglieder sich gegen Kritik immunisieren oder zu riskanten Entscheidungen tendieren. Mangelnde Pluralität in Gruppen kann zu einem so genannten *Gruppendenken* (engl. „groupthink") führen. Falls die Gruppenkohäsion sehr hoch ist, wenn Gruppen isoliert von der Umwelt agieren oder in Krisensituationen Entscheidungen fällen müssen, kann der normative Konformitätsdruck steigen, Alternativen werden unterdrückt und stereotype Denkweisen bevorzugt. Kritik wird tabuisiert und es werden allzu naheliegende Optionen ergriffen. Um dem „Gruppendenken" und damit der Bildung von gruppeneigenen Ideologien vorzubeugen, ist es ratsam, Entscheidungen nicht zu schnell zu treffen, Meinungsvielfalt zu zulassen, eine offene Auseinandersetzung und Diskussion zu fördern, Untergruppen zu bilden, alle Gegenargumente zu prüfen und nicht zu früh einen Konsens anzustreben. Die einzelnen Teammitglieder sollten sich Zeit nehmen, Kritik einfordern, sich in die anderen einfühlen können und eigene Schwächen zulassen sowie ihrer Selbstverantwortung gewiss sein.

Genügend Pluralität in Teams verringert zudem die Tendenz zur *Gruppenpolarisation*. Darunter versteht man die Neigung, in Gruppen eine riskantere Entscheidung zu fällen, als jede einzelne Person sie für sich treffen würde. Umgekehrt kommen manche Gruppen zu entsprechend vorsichtigeren oder abwartenden Entscheidungen. Solche Polarisierungen können entstehen, wenn Einzelne, etwa Teamleiter, Informationen zurückhalten oder wenn niemand die Verantwortung für die Konsequenzen von Entscheidungen übernimmt, aber auch wenn Gruppenmitglieder ihre Position zuspitzen oder abschwächen. Auf diese Weise können extremere Entscheidungen gefördert werden, als es der ursprünglichen Meinungsvielfalt in der Gesamtgruppe entspricht.

Auch im folgenden Abschnitt geht es um die Interaktion von Einzelnen mit anderen Personen, jedoch nicht unbedingt im Kontext von Gruppen im engeren Sinne. Das Gebiet des „prosozialen Handelns" umfasst Modelle zu den Hintergründen und Formen des zwischenmenschlichen Helfens und zur Bedeutung der zwischenmenschlichen Empathie.

2.5 Prosoziales Verhalten

Thiersch (1994, 136) hat die Soziale Arbeit in ihrer gesamten Breite als „Hilfe zur Lebensbewältigung" definiert. Das Helfen ist ein zentrales Motiv des professionellen Selbstverständnisses. Selbstloses Helfen und gegenseitige Hilfe sind wichtige Werte in unserem Kulturkreis. In der Sozialpsychologie wird grundlegend gefragt: „Warum und unter welchen Bedingungen helfen Menschen einander wann und wie?" Das vielfältige Spektrum des Hilfehandelns wird im Forschungsgebiet des „prosozialen Verhaltens" untersucht und in drei Ebenen aufgeteilt.

1. *Helfen und Unterstützung für andere Menschen:* Der umfassende und vielfältige Bereich der Alltagskultur des Helfens schließt auch die rollengebundene Hilfsbereitschaft als Kennzeichen aller arbeitsteiligen Kulturen mit ein, etwa angesichts der Tradition des medizinischen Heilwissens.
2. *Prosoziales Verhalten:* Der Begriff des prosozialen Verhaltens im engeren Sinn umfasst zum einen den wissenschaftlich beobachtbaren Ausschnitt des Hilfehandelns und zum anderen auch indirekte Hilfe, Empathie, Zuwendung und Unterstützung, mitmenschliche Verbundenheit und Kooperation.
3. *Altruismus:* Der Spezialfall des altruistischen Handelns bezieht sich auf Hilfe, die sich nicht von der Aussicht auf eigene Vorteile leiten lässt. Altruismus ist insofern ein Sonderfall des Helfens und des prosozialen Verhaltens, weil er auf uneigennützigen, selbstlosen Motiven beruht.

Unter prosozialem Verhalten versteht man wissenschaftlich beobachtbares Hilfehandeln. Bevor im Folgenden auf das Hilfehandeln in Notfällen, also in typischen Situationen der Sozialen Arbeit, eingegangen wird, soll etwas umfassender gefragt werden: Warum wird überhaupt geholfen? Welche Motive und Gründe haben Menschen, um andere Menschen zu unterstützen, selbst wenn sie Risiken und Gefahren in Kauf nehmen?

Prosoziales Verhalten gibt es in allen Kulturen. Es scheint zur Natur des Menschen zu gehören und besitzt möglicherweise eine evolutionsbiologische Seite. Denn in der Menschheitsentwicklung dürfte die Fähigkeit zum kooperativen Handeln ein Selektionsvorteil gewesen sein. So könnte sich, etwa ausgehend von der Werkzeugherstellung, einem koordinierten Jagdverhalten oder den frühen Formen der gemeinsamen Daseinsvorsorge im Lauf von Jahrmillionen ein „instinktives" Repertoire entsprechender Sozialbeziehungen in den genetischen Cade eingeschrieben haben (Holzkamp 1983, 168 ff.).

Ein weiteres Argument betrifft die so genannte *Verwandtenselektion:* prosoziales Verhalten begünstige indirekt die erfolgreiche Weitergabe eigener genetischer Anteile. Offenbar wird engen Verwandten eher und mehr geholfen als Personen, die nicht zum Kreis der Familie zählen. Evolutionstheoretisch gesehen, könnten also gezielte Hilfen für Verwandte deren Überlebenschancen erhöhen, was wiederum indirekt einen eigenen „genetischen Erfolg" der Helfenden bedeuten würde.

Hingegen besagt die *Empathie-Altruismus-Hypothese,* dass allein die wahrgenommene Notlage einer Person in anderen Menschen Besorgnis auslöse und

diese ohne jedes Nutzen-Kosten-Kalkül zur Hilfeleistung motiviere. Das Ausmaß der Fähigkeit, sich in Andere hinein versetzen zu können und Mitgefühl
zu empfinden, hängt entscheidend von frühen Beziehungserfahrungen ab. Ein
vermeidender Bindungsstil, bei dem das Sicherheitsbedürfnis der Kinder von
den Bezugspersonen negativ bewertet wurde, kann in der späteren Entwicklung
zu einem geringeren Potential führen, Mitgefühl empfinden und ausdrücken zu
können. Insofern hängt das Hilfehandeln mit der Fähigkeit zur *Perspektivenver-
schränkung*, also einer „reziproken", intersubjektiven Wahrnehmung zusammen:
„Ich sehe, dass Du siehst, dass ich Dich sehe!"

Schließlich spielen situative, eigennützige und normative Faktoren eine Rolle.
Wir empfinden mehr Mitgefühl für anscheinend unverschuldet in Not geratene
Menschen und wir helfen, um die eigene Stimmung zu verbessern und zu stärken.
Letzteres kann sogar in eine „suchtartige" Kompensation von Selbstwertdefizi-
ten durch die Wahl eines helfenden Berufs umschlagen („Helfer-Syndrom"; vgl.
Schmidbauer 2002). Ebenso helfen wir, um prosozialen Normen zu entsprechen
(Erwartungen, Höflichkeit, „Nächstenliebe"). *Prosoziale Normen* beziehen sich
auf das Gefühl der sozialen Verantwortung, das mit dem Gebot verbunden ist,
gerade Kranken, Alten und Behinderten zu helfen. Prosoziale Normen greifen
auch, wenn wir der Überzeugung sind, dass es gerecht sei, eine bestimmte Hilfe
anzubieten. Eine weitere prosoziale Norm wird Reziprozitätsnorm genannt. Damit ist gemeint, dass wir vor allem dann zur Hilfeleistung bereit sind, wenn wir
erwarten, die anderen würden uns in einer vergleichbaren Notsituation ebenfalls
Hilfe leisten.

Die sozialpsychologische Forschung hat sich intensiv mit der Frage auseinander gesetzt, unter welchen Umständen Menschen anderen Menschen in Notfällen
helfen. Der Hilfeleistung geht häufig ein komplexer Prozess von Entscheidungen
voraus und sie hängt von verschiedenen situativen Faktoren ab. Die im Folgenden vorgestellten Ergebnisse gelten insbesondere für Alltagssituationen. Bei professioneller Notfallhilfe spielen noch weitere Faktoren eine Rolle (Ausbildung,
Einsatzerfahrung, etc.). Für die Soziale Arbeit ergeben sich zum einen Ansatzpunkte in Lehre und Unterricht (Jugendarbeit, Anti-Gewalt-Trainings, Übungen
für soziale Kompetenzen etc.), aber auch für die professionelle Krisenarbeit in
psychosozialen Einrichtungen (Krisendienste, Notunterkünfte, Streetwork, etc.).
Krisensituationen gehören ja zum Alltag von Sozialarbeiterinnen und Sozialarbeitern und diese sollten sich bei den Hilfestellungen der eigenen Denkweisen
bewusst sein. Durch Fachkenntnisse zum prosozialen Verhalten ist es also einerseits möglich, das Handeln von Klienten einzuschätzen, etwa bei verzögerter
oder unterlassener Hilfeleistung, und anderseits erhöhen solche Fachkenntnisse
die professionelle Hilfekompetenz. Letzteres ist auch für die Gemeinwesenarbeit
wichtig, um bürgerschaftliches Engagement, Nachbarschaftshilfe oder Selbsthil-
fegruppen anzuregen.

2.5.1 Notfälle und Hilfehandeln

Nehmen wir zunächst ein alltägliches Beispiel: Sie befinden sich in einer belebten Einkaufsstraße und bemerken eine in einem Hauseingang in sich zusammen

gesunkene Person. Handelt es sich um einen Notfall? Bedarf diese Person ihres Eingreifens? Ist es vielleicht „nur" ein Betrunkener, der seinen Rausch ausschläft? Oder handelt es sich um einen Herzinfarkt? Sie betrachten die Kleidung und das Aussehen der Person, aber beobachten auch, wie andere Passanten sich verhalten. Ebenso fragen Sie sich mehr oder weniger bewusst, ob Sie genügend Zeit und Energie investieren wollen, um genauer hinzusehen. Möglicherweise ist die Wahrscheinlichkeit relativ hoch, dass nicht nur Sie vorbei gehen, sondern auch eine große Anzahl anderer Passanten. Wäre die Person tatsächlich in einer akuten Notlage, könnte entscheidend sein, dass Sie die Situation als einen Notfall wahrnehmen, sich verantwortlich fühlen und zur Hilfe fähig sind.

Ein wichtiger Ausgangspunkt für die sozialpsychologische Forschung zum Hilfeverhalten war die Diskussion in der amerikanischen Öffentlichkeit nach einem aufsehenerregenden Mordfall in New York im Jahre 1964. Das Opfer, die achtundzwanzigjährige Catherine Genovese, wurde am 14. März 1964 in New York nachts auf offener Straße im Laufe von 35 Minuten vergewaltigt und erstochen. In ersten Zeitungsberichten, etwa der *New York Times*, hieß es, 38 Zeugen in der Nachbarschaft hätten den Verlauf des Mordes, die mehrfachen Attacken des Mörders und die Qualen der jungen Frau unmittelbar beobachtet. Dennoch sei die Hilfe der Polizei viel zu spät angefordert worden. Heute weiß man, dass die Presseberichte zum Teil ungenau waren, aber die Tatsache bleibt bestehen, dass die Hilfe für die junge Frau trotz mehrerer Zeugen, die die Tat beobachteten, zu spät eintraf (Manning/Levine/Collins 2007).

Angesichts der moralischen Implikationen dieses Falles nahmen sich Latané und Darley (1968) vor, das Phänomen des Hilfeverhaltens wissenschaftlich zu untersuchen. Vier Jahre später veröffentlichten sie ihre bahnbrechenden Untersuchungen zum sogenannten Bystander-Effekt. Dabei handelt es sich um folgendes Phänomen: Gesetzt den Fall, mehrere Personen beobachten einen Notfall, liegt die Vermutung nahe, dass die Wahrscheinlichkeit für eine Hilfeleistung steigt. Diese Annahme ist jedoch falsch. Vielmehr scheint es so zu sein, dass Menschen in einer Notsituation schneller mit Unterstützung rechnen können, wenn sich nur eine einzige Person in ihrer Umgebung aufhält. Dieses Phänomen wird *Bystander-Effekt* (bzw. „Zuschauer-Effekt") genannt und ist durch systematische Experimente, in denen Not- und Hilfesituationen simuliert wurden, immer wieder bestätigt worden. Zwei zentrale Phänomene, die Bystander-Effekte fördern, werden als „pluralistische Ignoranz" und „Verantwortungsdiffusion" bezeichnet.

2.5.2 Pluralistische Ignoranz und Verantwortungsdiffusion

Wenn Sie sich an das einführende Beispiel einer zusammengesunkenen Person in einem Hauseingang in einer Einkaufsstraße erinnern, wäre es ein entscheidender Schritt zur Hilfeleistung, wenn Sie die Situation überhaupt als einen akuten Notfall bewerten. Um zu einer solchen Einschätzung zu gelangen, werden Sie möglicherweise beobachten, wie andere Passanten sich verhalten. Das Problem ist, dass auch die anderen sich am Verhalten aller weiteren Passanten orientieren. Dieser Vergleichsprozess kann dazu führen, dass keiner handelt. Falls Sie jedoch auf sich alleine gestellt wären, fiele der soziale Vergleich weg und Sie wären allein aufgrund Ihrer eigenen Wahrnehmung des Ereignisses verantwortlich für die Entscheidung. Der hemmende soziale Einfluss anderer Personen auf die individuelle Hilfeentscheidung wird als *pluralistische Ignoranz* bezeichnet. Die Einschätzung einer Hilfesituation als solcher verzögert sich bei Anwesenheit anderer Personen und wird an diese Personen delegiert.

Latané und Darley (1968; 1969) demonstrierten das Phänomen der pluralistischen Ignoranz unter experimentellen Bedingungen und bezogen sich dabei auch auf den geschilderten Mord an Catherine Genovese. Ein Experiment wurde mit Studierenden der New Yorker Columbia University durchgeführt, die unter dem Vorwand der Bitte um ein Interview über das studentische Leben rekrutiert wurden, und lief folgendermaßen ab: Die Studierenden kamen in ein unscheinbares Wartezimmer und sollten dort einen Fragebogen ausfüllen. Während die Teilnehmer schrieben, ließen die Forscher durch einen Spalt unterhalb einer Nebentür des Wartezimmers Rauch in den Raum blasen. Überraschend sahen sich also die Versuchspersonen einer interpretationsbedürftigen Situation ausgesetzt. Durch eine Einwegscheibe beobachteten die Forscher, wie lange die Studierenden in dem Raum blieben, bevor sie den Rauch meldeten.

Tatsächlich hing das Tempo der Meldung davon ab, ob sich die Versuchspersonen allein im Wartezimmer befanden oder ob noch andere Personen anwesend waren und wie diese sich verhielten. Gut die Hälfte der Versuchspersonen, die allein im Versuchsraum waren, meldete den Rauch innerhalb von zwei Minuten. Ein weiteres Viertel der Teilnehmer wartete noch bis zu zwei weiteren Minuten mit dem Alarm. Drei Viertel aller Teilnehmer wurden also aktiv. Doch als sich zwei weitere echte Versuchspersonen zur selben Zeit im Raum befanden, sank die Rate der Meldungen auf 38 % innerhalb von sechs Minuten – und zwar frühestens nach vier Minuten. Dabei wurde nicht nur weniger häufig Alarm geschlagen, auch bemerkten die Versuchspersonen den Rauch etwas verzögert.

In einer Variante des Experiments waren zwei eingeweihte Vertraute der Versuchsleiter mit im Wartezimmer und anscheinend mit der gleichen Aufgabe wie die Versuchspersonen beschäftigt. Die Helfer nahmen keinen Kontakt mit den Versuchspersonen auf und blieben trotz des eindringenden Rauches passiv. Sie schauten zwar kurz auf, beschäftigten sich aber weiter mit dem Fragebogen und ließen sich durch den hervorquellenden Rauch nicht stören, bis dieser den ganzen Raum füllte. In dieser Lage schlug durchschnittlich nur jede zehnte Versuchsperson Alarm. Die übrigen 90 % zeigten sich zwar irritiert, husteten oder versuchten, ein Fenster zu öffnen, doch niemand holte Hilfe. Im postexperimentellen Interview berichteten diejenigen, die keine Hilfe geholt hatten, dass sie sich sehr unsicher gewesen seien, was es mit dem Rauch auf sich hatte, aber keine Gefahr vermuteten. Insofern handelten sie durchaus vernünftig, aber eben vermutlich anders und langsamer, als wenn sie alleine gewesen wären.

Wie bereits im Abschnitt über sozialen Einfluss und Konformität dargelegt, orientieren wir uns in mehrdeutigen Situationen am Verhalten anderer Personen. Das Phänomen der „pluralistischen Ignoranz" tritt ein, wenn sich eine Hilfehandlung durch die bloße Anwesenheit von anderen Personen verzögert, weil die Interpretation der Situation von dem Verhalten der anderen abhängig gemacht wird. Unter dem Druck der Bewertungsangst werden also bisweilen deutliche

Beeinträchtigungen ertragen, um nicht den Eindruck zu erwecken, man würde sich unangemessen verhalten.

Das Gleichnis vom barmherzigen Samariter

„Es war ein Mensch, der ging von Jerusalem hinab nach Jericho und fiel unter die Räuber; die zogen ihn aus und schlugen ihn und machten sich davon und ließen ihn halbtot liegen. Es traf sich aber, dass ein Priester dieselbe Straße hinabzog; und als er ihn sah, ging er vorüber. Desgleichen auch ein Levit: als er zu der Stelle kam und ihn sah, ging er vorüber. Ein Samariter aber, der auf der Reise war, kam dahin; und als er ihn sah, jammerte er ihn; und er ging zu ihm, goss Öl und Wein auf seine Wunden und verband sie ihm, hob ihn auf sein Tier und brachte ihn in eine Herberge und pflegte ihn. Am nächsten Tag zog er zwei Silbergroschen heraus, gab sie dem Wirt und sprach: Pflege ihn; und wenn du mehr ausgibst, will ich dir's bezahlen, wenn ich wiederkomme." Lukas 10, 25–37

Auch das Phänomen der so genannten *Verantwortungsdiffusion* ergibt sich mit der Bilanzierung von persönlichen Kosten und Nutzen beim Hilfehandeln. Ein entsprechendes Experiment wurde von Darley und Batson (1973) an der Princeton University durchgeführt. Die Forscher wandten sich gezielt an Theologiestudenten und gaben an, Teilnehmer für eine Studie über religiöse Erziehung und die beruflichen Chancen von Theologen zu suchen. Eine Gruppe von Versuchspersonen sollte sich nach dem Ausfüllen eines Fragebogens über ihre religiöse Einstellung auf eine Präsentation zu ihren Berufsaussichten vorbereiten. Eine andere Gruppe sollte sich nach dem Ausfüllen des Fragebogens mit dem biblischen Gleichnis vom barmherzigen Samariter beschäftigen. Alle Teilnehmer wurden gebeten, das Ergebnis ihrer Vorbereitungen anschließend in einem anderen Gebäude in Einzelinterviews zu präsentieren. Einigen wurde mitgeteilt, sie könnten sich für den Weg Zeit lassen und müssten möglicherweise sogar warten. Ein weiterer Teil der Versuchspersonen erhielt die Weisung, sich direkt und ohne Umschweife in das andere Gebäude zu begeben. Die Teilnehmer einer dritten Gruppe wurden aufgefordert, sich zu beeilen und ihr Ziel innerhalb einer Minute zu erreichen, da der Interviewer bereits warte. Alle Teilnehmer trafen auf dem Weg zum Interview überraschend auf eine in einem Eingang in sich zusammen gesunkene, hustende und stöhnende Person – dies war die eigentliche experimentelle Situation.

Die Bereitschaft, jener Person Hilfe zu leisten, unterschied sich in den verschiedenen Untergruppen in signifikanter Weise. Fast 80 % der Studierenden, die sich mit dem Gleichnis vom barmherzigen Samariter auseinander setzen sollten und auch sehr viel Zeit zugebilligt bekamen, hielten inne, sprachen die hilflose Person an und begleiteten sie zum Teil an einen sicheren Ort. Ganz anders handelten die Teilnehmer, die zwar auch viel Zeit hatten, aber sich lediglich auf ihre Berufswahl konzentrieren sollten: Nur knapp 40 % reagierten mit einer Hilfeleistung. Aus den Gruppen mit einem mittleren Zeitkontingent halfen lediglich 40–50 % und zwar fast unabhängig davon, ob sie sich mit dem Gleichnis be-

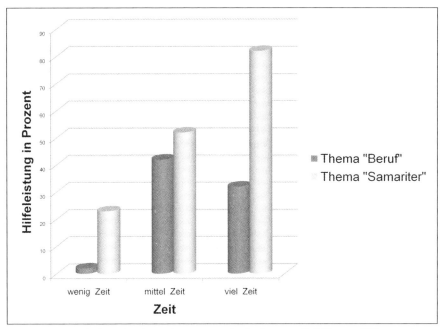

Abb. 2.11: Ergebnisse des Experiments von Darley/Batson (1973) zum Hilfeverhalten

schäftigt hatten oder nicht. Schließlich sank die Rate der Hilfebereitschaft drastisch, wenn den Teilnehmern nur eine Minute für den Weg zugestanden wurde. Von denjenigen, die das Gleichnis gelesen hatten, halfen nur rund jeder fünfte und von denjenigen, die sich mit der Berufswahl beschäftigt hatten, waren gerade noch zwei Prozent zur Hilfe bereit. Die aktualisierte prosoziale Norm des Gleichnisses besitzt also einen gewissen Hilfe fördernden Effekt, jedoch deutlich überlagert durch den situativen Faktor des Zeitdrucks. Laut den postexperimentellen Interviews sahen die Versuchspersonen, die sich beeilen sollten, zwar dass die wahrgenommene Person hilfsbedürftig ist, aber schätzten die Lage nicht als dringlich ein.

Das untersuchte Phänomen der Verantwortungsdiffusion ergibt sich, wenn ein bestimmtes Ereignis zwar als Notfall bemerkt wird, aber die Hilfeleistung vor dem Hintergrund der persönlichen Kosten-Nutzen-Bilanz und der Überzeugung, dass wahrscheinlich andere die nötige Hilfe leisten werden, abgelehnt wird. Darley und Batson (1973, 107) resümierten, ethisches Verhalten sei sozusagen in dem Maße zum Luxus geworden, wie sich das Lebenstempo in modernen Gesellschaften beschleunigt habe. Dies könne sogar zu unterlassener Hilfeleistung führen, obwohl die Betreffenden beabsichtigen, in Kürze über prosoziales Verhalten zu sprechen. Die warnende Botschaft des Gleichnisses vom barmherzigen Samariter werde damit letztlich bestätigt. Anzumerken ist, dass für die heutige Soziale Arbeit nicht nur die universale Solidarität des Samariters als vorbildlich gilt, sondern auch die Dienstleistung des Wirts der Herberge.

2.5.3 Das kognitive Entscheidungsmodell des Hilfeverhaltens

Latané und Darley (1970) haben unter anderem auf der Basis der vorgestellten Studien ein Stufenmodell des Hilfeverhaltens entwickelt. Zugespitzt lautete ihre Frage: Unter welchen Umständen helfen Personen *nicht*? Denn die Phänomene der Verantwortungsdiffusion und der pluralistischen Ignoranz sind lediglich zwei Hindernisse auf dem Weg zum Handeln. Notfälle sind komplexe und herausfordernde Situationen. Die Bereitschaft zum Helfen im Alltag hängt von den Einstellungen einer Person, ihrer Aufmerksamkeit, ihrem Verantwortungsbewusstsein, ihren Kompetenzen und ihrer Risiko-Nutzen-Analyse ab. Der „Weg im Kopf" von der Wahrnehmung bis zum Handeln lässt sich insgesamt in fünf Phasen einteilen.

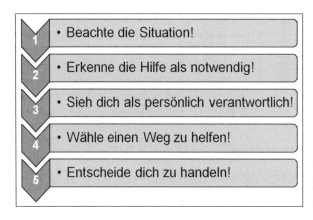

- 1 • Beachte die Situation!
- 2 • Erkenne die Hilfe als notwendig!
- 3 • Sieh dich als persönlich verantwortlich!
- 4 • Wähle einen Weg zu helfen!
- 5 • Entscheide dich zu handeln!

Abb. 2.12: Kognitives Modell des Hilfeverhaltens nach Latané und Darley (1970)

1. Beachte die Situation!

Ein Notfall muss als ein solcher wahrgenommen werden. Bereits hier sind verschiedene Faktoren zu berücksichtigen. Die Notsituation kann nur erkannt werden, wenn sie sinnlich präsent und möglichst eindeutig ist. Wir dürfen nicht zu sehr durch äußere oder innere Störfaktoren abgelenkt werden. Deshalb sind Bewohner in Großstädten mit hoher Bevölkerungsdichte häufiger weniger bereit, Fremden zu helfen als Menschen in ländlichen Gebieten mit einer niedrigeren Bevölkerungsdichte. Ebenso kommt es auf eine halbwegs gute emotionale Verfassung an. In deprimierter Stimmung werden die Bedürfnisse anderer Personen eher ignoriert. Umgekehrt ist es wichtig, Aufmerksamkeit zu erzeugen und sich mit den Umstehenden zu verständigen: „Da braucht jemand Hilfe!". Wenn man in eine Notsituation gerät, ist es nicht nur sinnvoll, um Hilfe zu rufen, sondern auch, anwesende Personen konkret aufzufordern, Hilfe zu leisten: „Holen Sie die Polizei! Ich werde belästigt und angegriffen!".

2. Erkenne die Hilfe als notwendig!

Nachdem eine bestimmte Situation bemerkt worden ist, stellt sich die Frage, inwiefern sie als Notfall zu interpretieren ist oder nicht. Die Situation muss eindeutig wirken. Hilfeschreie motivieren in der Regel zur Hilfeleistung. Bleibt die Situation jedoch unklar, obwohl auch andere Personen anwesend sind, erhöht sich die Gefahr, dass jeder passiv bleibt. Fängt jemand an zu handeln, kann dies auch andere motivieren.

Allein der Gedanke, man stehe einer Notsituation alleine oder zusammen mit anderen gegenüber, beeinflusst die eigene Hilfsbereitschaft. Wurden Versuchspersonen aufgefordert, sich eine öffentliche Situation, etwa in einem Kino, vorzustellen, in der sie selbst entweder alleine sind oder aber sich noch andere Menschen befinden, zeigten sie sich nach der Vorstellung der belebten Szenerie weniger großzügig und hilfsbereit als nach der Vorstellung, sie seien allein gewesen (Garcia u. a. 2002). Auf dieser Stufe der Entscheidung zum Hilfeverhalten kommt es also darauf an, Mehrdeutigkeiten zu reduzieren, die Situation zu klären und sich zu sagen: „Diese Not ist real!".

3. Sieh dich als persönlich verantwortlich!

Sobald in einer Notfallsituation zusätzlich noch andere Menschen anwesend sind, wird das eigene Verantwortungsgefühl von dem Gedanken überlagert, ob man nicht besser das Handeln der anderen abwarten sollte. Dies ist ein zentrales Element des Bystander-Effekts. Die Entscheidung, Hilfe zu leisten, hängt also davon ab, inwieweit man aktiv Selbstverantwortung „herstellt" und die eigene Zuständigkeit bejaht. Motivierend wirkt, wenn man sich die eigenen Ressourcen vergegenwärtigt (z. B. eine Ausbildung in Erster Hilfe), die prosozialen Normen einer Gruppe teilt, der man sich zugehörig fühlt (etwa einer Freiwilligen Feuerwehr), sich nah genug beim Hilfesuchenden aufhält (etwa mit Blickkontakt) und die Konsequenzen des eigenen Handelns bedenkt (Erfolgserlebnisse, Vermeidung einer Anklage wegen unterlassener Hilfeleistung).

4. Wähle einen Weg zu helfen!

Auf dieser Stufe des Wegs der inneren Entscheidung zur Hilfehandlung kommt es nicht nur darauf an, eine Notsituation als solche zu bemerken, Hilfe als notwendig zu erachten und sich selbst als persönlich verantwortlich zu sehen, sondern auch darauf, zu wissen, was man tut und wie man handelt. Der Handlungsvorsatz dürfte dabei weniger von den objektiv vorhandenen Ressourcen abhängen, als von den subjektiv wahrgenommen Ressourcen – es kommt also unabhängig von der tatsächlichen Kompetenz eher darauf an, ob man sich kompetent fühlt. Dies birgt Risiken. Unter Umständen können Hilfehandlungen ineffektiv oder gefährlich werden, wenn die Situation verkannt oder die eigenen Möglichkeiten überschätzt werden. Zum Teil ist besonderes Fachwissen erforderlich, etwa bei Unfällen am Wasser oder mit Elektrizität. Ist die entsprechende Kompetenz vorhanden, etwa als Rettungsschwimmer oder Elektriker, wird deutlich schneller und entschiedener eingegriffen.

5. Entscheide dich zu handeln!

Notfallhilfe wird oft *trotz* möglicher Risiken in unübersichtlichen Ausnahmesituationen gegeben. Häufig geht eine bewusste, wenn auch rasche Abwägung der Kosten und Nutzen voraus und zwar zu dem Zeitpunkt, an dem der Handlungsvorsatz in die tatsächliche Handlung umschlägt. Dies betrifft nicht nur die körperlichen Gefahren für die Helfer, sondern auch Verletzungen ihrer psychischen Integrität. Tatsächlich können hochdramatische Situationen (Massenunfälle, Naturkatastrophen) selbst auf professionelle Helfer traumatisierend wirken („sekundäre Traumatisierung", vgl. Brückner 2005). Solche Situationen werden deshalb möglicherweise vorausschauend vermieden. Bereits geringfügige, aber subjektiv mit einem hohen Schwellenwert verbundene Aversionen hemmen das Hilfehandeln, etwa eine Abneigung gegen Blut oder Betrunkene, ebenso wie Abwägungen der Kosten an Zeit und Kraft. Umgekehrt wird Bekannten, denen man emotional nahe steht und mit denen man auch künftig noch etwas zu tun haben möchte, eher geholfen als Fremden. Die Identifikation mit dem Hilfesuchenden und die Fähigkeit, die Perspektiven zu verschränken („Das könnte mir auch passieren!") erleichtern es, eine beabsichtige Hilfeleistung auch in die Tat umzusetzen.

Das hier vorgestellte und fachlich weithin anerkannte kognitive Entscheidungsmodell von Latané und Darley (1970) zeigt, wie komplex und herausfordernd alltägliche Hilfesituationen sind. Die Sozialpsychologie greift damit realistische und gesellschaftlich relevante Problemsituationen auf. Sie kann also auch Berichte über anscheinend moralisch skandalöse unterlassene Hilfeleistungen auf die zugrundliegenden Motivationsstrukturen und Abwägungsprozesse zurückführen (Dovidio u. a. 2006, 81 f.).

Inwiefern profitiert die Soziale Arbeit von diesen Erkenntnissen? In der Sozialen Arbeit wird prosoziales Handeln auf der Grundlage von drei Prinzipien gefördert:

- Stärkung von positiven Selbstkonzepten und (Selbst-)Verantwortlichkeit.
- Vermittlung prosozialer Normen.
- Ausbildung von Handlungskompetenzen.

Sozialarbeiter sollten ihre Klienten hinsichtlich ihres Potentials für prosoziales Verhalten bzw. der Kehrseite des möglichen dissozialen Verhaltens beurteilen können. Die Klienten können über die Funktion und die Möglichkeiten prosozialen Verhaltens beraten werden, um ihnen die Folgen von gegebenen oder unterlassenen Hilfeleistungen nahezubringen und um ihre Vorerfahrungen zu klären. Die Professionellen besitzen eine Vorbildfunktion, wenn sie in Konfliktsituationen vor Ort selbst prosozial handeln. Zum anderen wirken sie aufklärend, wenn sie das Helfen als menschliche Tugend oder das Wissen über Bystander-Effekte vermitteln. Sie sollten die Rechtsnormen (BGB, StGB) hinsichtlich unterlassener Hilfeleistung kennen. Zur Ausbildung von Handlungskompetenzen gibt es eine ganze Reihe von Lehrmaterialien, etwa für das Training sozialer Kompetenzen, zur Anti-Gewalt-Arbeit oder zur Empathieförderung.

Beispielhaft ist ein Trainingsprogramm zum Aufbau sozial-emotionaler Fähigkeiten und konstruktiver Konfliktlösungen bei Grundschulkindern von Roth und Reichle (2008). In neun Modulen sollen Erstklässler eine gemeinsame Reise in einem Unterseeboot zu sechs Themeninseln unternehmen. Dabei lernen die Kinder die „Inseln" der „Gefühle", „des ersten Kontaktes", der „Freundschaft", „des Problemlösens", „des Coolseins" und des „Heimathafens" kennen. Auf jeder Insel erwarten sie vorgegebene Spiele, sinnliche Erlebnisse und Trainingsaufgaben. Das prosoziale Verhalten wird damit auf einer wichtigen kindlichen Entwicklungsstufe, nämlich in der ersten größeren Gruppe außerhalb des Elternhauses, eingeübt und verinnerlicht.

📖 *Literaturempfehlungen*

Nijstad, B. A./Van Knippenberg, D. (2007): Gruppenpsychologie. Grundlegende Prinzipien. In: Jonas, K./Stroebe, W./Hewstone, M. (Hrsg.): Sozialpsycholgie, 5. Aufl., Heidelberg: Springer, S. 409–441.
Bierhoff, H.-W. (1990): Psychologie hilfreichen Verhaltens. Stuttgart: Kohlhammer.
Stahl, E. (2002): Dynamik in Gruppen: Handbuch der Gruppenleitung. Weinheim, Basel, Berlin: Beltz.

2.6 Gesundheit

Die Sozialpsychologie hat das Thema Gesundheit erst in den letzten Jahrzehnten entdeckt. Umgekehrt beruht ein Großteil der heutigen Gesundheitspsychologie auf sozialpsychologischen Ergebnissen. Denn Gesundheit ist laut der Definition der Weltgesundheitsorganisation mehr als die Abwesenheit von Krankheit – sie ist ein „Zustand des vollständigen körperlichen, geistigen und sozialen Wohlergehens" (WHO 1947, 29).

Die *Gesundheitspsychologie* umfasst diejenigen Theorien, Interventionskonzepte und Wirksamkeitsstudien, die das Wechselspiel zwischen individueller Gesundheit, psychischen Determinanten und sozialen Faktoren wissenschaftlich belegen. Die praktische Umsetzung der Forschungsergebnisse ist Aufgabe der *Gesundheitsförderung*, damit Erkrankungen vorgebeugt wird (*Prävention*), Gesundheit entwickelt und erhalten wird (*Salutogenese*) und das medizinische Versorgungssystem optimiert werden kann (*Public Health*). In der Gesundheitspsychologie existieren vier große Forschungszweige (Knoll/Scholz/Rieckmann 2005):

- Als *Gesundheitsverhalten* bezeichnet man gesundheitsbezogenes Handeln, das direkt beeinflussbar und regulierbar erscheint. Zu den Maßnahmen zählen internationale Kampagnen, z. B. die Aufforderung, täglich fünf Hände voll Obst zu essen, genauso wie gesetzliche Vorgaben, etwa zur Früherkennung von Kinderkrankheiten, oder auch alltägliche Aktionen von Personen oder Gruppen, die Sport treiben, eine Diät anfangen oder die Zahnpflege beachten.
- Die Forschung über gesundheitsrelevante *Persönlichkeitsfaktoren* untersucht die individuellen Dispositionen für Krankheiten oder die Entstehung von Gesundheit. Ein Beispiel ist die Erkenntnis, dass Menschen, die daran gewöhnt sind, schmerzhafte Erlebnisse durch „expressives Schreiben" zu verarbeiten, etwa in Tagebüchern, daraus Vorteile für ihre psychische und physische Gesundheit ziehen können. Das Schreiben wirkt sich positiv auf das Immunsystem aus und verringert die Rate der Arztbesuche sowie den Medikamentengebrauch, insbesondere dann, wenn nicht nur Gefühle zum Ausdruck kommen, sondern diese auch in kohärente, sinnhafte Erzählungen integriert werden (Hammelstein/Fiedler 2002).
- Die *Stress- und Krisenforschung* betrifft sowohl die biologisch fundierten Stressmechanismen als auch die Person-Umwelt-Interaktion und die Ressourcen, die benötigt werden, um mit Belastungen und kritischen Lebensereignis-

sen erfolgreich umgehen zu können (Eppel 2007; Lazarus 1998). Beispielsweise könnte es in der Sozialen Arbeit mit alten Menschen wichtig sein, die
Krisenformen, die charakteristisch für das Alter sind, zu kennen (z. B. Altersdepressionen), sie in das typische Spektrum der Forschung über Lebenskonflikte, psychosoziale Krisen und Notfälle einzuordnen und altersspezifische
Unterstützungsmöglichkeiten anzubieten (Brückner 2010).

- Die Forschung über *soziale Unterstützung* beschäftigt sich mit der Frage, welche sozialen Ressourcen, Netzwerke und emotionale Hilfe wir benötigen, um
Krankheiten gut bewältigen zu können oder die eigene Gesundheit zu fördern.

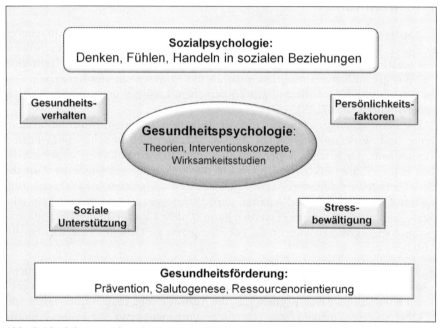

Abb. 2.13: Schwerpunkte der Gesundheitspsychologie

Aus diesem breiten Spektrum werden im Folgenden einige Ergebnisse aus dem
Bereich „Soziale Unterstützung" vorgestellt. Zuvor sollen jedoch grundlegende
Begriffe geklärt werden. Bis weit ins 20. Jahrhundert galten *Gesundheit und
Krankheit* vornehmlich als objektive, naturwissenschaftlich messbare und biologische begründete Zustände von Organismen. Krankheiten wurden externen
Krankheitsursachen zugeschrieben und körperlich behandelt. Zwar waren soziale und psychische Einflüsse bekannt, aber im Mittelpunkt stand die Behandlung
auf der Grundlage biomedizinischer Modelle. Seit gut vierzig Jahren rückt der
Zusammenhang zwischen den gesamten biologischen, sozialen und psychischen
Bedingungen von Gesundheit und Krankheit in den Vordergrund.

Mit *biopsychosozialen Modellen* (Egger 2005) werden die beteiligten Faktoren
weder aufsummiert noch strikt in „gesund" und „krankhaft" geteilt, sondern in
ihren dynamischen Wechselbeziehungen auf einem Kontinuum angesiedelt und

als Verhältnis zwischen Gleichgewichtszuständen und Ungleichgewichtszuständen betrachtet. Daraus folgen ein mehrdimensionales Gegenstandsverständnis und eine multiprofessionelle Praxis. Diagnostik und Therapie sollten auf allen drei biopsychosozialen Dimensionen zugleich durchgeführt werden. Ebenso wie es auf das subjektive Empfinden der Personen oder auf kulturelle Normen ankommt, ob von „gesund" oder „krank" gesprochen werden kann, spielen die Kompetenzen und Ressourcen der Betroffenen eine wichtige Rolle bei der Krankheitsbewältigung und Gesundheitsförderung.

Das Konzept der *Salutogenese* ist wiederum ein Baustein des biopsychosozialen Modells. Sein Begründer, der israelische Medizinsoziologe Aaron Antonovsky (1997), grenzte sich damit von der klassischen Fragestellung des biomedizinischen Modells ab. Anstatt die Entstehung von Krankheiten zu untersuchen (Pathogenese) interessierte Antonovsky, wie Gesundheit entsteht oder erhalten werden kann (Salutogenese): Wie schaffen Menschen es, trotz unzähliger Risiken gesund zu bleiben? Unter welchen Bedingungen erholen sie sich von Erkrankungen? Und was zeichnet Personen aus, die trotz extremster Belastungen nicht krank werden? Antonovsky befragte Frauen, die nationalsozialistische Konzentrationslager überlebt hatten und im höheren Lebensalter dennoch gesund geblieben waren. Eine solche Widerstandsfähigkeit trotz ungünstiger Umstände wird als *Resilienz* bezeichnet (Welter-Enderlein/Hildenbrand 2006). Insofern wird der Prozess der Entstehung, Erhaltung und Förderung der individuellen Gesundheit als Salutogenese bezeichnet.

Seinen grundsätzlichen Perspektivenwechsel beschrieb Antonovsky (1997, 92) mit einem Bild: Sei das Leben wie ein Fluss, in dem die Menschen schwimmen, dann seien sie darin auch mit Gefahren wie Strudeln, Verschmutzung oder Stromschnellen konfrontiert. Niemand sei sicher. Die herkömmliche Medizin konzentriere sich auf die Rettung von Ertrinkenden. Im Sinne der Salutogenese stelle sich jedoch eher die Frage, wie die Menschen zu guten Schwimmern werden könnten. Gesundheit müsse also aktiv hergestellt werden.

Zu berücksichtigen seien die Lebenssituation und die Lebensweise, das Verhältnis von Risiko- und Schutzfaktoren und die aktivierbaren Ressourcen samt biographischen Erfahrungen, Gewohnheiten, Verhaltensmustern und Bewältigungsstilen. Antonovsky beschrieb das *Kohärenzgefühl* als einen besonders bedeutsamen Schutzfaktor für die Erhaltung von Gesundheit. Menschen besäßen ein Gefühl der Kohärenz, wenn sie davon überzeugt seien, den Anforderungen ihres Lebens gewachsen zu sein und diese als verstehbar ansehen, sie als bewältigbar erleben und es für sinnvoll erachten, sich mit ihnen auseinanderzusetzen. Ein starkes Kohärenzgefühl erhöhe die Chance, Stress und Krisen zu bewältigen und daraus gestärkt hervor zu gehen.

2.6.1 Soziale Unterstützung in Familien

Generell gilt: Integration und Unterstützung in sozialen Netzwerken fördern die Gesundheit! Der Begriff der *sozialen Integration* bezieht sich dabei auf die quantitativen Aspekte eines sozialen Netzwerks. Gefragt wird, wie fest eine Person in ein soziales Netz eingebunden ist. Wichtige Parameter sind die Größe und Dichte des Netzes, der Grad der gegenseitigen Verpflichtung, die Häufigkeit und Dauer der Kontakte sowie das Ausmaß der Gegenseitigkeit und Ähnlichkeit der Mitglieder des Netzwerkes. Fehlende Integration bedeutet soziale Isolation.

Abb. 2.14: Der Forschungsbereich „Soziale Unterstützung"

Der Begriff der *sozialen Unterstützung* im engeren Sinn betrifft die qualitativen Aspekte eines Netzwerks. Gefragt wird, wie gut die Interaktionen bezüglich der Erhaltung von Gesundheit oder der Vermeidung von Krankheiten funktionieren. Im Mittelpunkt stehen das direkt beeinflussbare Gesundheitsverhalten oder die Frage, wie mögliche Belastungen durch Stressbewältigung „abgepuffert" werden können. Eine initiale Studie wurde Ende der 1970er Jahre in Kalifornien durchgeführt („Alameda County Study"; Berkman/Breslow 1983). Sie zeigte nicht nur, dass über 40 % der Bevölkerung an chronischen Krankheiten oder Behinderungen litt, sondern auch, dass ein qualitativ hochwertiges soziales Netz vor Krankheiten und lebensbedrohlichen Risiken schützen kann, ebenso wie soziale Isolation das Todesrisiko entscheidend erhöhen kann. Auch neuere Studien belegen den „sozialen Gradienten" in der Verteilung von Morbidität und Mortalität: das Krankheits- und Sterblichkeitsrisiko ist je nach Einkommen, Bildung und beruflicher Position ungleich verteilt – je niedriger die soziale Schichtzugehörigkeit, desto größer ist die Krankheitslast (Siegrist/Marmot 2008).

Wie aber „wirkt" soziale Unterstützung? Entscheidend sind auch hier nicht nur die objektiven Lebensumstände als solche, sondern deren subjektive Verarbeitung, also das individuelle Verhalten zu diesen Lebensbedingungen. So macht es einen enormen Unterschied, ob die Personen eine objektiv erhaltene Unterstützung auch tatsächlich als solche wahrnehmen. Nur wenn die Bemühungen anderer Menschen akzeptiert werden, ist soziale Unterstützung effektiv. Die Soziale Arbeit kann dann tatsächlich im Sinne einer Befähigung der Betroffenen zur Selbsthilfe (Empowerment, „Hilfe zur Selbsthilfe") funktionieren (Herriger 2006). Am Beispiel der Unterstützung und Beratung älterer Menschen bedeutet der Grundsatz „Nur wahrgenommene soziale Unterstützung ist wirksam" folgendes: Die professionellen Angebote sollten zum einen die Mobilitätsprobleme älterer Menschen beachten und auch aufsuchend funktionieren, zudem die Angehörigen und Umfeldmediatoren (Ärzte, Apotheker, Geistliche) einbinden und nicht zuletzt auch die Vorbehalte alter Menschen gegenüber Sozialarbeitern und Psychologen berücksichtigen (Brückner/Al Akel/Klein 2006). Sowohl das Ausmaß der sozialen Integration als auch der sozialen Unterstützung beeinflussen einerseits das Gesundheitsverhalten durch direkte soziale Regulation und anderseits die Qualität der Stressbewältigung. Gerade in Stress- und Krisensituationen benötigen wir soziale Unterstützung, denn sie wirkt im Sinne eines „indirekten Puffereffekts" wie ein „Schutzschirm" für unsere Gesundheit. Diese Themen sollen jetzt für das Gebiet der familiären Gesundheit konkretisiert werden.

2.6.2 Familienbegriff und familiäre Gesundheit

Um zu verstehen, unter welchen Bedingungen soziale Unterstützung in Familien wirksam wird, sollte zuvor geklärt werden, „was Familien sind" und wie sie „funktionieren". Aus psychologischer Sicht sind Familien intime und intergenerationale soziale Lebensgemeinschaften (Schneewind 2001), die als gesellschaftliche Entwicklungsinstanz, als besondere Form von Gruppen und als Mikrosystem untersucht werden können. Das Individuum entwickelt in der Familie Bindungen, ein Selbstkonzept, Kommunikation, Beziehungsstile, die interpersonelle Wahrnehmung sowie Werte und Normen. Die familiäre Sozialisation ist für den Einzelnen nicht nur deshalb besonders bedeutsam, weil sie in der Regel früh beginnt, sondern auch, weil die Beziehungen innerhalb der Familie besonders nah und intim sind sowie verschiedene Generationen und Altersstufen zusammen wirken.

Zugleich sind Familien eine besondere Form von *Gruppen* – mit dauerhaften persönlichen Beziehungen, gemeinsamen Zielen, bestimmten Familienregeln und Normen, aber auch mit verschiedenartigen Rollen und individuellen Spielräumen. Dabei ist der historische Wandel der Familien in Rechnung zu stellen. Die Pluralisierung und Individualisierung der Lebenswelten führt seit dem ausgehenden 20. Jahrhundert zu neuen Familienformen. Neben der traditionellen Kleinfamilie gibt es immer mehr Patchwork-Familien, „Zweitfamilien" oder Pflegefamilien. Ebenso steigt die Zahl der Alleinerziehenden in der Bundesrepublik (ca. 1,6 Millionen), wobei die Zunahme in den letzten Jahren insbesondere auf den Anteil alleinerziehender Frauen zurückzuführen ist.

Schließlich lassen sich Familien als ein besonderes *System* betrachten, das in einem System mehrerer Systeme eingebettet ist. Bronfenbrenner (1981) unterscheidet in seiner sozialökologischen Systemtheorie fünf verschiedene Ebenen:

- Als *Mikrosysteme* gelten die einzelnen Individuen und die Kernfamilien.
- Als *Exosystem* wird die engere familiäre Umwelt bezeichnet, etwa der Arbeitsplatz der Mutter, der Freundeskreis der Eltern oder die Nachbarschaft im Haus.
- Das *Mesosystem* umfasst bestimmte Ausschnitte der Gesamtgesellschaft, etwa den städtischen oder ländlichen Raum, in dem die Familien leben, die kommunalen und regionalen Strukturen, Behörden, Institutionen und den Arbeitsmarkt.

- Als *Makrosystem* gilt die Gesamtgesellschaft oder der umfassende kulturelle Lebensraum der Familien.
- Das *Chronosystem* umgreift die vier lebensweltlichen Ebenen als Inbegriff der historischen Dynamik.

Die einzelnen „Mikrosysteme" der Familien werden stets durch die Entwicklungen und Kräfteverhältnisse in den weiteren Systemebenen beeinflusst. Genauso manifestieren sich im „Mikroklima" der einzelnen Familien wechselseitige Abhängigkeiten und zirkuläre Entwicklungen, die charakteristisch für jede Art von Systemen sind. Wenn nach Luhmann (1975, 9) soziale Systeme entstehen, sobald Kommunikation unter Menschen stattfindet und mit jeder Kommunikation eine Geschichte beginnt, dann gilt dies erst recht für Familien.

Gelingende *Kommunikation* in Familien ist ein hochkomplexer Rückkopplungsprozess von wechselseitigen Gesten, Sprechakten und Erzählungen. Durch erzählendes Sprechen entsteht Bindung, Intersubjektivität und eine gemeinsame Familiensprache. Das betrifft nicht nur die inhaltliche Seite, also die alltägliche Verständigung und das sozialschichttypische Sprachniveau, sowie verdeckte oder offene Erzählungen, Familienmythen und Familiencodes, sondern auch die formale Seite, also die Struktur der Botschaften. Idealerweise hat jedes Familienmitglied in jeder kommunikativen Situation die Möglichkeit, ein „Feedback" zu geben und Kritik zu äußern. Die Botschaften sollten klar, vollständig, widerspruchsfrei, direkt und begründet sein. Dies schließt natürlich Missverständnisse oder auch Situationen der Sprachlosigkeit nicht aus. Es kommt vielmehr darauf an, in Konfliktfällen über das Sprechen und Handeln selbst reden zu können (Metakommunikation).

Um die Struktur gelingender familiärer Beziehungen auf den Begriff zu bringen, wurde in der psychoanalytischen Entwicklungssozialpsychologie der Ausdruck *Triangulierung* geprägt (Abelin 1986). Dieser Begriff umfasst nicht nur die gegenseitigen Rückmeldungen der Familienmitglieder, sondern auch den entwicklungspsychologisch so wichtigen Vorgang der Herausbildung eines „guten" Gleichgewichts zwischen Autonomie und Bindung. Die frühkindliche Mutter-Kind-Beziehung sei der Grundstein eines sicheren kindlichen Selbstgefühls. Der Vater jedoch, oder eine andere signifikante Bezugsperson, trete von Anfang an als „Dritter" hinzu und ermögliche dem Kind die Hinwendung zur äußeren Welt. Nach diesem Modell kann das Kind in seiner weiteren Entwicklung die richtige Mischung von zwischenmenschlicher Nähe und Distanz, zwischen Autonomie und Bindung erlernen. Fehlende frühe Erfahrungen mit triangulierenden Bezugspersonen behindern hingegen die Autonomieentwicklung und erhöhen das Risiko, später psychische Störungen zu entwickeln.

In Familien bilden sich also verschiedene Sprachstile, Beziehungsmuster und ein bestimmtes emotionales Klima heraus. Letzteres zeigt sich im Umgang mit Krisen und Krankheiten. Das durch kommunikative Botschaften in den Familien vermittelte emotionale Klima wird in der Forschung als „emotionaler Ausdruck" (*expressed emotions*) bezeichnet. Dabei unterscheidet man zwei verschiedene Sprachstile: einen behutsamen emotionalen Ausdruck („low expressed emotions") und einen eskalierenden emotionalen Ausdruck („high expressed emotions"). Die Bedeutung der Sprachstile für die Gesundheitsförderung wurde insbesondere bei schizophren gestörten Personen nachgewiesen (Leff/Vaughn 1981), ist aber inzwischen auch für eine Vielzahl anderer Krankheiten untersucht worden.

Stellen Sie sich zum Beispiel vor, Sie arbeiten als Familienhelfer. Der 53-jährige Familienvater erkrankt an Diabetes. Jetzt ist nicht nur die Qualität der medizinischen Behandlung wichtig, sondern auch die Art und Weise der familiären Kommunikation. Wenn etwa die Ehefrau behauptet, ihr Mann sei selbst an der Krankheit schuld, weil er zu „ungesund" esse, und ihn offen oder nonverbal kritisiert und feindselig anklagt, gilt dies als ein eskalierender emotionaler Ausdruck. Dieser Kommunikationsstil kann auch durch übereifriges Engagement oder die Überzeugung, der Kranke sei seiner Krankheit hilflos ausgeliefert, gekennzeichnet sein. Solch ein Stil dürfte einen produktiven Umgang mit der Krankheit behindern. Hingegen fördert nachweislich ein klarer, verständnisvoller, ressourcenorientierter Kommunikationsstil im Sinne eines behutsamen emotionalen Ausdrucks samt der Überzeugung, dass ein aktiver Umgang mit der Krankheit möglich ist, die Chancen des Mannes, seine Krankheit zu bewältigen.

2.6.3 Ressourcenorientierte Krankheitsbewältigung

Im Krankheitsfall ist die familiäre Bindung eine Hauptquelle der sozialen Unterstützung. Beispielsweise nahmen verheiratete Herz-Bypass-Patienten, die häufig in der Klinik besucht werden, weniger Schmerzmittel ein und erholten sich schneller als eine Kontrollgruppe von Patienten, die weniger soziale Unterstützung durch ihre Familien erhielten (Kulik/Mahler 1993). Ähnliches gilt für die Rehabilitationsphase: Familiär integrierte Herzpatienten sind aktiver und sie genesen rascher (Schröder/Schwarzer/Endler 1997). Andererseits haben Holahan und Moos (1994) nachgewiesen, dass soziale Beziehungen von Patienten sowohl belastend als auch unterstützend wirken. Welche psychischen Faktoren fördern oder hemmen also die Krankheitsbewältigung in Familien? Wie können sich Familienmitglieder richtig verhalten und was sollten sie unterlassen, um den Genesungsprozess zu unterstützen? Und welche Methoden gibt es schließlich für die Soziale Arbeit, etwa in der Familienhilfe, um die gemeinschaftliche Bewältigung zu fördern?

Abb. 2.15: Beispielszene

Nehmen wir als Beispiel die abgebildete Familienszene am nachmittäglichen Esstisch. Die Eltern haben ihre Tochter aus der Schule abgeholt; sie sind erschöpft, trinken Kaffee und rauchen, während die Tochter spielen möchte und sich vor dem Zigarettenrauch ekelt. Als Familienhelfer könnten Sie die Situation folgendermaßen analysieren:

Zum einen wissen Sie vor dem Hintergrund des Konzepts der „expressed-emotions", dass der Umgang mit Belastungen in Familien durch typische emotionale Ausdrucksformen vermittelt wird. Anstatt die Eltern für das fragliche Verhalten, nämlich das Rauchen in Anwesenheit des Kindes, kritisch anzuklagen, könnten Sie achtsam, aber auch sozial aktivierend vorgehen, indem sie verständnisvoll und unparteiisch urteilen: „Diese Eltern brauchen manchmal eine Zigarette!" Eine Stellungnahme wie „Wenn die Eltern rauchen, gefährden sie sich selbst und ihre Tochter!" ist zwar nicht weniger wahr als der vorherige, behutsamere Satz, würde jedoch möglicherweise die Spannung innerhalb des Familiensystems erhöhen.

Zum anderen können Sie vor dem Hintergrund der Attributionstheorie (Weiner 1986) die gedankliche Einordnung des Geschehens überprüfen (Tab. 2.6). Je nachdem, ob Sie ihre Erklärungen auf die Personen oder die Situation beziehen, auf die zeitliche Ausdehnung des Handelns oder die Frage, ob dieses Handeln für die Betreffenden kontrollierbar ist, werden Sie unterschiedliche Handlungsalternativen bevorzugen. Wenn Sie sagen „Die Eltern rauchen, weil sie abhängig sind", nehmen Sie eine internale Attribution vor. Wenn Sie vermuten „Die Eltern rauchen, weil sie im Stress sind", attribuieren Sie external. Berücksichtigen Sie die zeitliche Ausdehnung des Problems, könnten sie entweder sagen „Diese Eltern rauchen ständig" (stabil) oder „Die Eltern rauchen manchmal" (instabil). Schließlich schätzen Sie die Verantwortlichkeit ein, wenn Sie behaupten „Die Eltern können aufhören zu rauchen" (kontrollierbar), oder sie urteilen „Die Eltern müssen rauchen" (unkontrollierbar). In der Regel kombinieren Sie mehrere Dimensionen, etwa: „Die Eltern rauchen ständig, weil sie abhängig sind, aber sie können aufhören zu rauchen."

Tab. 2.6: Mögliche Attributionen in der Beispielszene: Dimensionen und Belegung

Lokation (Personenabhängigkeit)	Internal	„Sie rauchen, weil sie abhängig sind."
	External	„Sie rauchen, weil sie im Stress sind."
Stabilität (zeitlich)	Stabil	„Sie rauchen ständig."
	Instabil	„Sie rauchen manchmal."
Kontrollierbarkeit (Verantwortlichkeit)	Kontrollierbar	„Sie können aufhören zu rauchen."
	Unkontrollierbar	„Sie müssen rauchen."

Im nächsten Schritt lassen sich die beiden analytischen Ebenen verbinden, denn bestimmte Attributionsstile korrespondieren mit dem emotionalen Ausdruck. Falls Sie annehmen, die Eltern seien abhängig und könnten ihre Abhängigkeit kontrollieren, tendieren Sie möglicherweise auch zu beschuldigenden emotionalen Botschaften. Solche Muster sind etwa in Familien von Diabetespatienten festgestellt worden (Wearden u.a. 2006): Überkritische, zu einem eskalierenden emotionalen Ausdruck tendierende Personen verbinden negative Diabetessymptome ihrer Partner (z.B. Unterzuckerung) häufig mit internalen und kontrollierbaren Ursachen. Eine Studienteilnehmerin sagte beispielsweise über ihren Partner: „Sein Problem, die Diabetes zu kontrollieren, kommt von zu reichlichem Essen und mangelnder Übung." Solche Vorwürfe werden hingegen von Personen, die einen behutsamen emotionalen Ausdruck bevorzugen, wesentlich seltener geäußert. Diese Angehörigen unterstellen in ihren Zuschreibungen vielmehr zufällige Faktoren oder einen nur schwer kontrollierbaren Krankheitszustand ihrer Partner.

Der Attributionsstil, das Denken über die Krankheit des Familienmitglieds, beeinflusst also das emotionale Familienklima und schlägt sich auch in typischen Kommunikationsmustern nieder. Weiner (1986) verallgemeinerte solche Zusammenhänge zwischen Gedanken und Gefühlen mit dem Satz: „Wie wir denken, beeinflusst, wie wir fühlen." Seine attributionale Theorie der Emotionen lässt sich als eine Kette darstellen, die von einem Ereignis zu bestimmten Attributionen hinführt, dann eine emotionale Bewertung beinhaltet und schließlich zu einem bestimmten Verhalten oder einer Botschaft übergeht (vgl. Weiner/Perry/Magnusson 1988).

Soziale Unterstützungsversuche in Familien mit einem kranken Familienmitglied können also sowohl unterstützen als auch belasten. Falls Sie als Sozialarbeiter in solchen Familien arbeiten, kommt es nicht nur darauf an, sich ein Bild über das emotionale Klima und die Gedankenwelt dieser Familie zu machen, sondern auch die eigenen professionellen Einstellungen und emotionalen Botschaften zu hinterfragen. Sie fördern die gemeinschaftliche Bewältigung, wenn Sie problematische Attributionen und emotionale Spannungen abbauen. Ein erster Schritt besteht in der Aufklärung über die Krankheiten und deren Verlauf (*Psychoedukation*). Sie sollten behutsam vorgehen, aber auch über riskante Kommunikationsmuster informieren. Um die familiären Ressourcen zu aktivieren, umfasst die Psychoedukation von Angehörigen nicht nur die systematische Aufklärung über die Krankheitsbilder und Risiken, sondern auch Methoden der Stressbewältigung. Letztlich kommt es darauf an, die familiäre Triangulierung zu stärken. Das bedeutet, auch unbewusste Rollenbilder, Beziehungsmuster und Prägungen ernst zu nehmen und sie vor dem Hintergrund der lebensgeschichtlichen und intergenerationellen Einflüsse zu verstehen.

Als Familienhelfer sind Sie ein Teil des Familiensystems und stellen für die Familie eine wichtige Ressource dar. Die Familie soll wieder selbständig werden und insofern arbeiten Sie sozialtherapeutisch daran, die familieneigenen *Ressourcen* zu aktivieren (vgl. Schemmel/Schaller 2003). Jede Familie besitzt Ressourcen, um mit Belastungen konstruktiv umzugehen. Umgekehrt erhöhen Verluste von Ressourcen die Verletzlichkeit der Personen. Um Ressourcen als Stärken und Potentiale, als Kompetenzen und Kraftquellen wahrzunehmen, seien es personale Ressourcen oder in der Umwelt liegende Ressourcen, kommt es in der Sozialen Arbeit darauf an, den Wert und die Funktion der Potentiale zu verdeutlichen (Nestmann 2004). Denn mögliche Potentiale werden erst dann zu Ressourcen, wenn sie von der Person selbst als solche wahrgenommen und als sinnvoll angesehen werden. In der Sozialen Arbeit nutzen Sie das direkte Gespräch und die Beratung, etwa mit Fragen wie „Wann fühlen sie sich wohl?", „Was kann bleiben, wie es ist?", „Was macht Sie zufrieden?" (Willutzki, U./Koban, C./Neumann, B. 2005). Sie können durch inhaltliche Ressourcenaktivierung aktuell wahrnehmbare Potentiale als Stärken verdeutlichen oder Ressourcen, die sich Laufe der gemeinsamen Arbeit ergeben haben, thematisieren. Ebenso verändern und gestalten Sie ihr Arbeitsangebot im Sinne einer prozessualen Ressourcenaktivierung, damit die Klienten in ihrem eigenen Lebensprozess zunehmend Ressourcen wahrnehmen und ausbauen können.

📖 Literaturempfehlungen

Antonovsky, A. (1997): Salutogenese. Zur Entmystifizierung der Gesundheit. Tübingen: dgvt-Verlag.
Knoll, N./Scholz, U./Rieckmann, U. (2005): Einführung in die Gesundheitspsychologie. München: Reinhardt.
Schemmel, H./Schaller, J. (Hrsg.) (2003): Ressourcen. Ein Hand- und Lesebuch zur therapeutischen Arbeit, Tübingen: dgvt-Verlag.

🗒 Gut zu wissen – gut zu merken

Die Sozialpsychologie ist eine einzelne Disziplin innerhalb der Psychologie und erforscht die sozialen Zusammenhänge im individuellen Denken, Fühlen und Handeln. Die sozialpsychologische Grundlagenforschung beschäftigt sich mit allgemeingültigen Fragestellungen, die angewandte Sozialpsychologie mit einzelnen Handlungsfeldern und die praktische Sozialpsychologie mit Problemlösungen im Berufsalltag. Neben psychoanalytischen, systemtheoretischen und soziologischen Ansätzen verfügt die akademische Sozialpsychologie vor allem über experimentelle und kognitiv orientierte Modellvorstellungen.

In der Sozialen Arbeit sind sozialpsychologische Erkenntnisse wichtig, um das Zusammenspiel zwischen den Individuen und der Gesellschaft, aber auch zwischen verschiedenen Gruppen zu verstehen und zu erklären.

Sozialer Einfluss

Ein zentrales Gebiet der Sozialpsychologie ist die Theorie des *sozialen Einflusses*. Die Sozialpsychologie beschäftigt sich auf der Grundlage multifaktorieller Modelle insbesondere mit der individuellen Verarbeitung von aktuellen und situativen Kontextbedingungen (Präsenz anderer, Interaktionen, Rahmenbedingungen). Ein Beispiel für sozialen Einfluss ist die Existenz von sozialen *Normen*, die regulativ auf das Verhalten wirken, Bedürfnisse nach Sicherheit und Zugehörigkeit bedienen und durch Tradition oder Setzung vermittelt werden.

Die ab 1962 an der Yale-Universität von Stanley Milgram durchgeführten Experimente zählen zu den bekanntesten psychologischen Studien und sollten die Wirkung von normativem Einfluss und Autorität demonstrieren. In der Standardversion des Experiments gehorchten 62,5 % der Versuchspersonen der Aufforderung des Versuchsleiters in einem angeblichen Lernexperiment, ihren vermeintlichen „Schülern" einen Elektroschock von 450 Volt zu verabreichen. Die

Milgram-Experimente sind vielfach repliziert worden und führen zu weitreichenden Thesen über die Problematik der menschlichen Bereitschaft zur Konformität.
Konformität ist die Anpassung an die Auffassungen anderer Personen und eine
Wirkung des Einflusses von Mehrheiten in Gruppen. Konformität ergibt sich
durch informativen Einfluss (korrektes Verhalten) oder normativen Einfluss (ak-
zeptiertes Verhalten). Normativer Einfluss führt oft nur zu öffentlicher Konformität, während informativer Einfluss häufig auch private Konformität erzeugt.
Die Neigung zur Konformität ist ein Grundelement menschlichen Handelns zur
Sicherung von Gemeinschaften, kann aber auch in Abhängigkeit umschlagen.
Der Einfluss von *Minderheiten* (Nonkonformität) kann Gemeinschaften desta-
bilisieren, aber auch zu Reformen, Aufklärung und Fortschritt beitragen. Das
sozialpsychologische Wissen über Konformität bestätigt die Bedeutung der individuellen Ethik und Verantwortung sowie der demokratischen Willensbildung
und Toleranz in menschlichen Gemeinschaften.

Soziale Wahrnehmung

Die soziale Wahrnehmung ist vermutlich hypothesengeleitet. Kognitive Schemata und soziale Kategorien strukturieren den Wahrnehmungs- und Erkenntnis-
prozess. Im Sinne der Attributionstheorie versuchen die Menschen im Alltag, das
eigene und das Handeln anderer Menschen durch die Zuschreibung von Ursachen zu erklären. *Attributionen* sind subjektive Ursachenerklärungen, die (nach
Weiner) auf den Dimensionen „Lokation", „Stabilität" und „Kontrollierbarkeit"
beschreibbar sind. Ein *fundamentaler Attributionsfehler* wird begangen, wenn
ausschließlich Personenmerkmale anstatt auch Kontexteinflüsse berücksichtigt
werden. Attributionale Theorien systematisieren die Folgen der Attributionsprozesse für die Beteiligten.

Einstellungen, aber auch stärker schematisierte Stereotype strukturieren die
Wahrnehmung. *Stereotype* werden zu Vorurteilen durch die affektive Bewertung
von fremden Gruppen oder deren Mitgliedern. Es kommt zu Diskriminierungen,
wenn Vorurteile zu Handlungsvorsätzen führen. Dabei kann der Abwehrmechanismus der *Projektion* eine wichtige Rolle spielen, mit dem unerwünschte eigene
Gefühle und Gedanken unbewusst nach außen auf andere Personen übertragen
werden. Vorurteile können durch Vergleiche der eigenen Gruppe mit fremden
Gruppen legitimiert und stabilisiert werden. Der Abbau von gruppenbezogenen
Vorurteilen gelingt im Sinne der *Kontakthypothese*, indem der soziale Kontakt
zwischen den vorurteilsbehafteten Gruppenmitgliedern gefördert wird.

Gruppen und prosoziales Handeln

Die Formen sozialer Systeme lassen sich als „Interaktion", „Gruppe", „Organisation" und „Gesellschaft" unterscheiden. Eine *Gruppe* bildet sich durch
dauerhafte, persönliche Beziehungen mit Zielen, Rollen und Spielräumen sowie
einer Gruppensozialisation, -struktur und -interaktion. Durch „soziale Erleichterung" steigt bei leichten Aufgaben die individuelle Leistung, wenn andere anwesend sind, während sie durch „soziale Hemmung" bei schweren Aufgaben
sinkt. Die reale Gruppenleistung ergibt sich im Sinne der Formel „Gruppenleistung = potentielle Produktivität minus Motivationsverlust minus Koordina-
tionsverlust". Die Theorie der *Sozialen Identität* erklärt Gruppenbildung und

-unterschiede als Ausdruck der individuellen Suche nach einem kongruenten Selbstkonzept.

Prosoziales Verhalten unterscheidet sich vom alltäglichen (auch professionellen) Helfen einerseits und vom (selbstlosen) Altruismus andererseits. Nach dem kognitiven Entscheidungsmodell sind zwei mögliche zentrale Hemmnisse des Hilfehandelns in Notsituationen die Verantwortungsdiffusion und die pluralistische Ignoranz bei der Anwesenheit anderer Personen: Die persönliche Verantwortung für das Hilfehandeln wird an andere Personen delegiert.

Gesundheit

Gesundheit ist laut der Weltgesundheitsorganisation ein „Zustand des vollständigen körperlichen, geistigen und sozialen Wohlergehens". Das Konzept der *Salutogenese* ist ein Baustein des biopsychosozialen Modells von Gesundheit und Krankheit und zielt auf die Entstehung, Erhaltung und Förderung von Gesundheit.

Soziale Unterstützung kann die Bewältigung von Krankheiten signifikant beeinflussen. Soziale Unterstützung lässt sich als quantitativer und im engeren Sinn als qualitativer Aspekt von sozialen Netzwerken beschreiben. Die soziale Unterstützung in Familien ist eine zentrale Ressource für die Bewältigung von Krankheiten. *Familien* sind intime und intergenerationelle soziale Lebensgemeinschaften und der Prototyp von sozialen Gruppen, die gegenseitige Wahrnehmung ist durch Rückkopplung und sozialen Einfluss geprägt. Nach der sozialökologischen Systemtheorie können Familien als Mikrosysteme verstanden werden. Ausreichend gute Kommunikation und stabile frühkindliche Beziehungen führen zur familiären *Triangulierung*. Die familiäre Bewältigung von Belastungen beruht unter anderem auf emotionalen, kognitiven und kommunikativen Faktoren. Das Familienklima wird durch Ursachenerklärungen (Attributionen) und emotionale Botschaften („expressed-emotions") beeinflusst. *Ressourcen* sind Stärken und Kompetenzen von Personen oder Gruppen als relationale Konstrukte von Person- und Umweltressourcen. Ressourcen werden in der Beratung diagnostisch erfasst und inhaltlich oder prozessual aktiviert.

📖 *Literaturempfehlungen*

Jonas, K./Stroebe, W./Hewstone, M. (Hrsg.) (2007): Sozialpsychologie, 5. Aufl., Heidelberg: Springer

Gollwitzer, M./Schmidt, M. (2006): Sozialpsychologie. Workbook. Weinheim: Beltz PVU.

Hartung, J. (2006): Sozialpsychologie (Psychologie in der Sozialen Arbeit, Bd. 3). Stuttgart: Kohlhammer.

Keupp, H. (Hrsg.) (1993): Zugänge zum Subjekt. Perspektiven einer reflexiven Sozialpsychologie. Frankfurt: Suhrkamp.

Werth, L./Mayer, J. (2008): Sozialpsychologie. Berlin, Heidelberg: Springer.

Dieter Wälte

3 Der psychisch gestörte Mensch – Klinische Psychologie

Was Sie in diesem Kapitel lernen können

Klinische Psychologie befasst sich mit der Klärung (Diagnostik) und Bewältigung (Psychotherapie) psychischer Störungen bei einzelnen Personen und bei Störungen im System (Paar, Familie, Gruppe). Der Aufgabenbereich der Sozialen Arbeit ist ähnlich, auch hier geht es um Einzelne und Systeme sowie um Klärung und Bewältigung. Zudem trifft Soziale Arbeit auf eine Klientel, die besonders häufig unter einer psychischen Störung leidet. Allerdings liegt der Schwerpunkt der Sozialen Arbeit bei Klienten mit psychischen Störungen stärker auf Beratung, während Klinische Psychologie den Fokus auf Psychotherapie richtet. Aufgrund der erheblichen Schnittmenge ist Klinische Psychologie deshalb eine „Hilfswissenschaft" für Soziale Arbeit.

Die folgenden Ausführungen haben das Ziel, Sozialarbeiterinnen und Sozialarbeitern einen Grundstock aus dem Basiswissen der Klinischen Psychologie zu liefern, mit dem sie die psychischen Störungen und Probleme ihrer Klientel erkennen und verstehen können. Sie sollen darüber hinaus dazu beitragen, Handlungsstrategien für die Beratung in der Sozialen Arbeit abzuleiten. Dabei sollen insbesondere vier Fragen im Mittelpunkt stehen:

- Woran erkennt man eine psychische Störung und wie ordnet man sie ein?
- Welche psychischen Störungen treten am häufigsten auf und welche Symptome kennzeichnen sie?
- Welche Bedingungen und Ursachen führen zu einer psychischen Störung?
- Wie berät man Klienten mit einer psychischen Störung?

3.1 Warum ist die Perspektive der Klinischen Psychologie wichtig für die Soziale Arbeit?

Ungefähr jeder dritte erwachsene deutsche Bundesbürger im Alter zwischen 18 und 65 Jahren erkrankt im Laufe eines Jahres an einer psychischen Störung (Jacobi/Klose/Wittchen 2004). Bereits bei Kindern und Jugendlichen beträgt der Anteil etwa 20 % (Steinhausen 2006). Vergleichbare Ergebnisse finden sich auch in anderen Ländern (Kessler et al. 2005a). Der Anteil der Klienten der Sozialen Arbeit, der unter einer psychischen Störung leidet, ist aber noch weitaus höher einzuschätzen. So wird in einer Studie der Ulmer Klinik berichtet, dass ca. 60 % der Heranwachsenden in Heimen unter einer psychischen Störung leiden (Schmid

2007). Bei einigen Klientengruppen Sozialer Arbeit überschreitet der Anteil sogar die 90 %-Marke, wie z. B. bei obdachlosen Männern (Fichter u. a. 1999); und bei Klienten in der Psychiatrie erreicht der Anteil selbstevident die 100 %-Marke abzüglich der Patienten, die gesund entlassen werden oder bei denen die Diagnostik keinen Befund erbrachte.

Tab. 3.1: Klinische Psychologie für die Soziale Arbeit

Leitfragen aus der Praxis der Sozialen Arbeit	Antworten aus den Arbeitsbereichen der Klinischen Psychologie
Woran erkennt man eine psychische Störung und wie ordnet man sie ein?	Phänomenologie und Klassifikation
Welche psychischen Störungen treten am häufigsten auf und welche Symptome kennzeichnen sie?	Epidemiologie und Deskription
Welche Bedingungen und Ursachen führen zu einer psychischen Störung?	Ätiologie, Bedingungsanalyse
Wie berät man Klienten mit einer psychischen Störung?	Psychotherapie und Beratung

Diese empirischen Befunde ließen sich beliebig erweitern, sie zeigen jedoch bereits eindrücklich, dass der psychisch gestörte Klient in Tätigkeitsfeldern der Sozialen Arbeit eher die Regel als die Ausnahme ist. Aus diesem Grund benötigen Sozialarbeiter/innen für ihr berufliches Handeln fundierte Kenntnisse über psychische Störungen. Diese Kenntnisse sind in den Fächern Psychiatrie, Psychosomatik, Medizinische Psychologie und insbesondere in der Klinischen Psychologie erarbeitet worden, da sie diejenige Teildisziplin der Psychologie ist, die sich mit den psychischen Störungen und den psychischen Aspekten körperlicher Störungen/Krankheiten befasst (vgl. Baumann/Perrez 1998). Aus dieser Definition wird auch deutlich, dass Klinische Psychologie nicht auf die Tätigkeiten eines Psychologen in einer Klinik reduziert werden kann, da viele Klinische Psychologen als Psychologische Psychotherapeuten außerhalb von Krankenhäusern (z. B. in einer ambulanten psychotherapeutischen Praxis) arbeiten.

Im Unterschied zum Klinischen Psychologen hat der Sozialarbeiter aber nicht die Aufgabe, die psychische Störung exakt zu diagnostizieren oder gar eine Psychotherapie durchzuführen. Allerdings sollte jede Sozialarbeiterin und jeder Sozialarbeiter über Basiswissen zu den psychischen Störungen verfügen, welches in den meisten Praxisfeldern benötigt wird. Die Breite und Tiefe der jeweiligen Kenntnisse ist abhängig von dem spezifischen Arbeitsbereich, in dem die Sozialarbeiter/innen tätig sind. So benötigen Sozialarbeiter/innen, die z. B. in einer psychiatrischen Klinik beschäftigt sind, ein breites Wissen über psychische Störungen, während ein vertieftes Wissen über Demenz den Sozialarbeiterinnen und Sozialarbeitern von besonderen Nutzen ist, die für Senioren im Altenheim zuständig sind.

Das im zweiten Abschnitt dieses Kapitels präsentierte Basiswissen der Klinischen Psychologie ermöglicht es den Sozialarbeiterinnen und Sozialarbeitern, ihren Blick für mögliche psychische Störungen bei ihrer Klientel zu schärfen. Hier steht die Frage im Mittelpunkt: Woran kann der Sozialarbeiter erkennen, dass eine psychische Störung vorhanden sein könnte und wie kann er sie einordnen? Bei Verdacht auf eine psychische Störung soll eine erste Einschätzung erarbeitet werden, wie die psychische Störung grob zu klassifizieren ist, um im Bedarfsfall eine Überweisung an einen Arzt (Hausarzt, Psychiater, Facharzt für Psychosomatische Medizin) oder Psychologischen Psychotherapeuten einzuleiten. Etwas ausführlicher werden deshalb im folgenden Abschnitt solche psychischen Störungen dargestellt, die aufgrund empirischer Untersuchungen besonders häufig in der Bevölkerung vertreten sind und von denen erwartet werden kann, dass sie auch bei der Klientel der Sozialen Arbeit oft in Erscheinung treten. Hier lautet die Leitfrage: Welche psychischen Störungen treten am häufigsten auf und mit welchen Symptomen lassen sie sich beschreiben? Der anschließende Abschnitt dieses Kapitel erörtert mögliche Bedingungen und Ursachen psychischer Störungen. Er vervollständigt den Kanon der Faktoren, die bereits im ersten Kapitel unter der Perspektive der Entwicklungspsychopathologie erörtert wurden und gibt Antwort auf die Schlüsselfrage: Welche Bedingungen und Ursachen führen zu einer psychischen Störung? Kenntnisse über mögliche Ursachen psychischer Störungen erlauben es den Sozialarbeiterinnen und Sozialarbeitern, Maßnahmen zu ergreifen, die auch prophylaktisch auf die Verhinderung psychischer Störungen hinwirken können. So könnte eine Sozialarbeiterin z. B. durch eine Fremdplatzierung eines Kindes in Heimerziehung oder Familienpflege, das von dem leiblichen Vater sexuell missbraucht wird, eine drohende psychische Störung (z. B. posttraumatische Belastungsstörung) lindern oder sogar vorbeugen. Bei anderen Fällen lassen sich aus der Ätiologie auch möglich Prognosen für eine Heilung ableiten und damit Kenntnisse, welche kurz- oder langfristigen Maßnahmen einzuleiten sind. So ist die Prognose für eine psychische Störung aufgrund einer Schädigung des Gehirns anders einzuschätzen als bei einer Störung, die kurzfristig oder mittelfristig durch fehlgeleitetes Lernen (z. B. durch klassisches und operantes Konditionieren bei einer Spinnenphobie) verursacht wurde. Schließlich konzentriert sich das letzte Kapitel auf den Bereich der psychosozialen Beratung, eine Aufgabe, mit der die Soziale Arbeit besonders häufig betraut ist und durch das Basiswissen der Klinischen Psychologie eine besonders wichtige theoretische und praktische Fundierung erfährt. Nicht selten werden Sozialarbeiter/innen wegen der noch oft vorhandenen Unterversorgung (z. B. wegen langer Wartezeiten) durch Psychotherapie (vgl. Schulz u. a. 2006) den Klienten so lange durch Beratung begleiten, bis eine Psychotherapie eingeleitet werden kann. Der letzte Abschnitt sucht also schließlich eine Antwort auf die Frage: Wie berät man Klienten mit einer psychischen Störung bzw. Problemen?

Literaturempfehlungen

Jacobi, F./Klose, M./Wittchen, H.-U. (2004): Psychische Störungen in der deutschen Allgemeinbevölkerung: Inanspruchnahme von Gesundheitsleistungen und Ausfalltage. In: Bundesgesundheitsblatt – Gesundheitsforschung –Gesundheitsschutz, 2004, 47, S. 736–744.
Wittchen, H.-U./Hoyer, J. (Hrsg.) (2006): Klinische Psychologie & Psychotherapie. Heidelberg: Springer.

3.2 Merkmale, Definition und Klassifikation psychischer Störungen

Die meisten sozialarbeiterischen Tätigkeitsfelder (z. B. Jugendhilfe, Schule oder Gesundheitssystem) befinden sich in Schnittfeldern der psychosozialen Versorgung, in denen Personen mit psychischen Störungen um Hilfe bitten. Eine Reihe dieser Klienten ist bei Erstkontakt weder von einem Psychologischen Psychotherapeuten noch von einem Psychiater zur Abklärung der Diagnose gesehen worden. In solchen Situationen kann es hilfreich sein, wenn Sozialarbeiter/innen eine mögliche psychische Störung erkennen können, um die Betroffenen zu einer entsprechenden diagnostischen Abklärung zu motivieren. In vielen anderen Fällen sind Klienten aber auch wegen der Beeinträchtigungen durch eine diagnostisch abgesicherte psychische Störung auf die Hilfe von Sozialarbeiterinnen oder Sozialarbeitern angewiesen. In der Zusammenarbeit mit diesen Klienten ist es wichtig, dass Sozialarbeiter/innen charakteristische Merkmale psychischer Störungen und auch die häufigsten Diagnosen kennen. In speziellen Arbeitsbereichen (z. B. Dogenberatung, Forensische Psychiatrie) sollten Sozialarbeiter/innen sich sogar mit speziellen Diagnosen und deren Symptomatik vertieft auskennen, um den Klienten optimal unterstützen zu können.

Fallbeispiel: Patientin mit paranoider Schizophrenie
Sie arbeiten als Sozialarbeiterin in einer Einrichtung, die nach § 53 Abs. 1 SGB XII Betreutes Wohnen für psychisch gestörte Erwachsene anbietet. Für heute Nachmittag ist ein Termin mit einer 35-jährigen Klientin in ihrer Wohnung vorgesehen, die unter einer paranoiden Schizophrenie leidet. Bereits in der letzten Woche haben Sie die Wohnung in einem sehr ungepflegten Zustand angetroffen. Die Klientin berichtete bereits beim letzten Termin wieder über akustische Halluzinationen in Form von Brummgeräuschen. Erst nachdem Sie mehrmals die Türschelle betätigt hatten, gewährt ihnen die Klientin misstrauisch Zutritt. Sie wirkt sehr ungepflegt und unter starker Anspannung. Sie berichtet sofort darüber, dass von den Nachbarn Strahlen ausgehen, die ihr körperliches Unwohlsein bereiten. Dabei kauert sie sich auf ihr Sofa und wirkt bedrückt und ängstlich. Bei näherer Nachfrage berichtet die Klientin auch über Stimmen, die ihr Befehle geben. Sie vermutet, dass es die Nachbarn sind, kann es jedoch nicht genau bestimmen. Zögerlich gibt sie auch preis, sie habe die verordneten Medikamente nicht mehr genommen.

Aufgrund der Kenntnisse über den Verlauf der Störung entscheiden Sie, dass die Klientin zur Krisenintervention in ein psychiatrisches Krankenhaus gebracht wird. Durch die aktuelle Entwicklung ist Ihnen klar geworden, dass die Patientin ohne therapeutische Hilfe im stationären Setting den akuten Krankheitsschub nicht überwinden kann.

3.2.1 Merkmale und Definition

Auch wenn einige Merkmale von Personen vielleicht die Diagnose einer psychischen Störung nahe legen, wie z. B. das Untergewicht einer jungen Frau die Diagnose einer Anorexie (Magersucht) oder die Flucht eines Mädchens vor einer kleinen Spinne eine Spinnenphobie, so ist die Differenzialdiagnostik einer psychischen Störung in der Regel eine komplexe Aufgabe eines Psychiaters oder Psychologischen Psychotherapeuten. Neben der Abklärung körperlicher Krankheiten (vgl. Stieglitz/Freyberger 2009), bei der sich herausstellen könnte, dass die junge Frau in dem obigen Beispiel eine Krebserkrankung hat, ist für die Diagnostik einer psychischen Störung ein ganzer Katalog von Merkmalen und deren Kombination heranzuziehen (vgl. AMDP 2007, Payk 2007, Schneider/Niebling 2008). Die Komplexität und Vielschichtigkeit der Erhebung eines psychopathologischen Befundes, zu dem die Informationen aus den Selbstaussagen des Patienten und den Fremdbeobachtungen (meist der Untersucher) gesammelt werden, kann durch das AMDP-System verdeutlicht werden (siehe Tab. 3.2):

Tab. 3.2: Der Psychopathologische Befund nach dem AMDP*-System

Merkmalsbereich	Beispiele
Bewusstseinsstörungen	Erleben erhöhter Wachheit nach Drogenkonsum, Benommenheit
Orientierungsstörungen	Probleme bei der räumlichen, zeitlichen oder personenspezifischen Orientierung
Aufmerksamkeits- und Gedächtnisstörungen	Auffassungsstörung, Erinnerungslücken
Formale Denkstörungen	Umständliches Denken, Grübeln
Befürchtungen und Zwänge	Misstrauen, Phobien, Zwangshandlungen
Wahn	Wahnhafte Überzeugung, Schuld auf sich geladen zu haben, Verfolgungsideen
Sinnestäuschungen	Wahrnehmung von Stimmen, ohne dass tatsächlich jemand spricht
Ich-Störungen	Personen oder Gegenstände erscheinen unwirklich
Störungen der Affektivität	Ängstlich, depressiv, hoffnungslos
Störungen des Antriebes und der Psychomotorik	Motorisch unruhig, theatralisch
Zirkadiane Besonderheiten	Morgens schlechter
Andere Störungen	Suizidalität, Aggressivität

*Arbeitsgemeinschaft für Methodik und Dokumentation in der Psychiatrie (AMDP)

Diese Informationen, die bei Bedarf noch durch psychologische Tests oder strukturierte klinische Interviews ergänzt werden (vgl. Schumacher/Brähler 2005, Margraf 2009), können schließlich zeigen, dass der Patient unter einer psychischen Störung leidet. Eine psychische Störung ist vorhanden, wenn bei einer Person abweichend von der Norm ein klinisch bedeutsames Muster von Symptomen in den Bereichen der Emotion, des Verhaltens, des Denkens, des Erlebens oder der Interaktion auftritt, unter dem die Person leidet oder welches sie in wichtigen psychosozialen Funktionsbereichen beeinträchtigt. Die Symptome dürfen nicht auf eine kulturell verständliche Reaktion (z. B. Trauer) oder im Zusammenhang mit Verhaltensweisen stehen, die einen Protest gegenüber gesellschaftlicher Nomen zum Ausdruck bringen sollen (vgl. Wittchen/Hoyer 2006).

Definition einer psychischen Störung nach DSM-IV-TR (Diagnostisches und Statistisches Manual Psychischer Störungen der American Psychiatric Association, APA):

Im DSM-IV wird „jede psychische Störung als ein klinisch bedeutsames Verhaltens- oder psychisches Syndrom oder Muster aufgefasst, das bei einer Person auftritt und das mit momentanem Leiden (z. B. einem schmerzhaften Symptom) oder einer Beeinträchtigung (z. B. Einschränkung in einem oder in mehreren wichtigen Funktionsbereichen) oder mit einem stark erhöhten Risiko einhergeht, zu sterben, Schmerz, Beeinträchtigung oder einen tiefgreifenden Verlust an Freiheit zu erleiden. Zusätzlich darf dieses Syndrom oder Muster nicht nur eine verständliche und kulturell sanktionierte Reaktion auf ein bestimmtes Ereignis sein, wie z. B. den Tod eines geliebten Menschen. Unabhängig von dem ursprünglichen Auslöser muss gegenwärtig eine verhaltensmäßige, psychische oder biologische Funktionsstörung bei der Person zu beobachten sein. Weder normabweichendes Verhalten (z. B. politischer, religiöser oder sexueller Art) noch Konflikte des Einzelnen mit der Gesellschaft sind psychische Störungen, solange die Abweichung oder der Konflikt kein Symptom einer oben beschriebenen Funktionsstörung bei der betroffenen Person darstellt. (Saß u. a. 2003, 979)

3.2.2 Klassifikation

Eine deskriptive Unterscheidung und Präzisierung der psychischen Störungen ist durch eine klassifikatorische Diagnostik möglich, auch wenn diese nicht ganz frei von Nachteilen ist (Kasten).

Klassifikationen

Valide (gültige) und reliable (genaue) Klassifikationen haben mehr Vorteile als Nachteile. Eine Reduzierung der Diagnostik auf Klassifikation ist für die Soziale Arbeit jedoch, wie im Übrigen auch für die Klinische Psychologie, unzureichend (vgl. Wittchen 2006, Stieglitz/Freyberger 2009, Suppiger/Schneider 2009).
Nachteile von Klassifikationssystemen:

• Es besteht eine gewisse Gefahr der Stigmatisierung durch psychiatrische Klassifikation, allerdings spricht das nicht gegen eine Klassifikation generell, sondern mehr gegen den falschen Gebrauch.

- Klassifikationen sind oft nicht reliabel und valide. Dies trifft aber mehr auf die älteren Klassifikationssysteme zu.
- Bestimmte Probleme als psychische Störungen einzuordnen ist fraglich (z. B. Legasthenie)
- Klassifikationssysteme ordnen psychische Störungen nach dem Alles-oder-Nichts-Prinzip ein, also ob die Störung vorhanden ist oder nicht. Eine wichtige Ergänzung dazu ist die dimensionale Diagnostik, bei der eine Einordnung auf einer Skala vorgenommen wird, wie etwa bei der Intelligenz.
- Diagnosen werden oft der Individualität von Personen nicht gerecht, allerdings nur dann, wenn sie einseitig benutzt werden.
- Diagnosen können dazu führen, dass Helfer zu schnell glauben, die richtige „Standard-Intervention" zu wissen, ohne sich der besonderen Umstände des Einzelfalls zu vergewissern.

Vorteile von Klassifikationssystemen:

- Menschen neigen zum Klassifizieren, sodass es nur um die Frage geht, wie präzise eine Klassifikation ist.
- Klassifikationen sind Grundprinzipien der Wissenschaft und fördern die Forschung.
- Klassifikationen versuchen, die wichtigsten Informationen zusammenzufassen und tragen somit zu einer ökonomischen Informationsvermittlung bei.
- Moderne Klassifikationssysteme sind deskriptiv angelegt und können von Praktikern und Forschern unterschiedlicher theoretischer Orientierung akzeptiert werden (Konsens).
- Durch die Klassifikation ist eine detaillierte und systematische Beschreibung von psychischen Störungen möglich (Operationalisierung).
- Psychische Störungen sind nicht alle gleich. Ihre Behandlung erfordert ein differenziertes Vorgehen. Das setzt jedoch voraus, dass man die Art und Schwere der Störung genau beschreiben kann.
- Differenzierte Klassifikationen haben die Entwicklung von störungsspezifischen Therapieverfahren und die Wissensakkumulation gefördert und bieten die Voraussetzung dafür, dass der Betroffene genau das an Therapie und Beratung erhält, was er tatsächlich benötigt.
- Komorbiditäten (statt Hierarchisierung) sind in den modernen Klassifikationssystemen kodierbar und ermöglichen so eine differenzierte Beschreibung der vorhandenen Störungen.

Für die Klassifikation psychischer Störungen liegen zwei Manuale vor. Zum einen das Kapitel V (F) der ICD (International Classification of Diseases), das von der Weltgesundheitsorganisation herausgegeben wird (vgl. Dilling/Mombour/ Schmidt 2010), und zum anderen das DSM (Diagnostic and Statistical Manual of Mental Disorders) der American Psychiatric Association in der aktuellen Ausgabe aus dem Jahre 2003 (DSM-IV-TR, vgl. Saß u. a. 2003). Nach der internationalen Klassifikation psychischer Störungen ICD-10 Kapitel V (F) lassen sich 10 Hauptkategorien unterscheiden:

- F0: Organische, einschließlich symptomatischer psychischer Störungen: Erfasst werden hier psychische Störungen aufgrund einer Schädigung oder Funktionsstörung des Gehirns oder einer körperlichen Erkrankung.
- F1: Psychische und Verhaltensstörungen durch psychotrope Substanzen: Hier werden psychische Störungen klassifiziert, die durch Opioide, Cannabinoide oder andere psychotrope Substanzen verursacht werden: akute Intoxikation, schädlicher Gebrauch, Abhängigkeitssyndrom, Entzugssyndrom, psychotische Störung und sonstige Folgen.
- F2: Schizophrenie, schizotype und wahnhafte Störungen: In diese Kategorie fallen alle nicht-organischen psychotischen Störungen.
- F3: Affektive Störungen: Hierzu zählen die verschiedenen Formen der Depression und Manie.
- F4: Neurotische, Belastungs- und somatoforme Störungen: In diese Gruppe fallen die Angststörungen, die Zwangsstörungen, die Reaktionen auf schwere Belastungen und Anpassungsstörungen, die dissoziativen Störungen (Konversionsstörungen) und die somatoformen Störungen.
- F5: Verhaltensauffälligkeiten mit körperlichen Störungen und Faktoren: Hierzu zählen die Essstörungen, die nichtorganischen Schlafstörungen, die sexuellen Funktionsstörungen, die psychischen und Verhaltensstörungen im Wochenbett, psychische Faktoren und Verhaltenseinflüsse bei hauptsächlich körperlich verursachten Störungen und schädlicher Gebrauch von nicht abhängigkeitserzeugenden Substanzen.
- F6: Persönlichkeits- und Verhaltensstörungen: In diese Kategorie fallen die spezifischen Persönlichkeitsstörungen, die andauernden, nicht durch eine Schädigung oder Krankheit des Gehirns bedingten Persönlichkeitsveränderungen, die abnormen Gewohnheiten und Störungen der Impulskontrolle, die Störungen der Geschlechtsidentität sowie der Sexualpräferenz und psychische und Verhaltensprobleme in Verbindung mit der sexuellen Entwicklung und Orientierung.
- F7: Intelligenzminderung: Diese wird nach unterschiedlichen Schweregraden aufgeschlüsselt.
- F8: Entwicklungsstörungen: In diese Gruppen fallen zum einen die umschriebenen Entwicklungsstörungen (Sprechen, Sprache, schulische Fertigkeiten, motorische Funktionen) und tiefgreifende Entwicklungsstörungen wie z.B. der frühkindliche Autismus.
- F9: Verhaltens- und emotionale Störungen mit Beginn in Kindheit und Jugend: Hierzu zählen hauptsächlich die hyperkinetischen Störungen, die Störungen des Sozialverhaltens, die kombinierten Störungen des Sozialverhaltens und der Emotionen, die emotionalen Störungen des Kindesalters, die Störungen sozialer Funktionen mit Beginn in der Kindheit und die Ticstörungen.

Literaturempfehlungen

Dilling, H./Mombour, W./Schmidt, M.H. (Hrsg.) (2010): Internationale Klassifikation psychischer Störungen. ICD-10 Kapitel V (F) Klinisch-diagnostische Leitlinien. Bern: Huber.

Saß, H. u.a. (2003): Diagnostisches und Statistisches Manual Psychischer Störungen –
Textrevision. DSM-IV-TR. Göttingen: Hogrefe.
Stieglitz, R.-D./Freyberger, H.J. (2009): Psychiatrische Diagnostik und Klassifikation. In:
Berger, M. (Hrsg.): Psychiatrische Erkrankungen. München: Urban und Fischer, S. 41–
68.

3.3 Die häufigsten psychischen Störungen

Aufgrund der umfangreichsten bisher durchgeführten repräsentativen Erhebun-
gen in den USA im Rahmen der NCS-R-Studie (National Comorbidity Survey
Replication, vgl. Kessler et al. 2005b, Lenzenweger et al. 2007) und in Deutschland (Bundesgesundheitssurvey 1998/99, Zusatzsurvey „Psychische Störungen",
vgl. Jocobi/Klose/Wittchen 2004) ergibt sich ein relativ genaues Bild darüber,
welche psychischen Störungen am häufigsten auftreten.

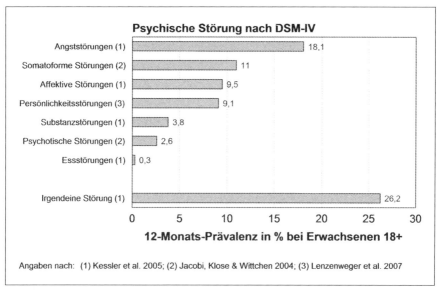

Abb. 3.1: 12–Monats–Prävalenz psychischer Störungen bei Erwachsenen

Wenn man den Zeitraum, zu dem die Bevölkerung Angaben über psychische
Symptome machen soll, von 12 Monaten auf das bisherige Leben ausdehnt (Le-
benszeitprävalenz), so wird deutlich, dass die meisten Personen mit psychischen
Störungen mehr als eine Störung gleichzeitig oder zumindest im Verlauf des Le-
bens vorweisen können (vgl. Kessler et al. 2005b). Damit ist das Phänomen der
Komorbidität angesprochen, d.h. das Auftreten von mehr als einer spezifischen
Störung bei einer Person in einem definiertem Zeitraum (vgl. Westen/Novotny/
Thompson-Brenner 2004; Jacobi/Vossen/Wittchen 2009).

Aufgrund der Verbreitung in der Allgemeinbevölkerung müssen Sozialarbeiter/innen damit rechnen, dass ihre Klienten besonders häufig unter Angststörungen, somatoformen Störungen, affektiven Störungen und Persönlichkeitsstörungen leiden. Jedoch auch in der Allgemeinbevölkerung selten vorkommende psychische Störungen, wie z. B. Psychosen, können wegen der Chronizität und besonderen Schwere für den Betroffenen eine so starke Belastung werden, dass sozialarbeiterische Unterstützung in Anspruch genommen werden muss. Das Vorliegen von Komorbidität oder Multimorbidität erhöht den Schweregrad der Störung und führt nicht selten in eine Situation, in der der Betroffene ohne fremde Hilfe nicht mehr seinen Alltag bewältigen kann.

Querschnittskomorbidität bedeutet dabei das simultane Vorkommen verschiedener psychischer Störungen zu einem definierten Zeitpunkt und Längsschnittskomorbidität bezieht alle relevanten psychischen Störungen während des Lebens ein. Wenn dann neben einer oder mehreren psychischen Störungen noch zusätzlich körperliche Erkrankungen vorliegen, spricht man von Multimorbidität. Personen, die von Komorbidität oder Multimorbidität betroffen sind und damit auch zu den schweren Fällen gerechnet werden (vgl. Kessler et al. 2005b), müssen wegen ihrer Störungen oft erhebliche psychosoziale Folgen tragen; sie werden deshalb mit großer Wahrscheinlichkeit zum Klientel Sozialer Arbeit.

Fallbeispiel mit Komorbidität: Panikstörung und Störung durch Alkohol
Sie arbeiten als Sozialarbeiter in einem Team einer Entgiftungsstation einer psychiatrischen Klinik. Im Verlauf der Teamsitzung stellt der behandelnde Psychotherapeut Herrn M., 45 Jahre, vor: Herr M. leide an einer Panikstörung, die nun schon seit zwei Jahren bestehe. Wegen der Angsterkrankung habe er vor einem Jahr seinen Job als Heizungsmonteur verloren. Sein Chef sei mit seinen vielen Fehltagen nicht mehr einverstanden gewesen. Nach seiner Kündigung habe er sich sozial stark isoliert. Sozialen Rückzug in Problemsituationen kenne er schon seit seiner Jugendzeit. Er halte sich selbst für sehr schüchtern. Nun traue er sich kaum noch aus dem Hause. Er verbringe sehr viel Zeit mit Fernsehen. Dabei trinke er im Schnitt 8 Flaschen Bier. Ohne den Alkohol komme er nicht mehr zurecht. Er sehe seinen Alkoholkonsum in Zusammenhang mit seinen Ängsten. Deshalb habe er beschlossen, zunächst etwas gegen seine Angststörung zu tun. Der Hausarzt habe ihm aber zunächst empfohlen, eine Entgiftungsbehandlung auf dieser Station vorzunehmen. Im Team wird besprochen, für den Klienten auch sozialarbeiterische Hilfen anzubieten: Unterstützung bei der Arbeitssuche, Motivation für die Entgiftung und Vermittlung in die Selbsthilfegruppe der Anonymen Alkoholiker (AA) am Wohnort des Klienten.

3.3.1 Angststörungen

Angst und Ängstlichkeit sind als eine der Grundemotionen des Menschen wie auch Wut oder Freude ganz normal und haben eine lebenswichtige Funktion.

Sie stellen ein Alarmsignal für den Menschen dar, das bei Gefahrenreizen in lebensbedrohlichen Situationen blitzschnell alle notwendigen Energien mobilisiert (vgl. Bandelow 2001). Demgegenüber sind Angststörungen durch eine nicht-kontrollierbare, intensiv erlebte übersteigerte Angst ohne objektive Gefahr gekennzeichnet, die über einen längeren Zeitraum auftreten kann und damit das alltägliche Leben so stark beeinflussen und einschränken kann, dass ein Leidensdruck entsteht. Nach Wittchen u.a. (1997) liegt eine Angststörung vor, wenn sie unangemessen stark ist,

- sie zu häufig und zu lange auftritt
- man die Kontrolle verliert
- man Angstsituationen vermeiden muss und
- man stark unter ihr leidet

Ergänzend zu den vorhandenen Klassifikationssystemen lassen sich nach Abb. 3.2 die Angststörungen nach dem auslösenden Angstreiz (Stimulus) unter zwei Dimensionen unterscheiden, nämlich hinsichtlich der Spezifität des Reizes (spezifisch vs. unspezifisch) und der Lokation (innen vs. außen).

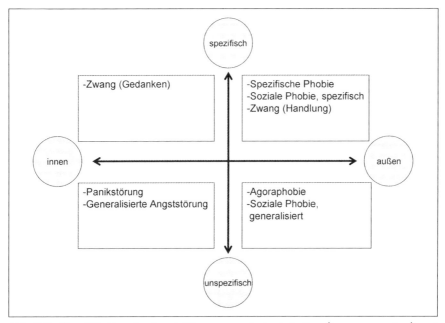

Abb. 3.2: Klassifikation der Angststörungen nach der Lokation (innen vs. außen) und der Spezifität (spezifisch vs. unspezifisch) des Angststimulus

Allen diesen Angststörungen sind im Wesentlichen drei Symptomebenen gemeinsam:

- Auf der körperlichen Ebene Symptome wie Zittern, Herzrasen, Schwitzen, Übelkeit, (Schwank-)Schwindel, Luftnot, Brustschmerzen;

- auf der Verhaltensebene Strategien der Vermeidung und
- auf der kognitiven Ebene belastende Gedanken, Befürchtungen, Phantasien.

Panikstörung

Bei der Panikstörung erlebt der Betroffene wiederkehrende, schwere Episoden von Angstattacken (Panikattacken), die für ihn unvorhersehbar sind, weil sie nicht an spezifischen Situationen gebunden sind, sondern wie „aus heiterem Himmel" auftreten können. Die Panikattacken werden durch starke körperliche Symptome begleitet, wie Schwindel, Erstickungsgefühl, Brustschmerz, Übelkeit oder Herzklopfen. Deshalb gehen die Betroffenen oft lange Zeit einer körperlichen Ursachensuche nach (vgl. Margraf/Schneider 2009).

Der Begriff Panikstörung leitet sich von dem altgriechischen Hirtengott Pan ab, der so ein furchtbares Äußeres hatte, dass selbst seine Mutter ihn verließ. Wenn er aufgeweckt wurde, versetzte er aufgebracht den Schuldigen plötzlich in Schrecken und Panik.
Foto: Wälte

Agoraphobie

Das Hauptmerkmal der Agoraphobie (agora = griechisch: offener Platz) besteht in der Angst vor bestimmten Orten, von denen eine Flucht schwierig ist. Die Angst tritt insbesondere in Menschenmengen, auf öffentlichen Plätzen, bei Reisen mit weiter Entfernung von Zuhause oder bei Reisen alleine auf. Entsprechende Situationen werden nach Möglichkeit vermieden oder nur unter ausgeprägtem Unbehagen oder in Begleitung anderer Personen ausgehalten. Agoraphobien führen nicht selten dazu, dass der Betroffene sich von dem öffentlichen Leben völlig zurückzieht und sein Dasein zu Hause verbringt (vgl. Margraf/Schneider 2009).

Spezifische Phobie/isolierte Phobie

Eine spezifische Phobie liegt vor, wenn der Betroffene ausgeprägte und übertriebene Ängste hat, die auf eine klar umschriebene Situation oder ein Objekt beschränkt sind und bei Kontakt meistens eine unmittelbare Angstreaktion bis hin zu Panikattacken auslösen. Die spezifische Phobie wird deshalb in der Regel auch von starkem Vermeidungsverhalten gegenüber dem Angstreiz begleitet (vgl. Becker 2006). Nach dem angstauslösenden Reiz kann die spezifische Phobie weiter differenziert werden in den Tier-Typus (z.B. Angst vor Hunden oder Spinnen), den Umwelt-Typus (z.B. Angst vor Dunkelheit oder Höhen), den Blut-Spritzen-Verletzungs-Typus (z.B. Angst vor Blut oder Spritzen) und den situativen Typus (z.B. Angst vor dem Fliegen oder geschlossenen Räumen). Bei Phobien des Blut-

Spritzen-Verletzungs-Typus zeigen die Betroffenen nicht lediglich eine vegetative Übererregung, sondern eine biphasische Reaktion: Nachdem Herzrate und Blutdruck wie bei den anderen Phobien zunächst angestiegen sind, folgt deren rapider Abfall, der zu Ohnmachtsanfällen führen kann (vgl. Öst 2009).

Soziale Phobie

Soziale Phobien sind durch Angstreaktionen in sozialen Interaktions- und Leistungssituationen, wie z. B. Essen und Trinken in Anwesenheit anderer, Sprechen in der Öffentlichkeit oder Prüfungen, gekennzeichnet. Sie sind also auf bestimmte soziale Situationen bezogen, die nach Möglichkeit vermieden werden (vgl. Fehm 2006, Fydrich 2009). Insbesondere besteht die Angst darin, sich zu blamieren oder einer negativen Kritik ausgesetzt zu sein. Beim generalisierten Subtypus der sozialen Phobie beschränkt sich die soziale Phobie nicht lediglich auf spezifische Situationen (Prüfungsangst), sondern weitet sich auf eine Vielzahl von Situationen aus. Falls der Betroffene mit den angstbesetzten sozialen Situationen konfrontiert wird, treten vegetative Symptome auf, wie z. B. Zittern, Übelkeit oder Erröten, die sich bis zu einer Panikattacke steigern können. Dabei hegt der Betroffene nicht selten die Befürchtung, dass die Mitmenschen die körperlichen Merkmale der Angst bemerken könnten, wodurch die Symptome noch weiter verstärkt werden (vgl. Stangier/Heidenreich/Peitz 2009). Als Reaktion darauf häuft sich sein Vermeidungsverhalten und endet nicht selten in einer extremen sozialen Isolation.

Generalisierte Angststörung

Fallbeispiel mit generalisierter Angststörung
Frau U., 45 Jahre, verheiratet, keine Kinder, schildert im Beratungsgespräch eine Reihe von körperlichen Symptomen. Dabei stehen Ruhelosigkeit, Ermüdbarkeit, Konzentrationsschwierigkeiten, Reizbarkeit und Schlafstörungen im Mittelpunkt. Die Symptome bestehen nun schon seit zwei Jahren, eine gründliche gynäkologische Untersuchung konnte ihren Verdacht auf den Beginn der Wechseljahre nicht erhärten. Die Beraterin bemerkt bereits im Erstgespräch, dass sich die Gedanken der Patientin ständig um ihre Arbeit und um ihre Partnerschaft drehen. Ihrem Ehemann mag sie schon gar nicht mehr von ihren Sorgen berichten, da dieser ihr auch kaum noch richtig zuhört. Nur wenn sie sich Sorgen über seine Gesundheit macht, spricht sie das an. Mittlerweile weiß sie schon gar nicht mehr, ob die Inhalte der Sorgen schlimmer sind oder doch vielmehr die Erkenntnis, dass sie sich immer Sorgen macht.

Bei der generalisierten Angststörung leidet der Betroffene unter einer übermäßigen und schwer kontrollierbaren Erwartung im Sinne von andauernden Alltagssorgen begleitet von andauerndem Grübeln (vgl. Becker 2009). Der Begriff „generalisiert" drückt dabei die Vielfältigkeit der Lebensbereiche aus, die durch die Befürchtungen (z. B. Sorge über zukünftiges Unglück, Nervosität, Konzentrationsschwierigkeiten) beschrieben werden. Neben den Sorgen zeigen die Betroffenen motorische Unruhe (z. B. Zittern, körperliche Unruhe) und eine vegetative Übererregbarkeit (z. B. Schwitzen, Schwindelgefühle).

Posttraumatische Belastungsstörung

Nach den Leitlinien des DSM-IV, nicht jedoch nach der Klassifikation der ICD-10, werden die posttraumatischen Belastungsstörungen zu den Angststörungen gerechnet. Sie ist die einzige Angststörung, die durch eine definierbare auslösende Ursache gekennzeichnet ist und durch das Eigenerleben oder Beobachten eines Traumas ausgelöst wird (vgl. Ehlers 1999, Frommberger u. a. 2009). Als Trauma bezeichnet man hier eine Situation mit außergewöhnlicher Bedrohung oder katastrophenartigen Ausmaßes (z. B. Naturereignisse, Kampfhandlung, Unfall, Folter, Vergewaltigung) begleitet von intensiver Furcht, Hilflosigkeit oder Entsetzen. Auf der Symptomebene kommt es zu sich wiederholendem Erleben der traumatischen Erfahrung (Intrusionen, Flashbacks, Alpträume), verbunden mit einem Gefühl der Betäubtheit oder emotionalen Stumpfheit (z. B. Teilnahme- und Freudlosigkeit, Entfremdung) als verzögerte Reaktion auf das erlebte Trauma. Darüber hinaus besteht eine vegetative Übererregbarkeit (Hyperarousal) mit Schreckhaftigkeit und Hypervigilanz und ein ausgesprochenes Vermeidungsverhalten gegenüber den Situationen, die mit dem Trauma verbunden sind (vgl. Maercker/Michael 2009). Einige Betroffene sind unfähig, sich an das Trauma oder Einzelheiten der traumatischen Situation zu erinnern. Aktuelle neurobiologische Studien zeigen, dass diese Symptome mit funktionellen und sogar strukturellen Veränderung im Gehirn einhergehen (vgl. Kasai et al. 2008).

Zwangsstörung

Fallbeispiel mit Zwangsstörung
Schilderung einer 25-jährigen Studentin in der Beratungsstelle der Universität: „Gestern habe ich wieder zwei Stunden geduscht. Ich hatte mir so fest vorgenommen, nur 10 Minuten unter die Dusche zu gehen. Jedoch nachdem ich mit meinem Professor meine Bachelorarbeit besprochen habe und er mit meiner Leistung unzufrieden war, kam ich mir so schmutzig vor. Die vielen Menschen in der Uni verbreiten so viel schlechte Luft und die Keime dringen in meinen Körper ein. Aber ich fühle mich irgendwie besser, wenn ich nach der Uni dusche. Meine Eltern bezahlen mir die Wohnung, sie wundern sich immer über meine hohe Gasrechnung und haben sich schon beim Vermieter beschwert. In der letzten Zeit wird alles noch viel schlimmer, ich putze jeden Tag drei Stunden meine Wohnung. Danach falle ich erschöpft in mein Bett. Ich kann in so einer schmutzigen Wohnung doch nicht arbeiten."

Zwangsstörungen sind charakterisiert durch Zwangshandlungen (z. B. extrem häufiges Händewaschen, extrem häufiges Kontrollieren von Gegenständen) oder Zwangsgedanken (z. B. Impulse, Vorstellungen, Ideen), die stereotyp ausgeprägt wiederholt werden und mit denen sich der Betroffene immer wieder beschäftigt (vgl. Kordon/Wahl/Hohagen 2009). Er erlebt einen inneren, subjektiven Drang, bestimmte Dinge zu tun oder zu denken und kann trotz persönlichem Widerstand gegen den Zwang davon nicht ablassen. Selbst die tiefe Einsicht, dass die Gedanken oder Handlungen sinnlos, übertrieben und ineffektiv sind und auch als eigene Gedanken erkannt werden, hilft dem Betroffenen nicht, die Zwänge zu unterbinden (vgl. Salkovskis/Ertle/Kirk 2009). Vielmehr entfacht die Vermeidung der Zwänge erhebliche Angst, dass für unheilvoll gehaltene Ereignisse eintreten könnten. So lindert z. B. das extrem häufige und zeitlich ausgedehnte Händewaschen kurzfristig die Befürchtung des Betroffenen, dass er von Bakterien kontaminiert werden könnte. Bei den Zwangshandlungen stehen meistens das Kontrollieren, Waschen oder Reinigen, Wiederholen und Zählen im Mittelpunkt, während sich bei den Zwangsgedanken die Themen häufig um aggressive Inhalte oder Befürchtungen vor Verschmutzung bewegen (vgl. Rasche-Räuchle/Winkelmann/Hohagen 1995). Nach dem Klassifikationssystem der ICD-10 spricht man von einer Zwangsstörung, wenn die Zwangsgedanken oder -handlungen mindestens zwei Wochen lang an den meisten Tagen bestehen, sie quälend und störend sind, als unangenehm empfunden werden und als eigene Gedanken oder Impulse für den Patienten erkennbar sind.

3.3.2 Somatoforme Störungen

Der Leser möge sich vorstellen, dass er sich eine schöne gelbe Zitrone kauft, diese mit einem scharfen Messer in der Mitte durchschneidet, eine Hälfte in die Hand nimmt und „genüsslich" an der Schnittfläche leckt. Wenn durch das Lesen dieses Satzes beim Leser Speichelfluss ausgelöst wurde, wird sofort klar, dass psychische Phänomene (hier: Gedanken) körperliche Reaktionen auslösen können. Die hier beschriebene Reaktion ist konditioniert und harmlos. Wenn Personen aber häufig und lange psychischen Belastungen ausgesetzt sind, kann sich der Körper auf vielfältige Art und Weise mit als unangenehm empfundenen Symptomen melden, ohne dass ein organischer Befund vorliegt.

Die Bezeichnung „somatoforme Störungen" dient als Oberbegriff für eine Gruppe von Störungen, bei denen medizinisch unklare körperliche Symptome oder Befürchtungen bezüglich körperlicher Erkrankung oder äußerer Erscheinung im Vordergrund stehen (vgl. Martin/Rief 2006). Ältere Bezeichnungen weisen oft auf somatoforme Störungen hin, z. B. funktionelle Beschwerden, psychovegetative Labilität, larvierte Depression, vegetative Dystonie (vgl. Henningsen u. a. 2002). Die Störungen erscheinen körperlich verursacht, sind es jedoch nach dem gegenwärtigen Erkenntnisstand nicht. Betroffene mit somatoformen Störungen hegen jedoch die Befürchtung oder Überzeugung, eine schwere körperliche Krankheit zu haben. Somatoforme Störungen äußern sich insgesamt in Beschwerden des Betroffenen, die nicht vollständig durch einen körperlichen Befund, eine Substanzeinwirkung oder durch eine andere psychische Störung erklärt werden können.

Personen mit somatoformen Störungen zeigen zwar oft ähnliche Symptome, wie das bei depressiven Patienten der Fall ist (Abgeschlagenheit, Mattigkeit, Erschöpfung, Gereiztheit, Nervosität, Angst, Niedergeschlagenheit, Schlafstörungen, Appetitlosigkeit, Übelkeit, Schwindel, Kopfdruck, Schwitzen und flüchtige Organbeschwerden, vgl. Tress 1997), sie lassen sich nach Rudolf/Henningsen (2003) jedoch noch mit weiteren Merkmalen beschreiben: Überzeugung somatischer Erkrankung, Rückzugs- und Schonverhalten, häufige Arztkontakte, Suche nach Rückversicherung und Entängstigung, Drängen auf organische Untersuchungen und risikoreiche Medikamenteneinnahme. Nach der deutschen

Modifikation des ICD-10-Kataloges (ICD-10-GM = German Modifikation) ist das Charakteristikum somatoformer Störungen die wiederholte Darbietung körperlicher Symptome in Verbindung mit hartnäckigen Forderungen nach medizinischen Untersuchungen, trotz wiederholter negativer Ergebnisse und Versicherung der Ärzte, dass die Symptome nicht körperlich begründbar sind. Stellt der Arzt jedoch somatische Störungen fest, dann erklären sie nicht die Art und das Ausmaß der Symptome, das Leiden daran und die Befürchtungen des Patienten.

Die somatoformen Störungen lassen sich nach der ICD-10-Klassifikation weiter in vier Unterkategorien unterteilen (Abb. 3.3).

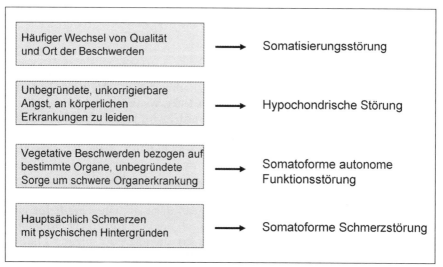

Abb. 3.3: Leitsymptome bei somatoformen Störungen und diagnostische Einordnung nach ICD-10

Somatisierungsstörung

Die Somatisierungsstörung ist gekennzeichnet durch vielfältige, wiederholt auftretende und häufig wechselnde körperliche Symptome, die wenigstens zwei Jahre bestehen, bevor eine Vorstellung beim Psychiater oder Klinischen Psychologen erfolgt (vgl. Rief 2009). Die meisten Betroffenen blicken auf eine lange Patienten-Karriere, während der viele Untersuchungen ohne Befund und ergebnislose explorative Operationen durchgeführt worden sein können. Trotzdem halten die Patienten hartnäckig daran fest, dass die Symptome körperlich verursacht sind. Jeder Körperteil oder jedes System des Körpers kann von den Symptomen betroffen sein. Allerdings werden gastrointestinale Beschwerden (z. B. Aufstoßen, Übelkeit), abnorme Hautempfindungen (z. B. Jucken, Brennen, Taubheitsgefühl), sexuelle und menstruelle Störungen besonders häufig berichtet. Die Störung ist chronisch und nicht selten mit erheblichen sozialen, interpersonalen und familiären Folgen verbunden. Deshalb wird sie oft begleitet von Depression und Angst.

Fallbeispiel mit Somatisierungsstörung
Sie arbeiten als Sozialarbeiterin in einer psychosomatischen Klinik. Zu dem Konzept der Klinik gehören sozialarbeiterische Hilfestellungen gleich zu Beginn der Behandlung. Sie besprechen mit einem Patienten, wie er wieder in das Berufsleben integriert werden kann. Heute am Montag, 11.00 Uhr, haben Sie einen Termin mit Herrn P., 35 J., vereinbart:

Er arbeitete etwa 10 Jahre als Programmierer bei einer kleinen Software-Firma. Leider liefen die Geschäfte im letzten Jahr nicht mehr so gut, deshalb wurde ihm vor einem halben Jahr die betriebsbedingte Kündigung ausgesprochen. Immerhin hat er im letzten Monat zwei Vorstellungsgespräche gehabt. Allerdings endeten beide Gespräche mit einer Absage. Nun ist ihm sein letzter Halt abhanden gekommen. Seine Freundin trennte sich von ihm vor zwei Jahren. Sie war es leid, immer auf Freizeit zu verzichten, wenn er Überstunden gemacht hat.

Seit der Arbeitslosigkeit haben die Rückenschmerzen erheblich zugenommen. Ohne Rückenbeschwerden war er seit dem Hexenschuss vor drei Jahren nie. Seit zwei Jahren klagt Herr P. über zunehmende diffuse Beschwerden: Kopfschmerzen, Konzentrationsmangel, Schwankschwindel, Blähungen, Unverträglichkeit von Hülsenfrüchten, Schluckschwierigkeiten und Sensibilitätsstörungen in der rechten Hand (besonders bei Bedienung der Maus). Am meisten fühlt er sich durch die unregelmäßigen Herzschläge irritiert, die dann am auffälligsten sind, wenn er abends im Bett auf dem Rücken liegt und auf sein Herz achtet. Dann schreckt er zusammen und kann kaum noch einschlafen.

Hypochondrische Störung

Aus der Laienperspektive wird diese Störung oft belächelt und dem Betroffenen unterstellt, dass er sich die Krankheiten nur einbildet (Molière, Der eingebildete Kranke). Tatsächlich leidet er jedoch unter quälenden Ängsten, eine ernsthafte Erkrankung zu haben. Das typische Kennzeichen der hypochondrischen Störung ist eine intensive Beschäftigung mit der Möglichkeit, an einer oder mehreren schweren und fortschreitenden körperlichen Krankheiten zu leiden (vgl. Rief/Hiller 1998, Salkovskis/Ertle 2009). Das führt dazu, dass auch normale Körpersymptome, auf die ein gesunder Mensch gar nicht achten würde, als drohende Krankheitszeichen fehlinterpretiert werden. Einige Betroffene sind darüber hinaus oder ausschließlich mit der eigenen körperlichen Erscheinung beschäftigt und heben Merkmale ihres Körpers hervor, mit denen sie nicht zufrieden sind (Dysmorphophobie).

Somatoforme autonome Funktionsstörung

Die Betroffenen schildern ihre Symptome so, als läge eine körperliche Erkrankung vor. Allerdings können zwei Symptomgruppen festgestellt werden, mit denen man auf eine somatoforme autonome Funktionsstörung schließen kann – unter der Bedingung, dass die somatische Abklärung keinen Befund erbrachte. Die erste Gruppe von Symptomen bezieht sich auf vegetative Symptome wie Herzklopfen, Schwitzen, Erröten oder Zittern; sie sind Ausdruck der Befürchtung des Patienten, an einer körperlichen Krankheit zu leiden. Die zweite Gruppe umschließt unspezifische subjektive Beschwerden wechselnder Natur (z. B. flüchtige Schmerzen, Brennen, Schwere, Enge), die von dem Patienten auf ein Organ oder Organsystem bezogen werden. Nach der weiteren Differenzialdiagnostik können die somatoformen autonomen Störungen noch weiter ausdifferenziert werden: Herz und Kreislauf, oberes Verdauungssystem, unteres Verdauungssystem, Atmungssystem und Urogenitalsystem (vgl. Henningsen u. a. 2002).

Anhaltende somatoforme Schmerzstörung

Bei der anhaltenden somatoformen Schmerzstörung leidet der Betroffene unter einem andauernden, schweren und quälenden Schmerz, der weder durch einen physiologischen Prozess noch durch eine körperliche Störung hinreichend erklärt werden kann. Er tritt in Verbindung mit bedeutsamen emotionalen Konflikten oder psychosozialen Belastungen auf, denen die Hauptrolle für Beginn, Schweregrad, Exazerbation oder Aufrechterhaltung der Schmerzen zukommt (vgl. Henningsen u. a. 2002, Kröner-Herwig 2009).

Eine besondere Untergruppe der somatoformen Schmerzstörung stellt nach ICD-10 die „chronische Schmerzstörung mit somatischen und psychischen Faktoren" dar. Hierbei handelt es sich um Schmerzen seit mindestens sechs Monaten in einer oder mehreren anatomischen Regionen, die ihren Ausgangspunkt in einem physiologischen Prozess oder einer körperlichen Störung haben. Psychischen Faktoren wird zwar auch hier eine wichtige Rolle zugesprochen, jedoch nicht als Ursache für den Beginn des Schmerzleidens.

3.3.3 Depressionen

Das Wort Depression (lat. „deprimere": herunter-, niederdrücken) bedeutet „bedrückte Stimmung". Allerdings liegt nicht immer bei einer gedrückten Stimmung, wie bei der Traurigkeit, eine Depression im Sinne einer psychischen Störung vor, da diese Emotion ein normales Gefühl ist. Traurigkeit ist biologisch fest in uns angelegt und kommt bei jedem Menschen vor, jedoch in der Regel nur vorübergehend. Sie schwankt in Abhängigkeit davon, womit die Person sich gerade beschäftigt, und kann von der Person erklärt werden. Schließlich ist es auch möglich, die Traurigkeit durch positive Ereignisse und Tätigkeiten zu unterbrechen (vgl. Hautzinger/Stark/Treiber 1994; Beesdo/Wittchen 2006; Hautzinger 2009).

Depressive Episode

Fall mit depressiver Episode
Sie arbeiten als Sozialarbeiterin in einer Gesamtschule und bekommen eine E-Mail von Petra, 16 Jahre alt: „Ich bin seit den letzten Monaten einfach nur noch traurig und innerlich so leer. Meine Gedanken kreisen und kreisen, ohne dass irgendein Resultat dabei heraus kommt. Mein komisches Gefühl unterscheidet sich von der Traurigkeit, die ich sonst so kenne, wenn ich mal eine schlechte Note habe. Ich kann das alles gar nicht so richtig beschreiben, auf jeden Fall schlafe ich schlecht, hänge herum, habe zu nichts mehr Lust und kann mich schlecht konzentrieren. Ich mag mich selber nicht mehr leiden, ... Ach ja, ich bin wohl selber daran schuld, das mein Freund Schluss gemacht hat. Kann ich mal mit Ihnen sprechen?"

Bei der depressiven Episode als psychische Störung sind gedrückte Stimmung, Interessenverlust oder Freudlosigkeit und Verminderung des Antriebes oder erhöhte Ermüdbarkeit die typischen Symptome, die mindestens zwei Wochen bestehen müssen. Andere häufige Symptome sind: Verminderte Konzentration und Aufmerksamkeit, vermindertes Selbstwertgefühl und Selbstvertrauen, Schuldgefühle und Gefühle von Wertlosigkeit, negative und pessimistische Zukunftsperspektiven, Suizidgedanken, erfolgte Selbstverletzung oder Suizidhandlungen, Schlafstörungen und verminderter Appetit (vgl. Dilling/Mombour/Schmidt 2010). Weitere Merkmale der depressiven Episode lassen sich durch den Begriff des somatischen Syndroms beschreiben, wobei aus der folgenden Liste mindestens vier Symptome vorhanden sein müssen:

1. Interessenverlust oder Verlust der Freude an normalerweise angenehmen Aktivitäten.
2. Mangelnde Fähigkeit, auf eine freundliche Umgebung oder freudige Ereignisse emotional zu reagieren.
3. Frühmorgendliches Erwachen; zwei oder mehr Stunden vor der gewohnten Zeit.
4. Morgentief.
5. Der objektive Befund einer psychomotorischen Hemmung oder Agitiertheit.
6. Deutlicher Appetitverlust.
7. Gewichtsverlust, häufig mehr als 5 % des Körpergewichts im vergangenen Monat.
8. Deutlicher Libidoverlust.

Folgende Symptombereiche können auf eine Depression hinweisen:

- emotional (traurig, ängstlich, verzweifelt, feindselig, innerlich getrieben)
- kognitiv-motivational (zweifeln, grübeln, interesselos, negativ)
- behavioral (sozialer Rückzug, gebeugt, spannungslos, maskenhaft, versteinert, leise, monoton)
- somatisch (appetitlos, müde, antriebslos, schwach, schmerzempfindlich)

Von einer Depression im Sinne einer psychischen Störung spricht man jedoch erst dann, wenn eine bestimmte Dauer und Intensität der Symptome überschritten werden.

Einige Betroffene haben in ihrem Leben nur eine depressive Episode und bleiben danach gesund (vgl. Hautzinger 2009). Falls aber die depressiven Episoden von Zeit zu Zeit wiederkehren, liegt eine rezidivierende Depression vor (s. Abb. 3.4).

Dysthymia
Bei der Dysthymia leiden die Betroffenen unter einer chronischen depressiven Verstimmung, die nicht so stark ausgeprägt ist, wie bei einer depressiven Episode. In der Regel beginnt sie früh im Erwachsenenalter und zieht sich über mehrere Jahre oder sogar lebenslang hin (vgl. Beesdo/Wittchen 2006). Dabei erleben die Betroffenen Tage oder Wochen ohne Beschwerden. Die meisten Zeiteinheiten sind jedoch von Müdigkeit, Depressivität, Grübeln, Schlafproblemen und Ge-

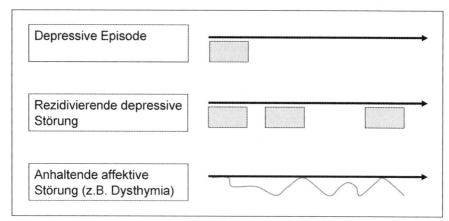

Abb. 3.4: Klassifikation der depressiven Störungen nach dem Verlauf

fühlen der Unzulänglichkeit begleitet. Allerdings erreichen diese Symptome nicht das Ausmaß, dass die wesentlichen Dinge des Alltags vernachlässigt werden. Nach den Kriterien von DSM-IV müssen die Symptome bei Erwachsenen mindestens zwei Jahre bestehen, bei Kindern allerdings nur ein Jahr. Sie prägen dabei überwiegend den Tagesablauf und sind an mehr als der Hälfte der Tage vorhanden. Schließlich müssen mindestens zwei für die Depression typische Symptome erfüllt sein, darunter eine depressiv-reizbare Verstimmung.

3.3.4 Persönlichkeitsstörungen

In Kapitel 1 wurde deutlich, dass der in frühester Kindheit gelernte Bindungsstil spezifische Reaktionsbereitschaften im zwischenmenschlichen Kontakt bahnt und entscheidenden Einfluss auf Kognitionen, Emotionen und das interaktionelle Verhalten von Personen im Erwachsenenalter entfaltet. Darauf aufbauend legen die bisherigen Ergebnisse der Bindungsforschung nahe, dass bei einem nicht sicheren Bindungsstil die menschliche Emotionsregulation gestört ist und dadurch das Risiko steigt, eine psychische Störung zu entwickeln. Dieser unsichere Bindungsstil zeigt sich besonders deutlich in der Fehlregulierung von Nähe und Distanz. Dem Bindungsstil kommt neben biologischen und kognitiven Variablen sowie Merkmalen der Umwelt insbesondere eine Bedeutung für die Entstehung von Persönlichkeitsstörungen zu. Nach ICD-10 werden Persönlichkeitsstörungen wie folgt definiert:

„Die Zustandsbilder sind nicht auf beträchtlichere Hirnschädigungen oder -krankheiten oder auf eine andere psychiatrische Störung zurückzuführen und erfüllen die folgenden Kriterien:

1. Deutliche Unausgeglichenheit in Einstellungen und im Verhalten in mehreren Funktionsbereichen, wie Affektivität, Antrieb, Impulskontrolle, Wahrnehmen und Denken sowie in den Beziehungen zu anderen.

2. Das auffällige Verhaltensmuster ist andauernd und gleichförmig und nicht auf Episoden psychischer Krankheiten begrenzt.
3. Das auffällige Verhaltensmuster ist tiefgreifend und in vielen persönlichen und sozialen Situationen eindeutig unpassend.
4. Die Störungen beginnen immer in der Kindheit oder Jugend und manifestieren sich auf Dauer im Erwachsenenalter.
5. Die Störung führt zu deutlichem subjektiven Leiden, manchmal jedoch erst im späteren Verlauf.
6. Die Störung ist meistens, aber nicht stets, mit deutlichen Einschränkungen der beruflichen und sozialen Leistungsfähigkeit verbunden." (Dilling/Mombour/ Schmidt 2010, 246)

Obgleich erste Anzeichen einer Persönlichkeitsstörung bereits in der Kindheit oder Jugendzeit auftreten können, ist die Diagnose vor dem Alter von 16 oder 17 Jahren in der Regel unangemessen.

Eine genaue Analyse der spezifischen Persönlichkeitsstörungen zeigt im Kern jeweils eine ausgeprägte Dysfunktion in der Nähe- und Distanzregulation (vgl. Dilling/Mombour/Schmidt 2010; Saß u.a. 2003, Herpertz/Saß 2003, Sachse 2006, Fiedler 2009) und nicht selten eine gewisse Tendenz in Richtung zu einem dominanten oder unterwürfigem Interaktionsstil (s. Abb. 3.5).

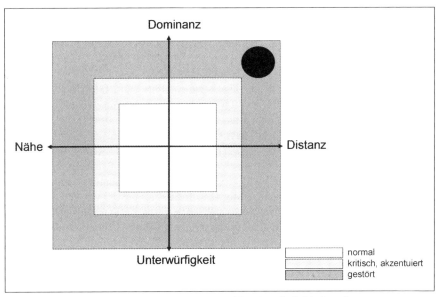

Abb. 3.5: Interaktionsverhalten einer paranoiden Persönlichkeitsstörung

Bei einigen Persönlichkeitsstörungen fällt auf, dass die betroffenen Klienten Nähe nicht ertragen können. Das zeigt sich z.B. bei der schizoiden und paranoiden Persönlichkeitsstörung. Die *schizoide Persönlichkeitsstörung* zeigt emotionale Kühle und Distanziertheit gepaart mit einer geringen Fähigkeit, Emotionen anderer gegenüber zu zeigen. Dementsprechend haben Klienten mit einer schizoiden Persönlichkeitsstörung wenig enge Freunde oder vertrauensvolle Beziehungen. Stattdessen pflegen sie ihre Vorliebe für einzelgängerische Beschäftigungen. Ihr Kontaktverhalten mit anderen Menschen ist weder unterwürfig noch dominant, weil sie menschliche Kontakte möglichst meiden. Ihr Denken lässt sich von folgenden Grundsätzen leiten: ‚Es geht mir besser, wenn ich alleine bin.' ‚Was andere über mich denken, ist mir gleichgültig.'

Klienten mit einer *paranoiden Persönlichkeitsstörung* verdächtigen andere sogar ohne hinreichenden Grund, dass sie ausgenutzt, geschädigt oder getäuscht werden. Dementsprechend sind sie stark eingenommen von ungerechtfertigten Zweifeln an der Loyalität und Vertrauenswürdigkeit von Freunden oder Partnern. Sie vertrauen sich nur zögernd anderen Menschen an und haben Angst, die Informationen könnten in böswilliger Weise gegen sie verwandt werden. Im Streit mit anderen Menschen wirken sie dominant und bestehen auf ihre eigenen Rechte, sind nur wenig bereit, anderen Menschen zu verzeihen und missdeuten sogar häufig neutrale oder freundliche Handlungen als feindlich. Das Denkschema scheint von den folgenden Axiomen geprägt zu sein: ‚Ich kann niemandem vertrauen.', ‚Andere Menschen wollen mich erniedrigen oder ärgern.', ‚Andere Menschen versuchen, mich zu manipulieren und auszunutzen.'

Im Unterschied zur schizoiden und paranoiden Persönlichkeitsstörung, die eine ausgeprägte Distanz zu anderen Menschen einnehmen, suchen andere Klienten eine unangemessene grenzüberschreitende ausbeuterische und wenig empathische Beziehung zu anderen Personen. Das gilt insbesondere für die antisoziale (= dissoziale), die histrionische und die narzisstische Persönlichkeitsstörung.

Fallbeispiel mit dissozialer Persönlichkeitsstörung
Sie sind als Sozialarbeiter in der Jugendgerichtshilfe (JGH) tätig. Vor ihnen sitzt Achim, ein Heranwachsender im Alter von 17 Jahren, der von der Polizei erwischt wurde, als er gerade mit seinen älteren Kumpels ein Auto aufgebrochen hatte. Im Gespräch mit ihm erfahren Sie, dass er bereits im Kindergarten durch gewalttätiges Verhalten besonders bei schwächeren Kindern aufgefallen sei. Während der Zeit in der Hauptschule habe er den Kindern manchmal die Geldbörse entwendet. Reue habe er dabei jedoch nicht gespürt. Er habe sich vielmehr damit gerechtfertigt, dass die Kinder nicht richtig auf ihr Geld aufpassen würden und selber Schuld seien. Im Übrigen wollte er sich auch gerne dafür Süßigkeiten kaufen, später auch Zigaretten und Alkohol. Taschengeld gab es ja zuhause nur sehr wenig, seitdem der Vater die Familie verlassen habe. Zu Frauen habe er nur Kontakt, wenn er Sex haben möchte, lang andauernde Beziehungen finde er langweilig. Seine Lehre als Kfz-Mechaniker, eigentlich sein Traumberuf, musste er unfreiwillig abbrechen. Der Chef habe ihn entlassen, nur weil er sich mal Werkzeug ‚ausgeliehen' habe: „Da lag doch sowieso viel herum." Im Verlauf des Gespräches ist Achim nur schwer zu motivieren, Angebote der Jugendgerichtshilfe in Anspruch zu nehmen.

Personen mit einer *antisozialen (dissozialen) Persönlichkeitsstörung* haben kaum Fähigkeiten zur Empathie. Damit entfernen sie sich auf der Gefühlsebene von anderen Personen und entwickeln „Nähe" lediglich als Mittel zum Zweck. Sie zeigen ein tief greifendes Muster von Missachtung und Verletzung der Rechte anderer. Insbesondere haben sie Probleme, sich an die Normen der Gesellschaft zu orientieren. Falschheit, Lügen, Betrügen, Aggressivität, Reizbarkeit, Impulsivität, Rücksichtslosigkeit, Verantwortungslosigkeit und fehlende Reue sind Eigenschaften, welche Personen mit einer antisozialen Persönlichkeitsstörung anderen gegenüber zeigen. Diese Eigenschaften implizieren gegenüber anderen Menschen ein ausgesprochen dominantes Verhalten ohne jede Rücksicht. Das Denken scheint von den folgenden Grundsätzen geprägt zu sein: ‚Andere Menschen sind schwach und verdienen es, dass man sie ausbeutet.', ‚Wenn ich etwas haben möchte, sollte ich alles Erforderliche tun, um es zu bekommen.', ‚Wir leben in einer Welt, in welcher der Stärkste überlebt.'

Personen mit *histrionischer Persönlichkeitsstörung* zeigen ein tief greifendes Muster übertriebener Emotionalität oder besonderes Streben nach Aufmerksamkeit. Sie fühlen sich unwohl in Situationen, in denen sie nicht im Mittelpunkt der Aufmerksamkeit stehen, und zeigen damit ein ausgeprägtes Dominanzstreben. Solche Personen setzen alles daran, um die Aufmerksamkeit anderer Menschen auf sich zu lenken, durch unangemessen sexuell verführerisches oder provokantes Verhalten, durch einen übertrieben impressionistischen Sprachstil oder durch Selbstdramatisierung, Theatralik und übertriebenen Gefühlsausdruck. Die Denkmaxime von Klienten mit einer histrionischen Persönlichkeitsstörung scheint zu sein: ‚Wenn andere mich nicht mögen und bewundern, bin ich ein Nichts.'

> Sagt der Narzisst zu seinem Freund: „Ich habe die ganze Zeit von mir erzählt, nun rede Du über mich."

Auch Personen mit einer *narzisstischen Persönlichkeitsstörung* halten es nicht lange aus, wenn sie nicht im Mittelpunkt stehen, und wirken deshalb ausgesprochen dominant. Sie zeichnen sich durch ein tief greifendes Muster von Großartigkeit, durch ein Bedürfnis nach Bewunderung und durch Mangel an Empathie aus. Dementsprechend haben sie ein grandioses Gefühl der eigenen Wichtigkeit und sind stark eingenommen von Phantasien über Erfolg, Macht, Glanz, Schönheit oder ideale Liebe. Das Verlangen nach übermäßiger Bewunderung führt oft zu einem Anspruchsdenken an eine besonders bevorzugte Behandlung. Personen mit narzisstischer Persönlichkeitsstörung schrecken auch nicht davor zurück, in zwischenmenschlichen Beziehungen ausbeuterisch zu sein, um die eigenen Ziele zu erreichen. Deren Verhalten und Einstellungen lassen sich von den folgenden Denkschemata leiten: ‚Da ich anderen überlegen bin, habe ich das Recht auf besondere Behandlung und Privilegien.', ‚Andere Menschen sollten glücklich sein, dass sie meine Bedürfnisse befriedigen dürfen.'

Ein völlig überzogenes, für die Mitmenschen als erdrückend empfundenes Bindungsverhalten zeigen Klienten mit einer *dependenten (abhängigen) Persön-*

lichkeitsstörung, die sich durch ein tief greifendes und überstarkes Bedürfnis, versorgt zu werden, beschreiben lässt. Dieses Bedürfnis geht einher mit unterwürfigem und anklammerndem Verhalten sowie Trennungsängsten, dominantes Verhalten ist dementsprechend nicht zu beobachten. Das gestörte Beziehungsverhalten der dependenten Person offenbart sich in ausgeprägten Schwierigkeiten, alltägliche Entscheidungen zu treffen, ohne ausgiebig den Rat und die Bestätigung anderer einzuholen. Sie kann anderen Menschen gegenüber keine eigene Meinung vertreten, aus Angst, Unterstützung und Zustimmung zu verlieren. Eine dependente Person tut alles Erdenkliche, um die Versorgung und Zuwendung anderer zu erhalten – bis hin zur freiwilligen Übernahme unangenehmer Tätigkeiten – und ist in unrealistischer Weise von Ängsten eingenommen, verlassen zu werden. Das Denkschema von Klienten mit einer dependenten Persönlichkeitsstörung lässt sich folgendermaßen zusammenfassen: ‚Ich bin vollkommen hilflos.‘, ‚Ich kann keine eigenen Entscheidungen treffen.‘

Sowohl die Borderline-Persönlichkeitsstörung, die vermeidend-selbstunsichere (ängstlich-vermeidende) Persönlichkeitsstörung als auch die anankastische (zwanghafte) Persönlichkeitsstörung legen ein ambivalentes Verhalten zwischen Nähe und Distanz gegenüber anderen Menschen an den Tag.

Die *Borderline-Persönlichkeitsstörung* lässt sich durch ein tiefgreifendes Muster von Instabilität in den zwischenmenschlichen Beziehungen, im Selbstbild und in den Affekten mit deutlicher Impulsivität beschreiben. Bezogen auf die Nähe- und Distanzregulierung zeigen diese Klienten ein charakteristisches Bild intensiver zwischenmenschlicher Beziehungen, das durch einen Wechsel zwischen den Extremen der Idealisierung und Entwertung gekennzeichnet ist. Die Neigung zu intensiven, aber unbeständigen Beziehungen kann zu wiederholten emotionalen Krisen führen mit übermäßigen Anstrengungen, nicht verlassen zu werden. Auch die anderen diagnostischen Merkmale (Identitätsstörung, Impulsivität, wiederholte suizidale Handlungen, Selbstverletzungsverhalten, affektive Instabilität, chronisches Gefühl von Leere, heftige Wut, vorübergehende paranoide Vorstellungen oder schwere dissoziative Symptome) legen nahe, dass Borderline-Klienten in der Kindheit und Jugendzeit über einen langen Zeitraum instabile Bindungen erfahren haben. Da ihr Handeln oft impulsiv ist und negative Emotionen zu einem gewalttätigen und explosivem Verhalten auch in zwischenmenschlichen Situationen führen können, wirken Klienten mit Borderline-Persönlichkeitsstörungen oft dominant. Sie lassen sich stark von folgenden Denkschemata leiten: ‚Ich bin nichts wert.‘, ‚Das schlimmste, was mir passieren kann, ist verlassen zu werden.‘

Ähnlich wie bei der Borderline-Persönlichkeitsstörung neigen Klienten mit *vermeidend-selbstunsicherer (ängstlich-vermeidender) Persönlichkeitsstörung* zu einem ambivalenten Verhalten zwischen Nähe und Distanz. Auf der einen Seite haben sie einen ausgeprägten Wunsch nach Nähe, andererseits zeigen sie jedoch ein extremes Vermeidungsverhalten im zwischenmenschlichen Kontakt. Sie lassen sich durch ein tief greifendes Muster von sozialer Gehemmtheit, Insuffizienzgefühlen und Überempfindlichkeit gegenüber negativer Beurteilung beschreiben. Klienten mit ängstlich-vermeidender Persönlichkeitsstörung sind stark davon eingenommen, in sozialen Situationen kritisiert oder abgelehnt zu werden.

Aus diesem Grunde zeigen sie Zurückhaltung in intimen oder beruflichen Beziehungen, bei ihnen kommt deshalb kein dominantes Verhalten auf. Offensichtlich stehen bei ihnen folgende Denkschemata im Mittelpunkt: ‚Die Welt ist gefährlich.‘, ‚Jede Kritik ist gleichbedeutend mit Niederlage.‘, ‚Nur wenn ich absolut akzeptiert werde, kann ich in Beziehung treten.‘

Fallbeispiel mit ängstlich-vermeidender Persönlichkeitsstörung
Herr K. ist 35 Jahre alt und arbeitet als Buchhalter in einem mittelständischen Betrieb. Im Erstgespräch wirkt er anfangs gehemmt und achtet peinlich darauf, die Fragen korrekt zu beantworten. Er klagt über starke Blähungen und Druckgefühl in der Magengegend besonders bei Sozialkontakten. Im Verlauf des Gespräches bringt er auch seine Traurigkeit darüber zum Ausdruck, dass er im Beruf nicht vorwärts kommt, obgleich er immer bemüht ist, freundlich zu sein und anderen zu helfen. Angeordnete Überstunden nimmt er ohne Murren entgegen, ärgert sich jedoch oft darüber, dass seine Kollegen immer wieder Gründe finden, keine Überstunden machen zu müssen. Bisher hat er es nicht gewagt, seinen Chef auf die ungerechte Überstundenregelung anzusprechen. Er befürchtet, dass er sich nicht durchsetzen kann und die anderen Kollegen sich über ihn lustig machen. Bei Fachfragen informiert er sich lieber durch Bücher als durch Nachfragen bei seinen Kollegen. Er hat große Angst davor, etwas Falsches zu sagen, sich lächerlich zu machen oder abgelehnt zu werden. Kürzlich wurde er von einem Kollegen gefragt, warum er immer so kurz angebunden sei. Seine Probleme mit sozialen Kontakten begannen bereits im Jugendalter. Er kam spät in die Pubertät und wurde von den anderen Schulkameraden wegen seiner „Unterentwicklung" gehänselt. Deshalb nahm er auch nur ungern am Sportunterricht teil und schlug auch die wenigen Einladungen der Klassenkameraden aus. Viel lieber beschäftigte er sich mit Science-Fiction-Romanen und Schularbeiten. Für seinen Fleiß wurde er von den Eltern und den Lehrern zwar viel gelobt, jedoch von den Mitschülern als Streber abgestempelt. Seinen Kontakt zu den Eltern beschreibt er als gut, jedoch hegt er seit seiner Kindheit Zweifel daran, ob sie ihn auch wirklich lieben. Mit 18 Jahren hatte er für ein halbes Jahr eine Freundin, die ihn jedoch wegen seiner Kühlheit und Überheblichkeit bald verließ. Seit diesem „Reinfall" gab es nur oberflächliche Kontakte zu Frauen. Eigentlich wollte Herr K. nicht zum Erstgespräch kommen, wirkt jedoch etwas erleichtert darüber, sich mal ausgesprochen zu haben. Seine Blähungen und den Druck in der Magengegend möchte er am liebsten „loswerden". Ob er je seine Schüchternheit ablegen kann, darüber hat er Zweifel, weil er sich anderen Menschen gegenüber als unterlegen empfindet.

Auch Klienten mit einer *anankastischen (zwanghaften) Persönlichkeitsstörung* können sich nicht so leicht auf eine enge emotionale Beziehung zu anderen Menschen einlassen. Sie bestehen oft darauf, dass andere Menschen sich ihren Regeln und Gewohnheiten unterordnen. Übermäßige Zweifel und Vorsicht, ständige Beschäftigung mit Details, Regeln und Plänen, Perfektionismus, extreme Gewissenhaftigkeit bei der Arbeit, Pedanterie, Rigidität und Eigensinn, lassen kaum noch Platz für eine an den Grundbedürfnissen orientierte Nähe. Im Gespräch mit zwanghaften Klienten werden folgende Denkschemata deutlich: ‚Nur Aufgaben, die perfekt erledigt werden, sind akzeptabel.‘, ‚Die Pflichterfüllung ist wichtiger als das Vergnügen.‘

Die Regulierung von Nähe und Distanz bei Klienten mit Persönlichkeitsstörungen hängt nicht nur von den jeweiligen störungsspezifischen Besonderheiten ab, sondern wird mitgeprägt durch die Reaktion der Bezugspartner auf diese Störung. Das kann z. B. an dem Interaktionsverhalten von Klienten mit selbstunsicherer Persönlichkeitsstörung verdeutlicht werden (vgl. Wälte 2003): Sie erleben auf dem Nährboden negativer Gedanken über sich in sozialen Situationen eine extreme Unsicherheit, die wegen der sozialen Angst unangenehm empfundene physiologische Erregung auslöst und in Folge ein Vermeidungsverhalten in Gang setzt. Das Vermeidungsverhalten besteht darin, dass Klienten mit selbstunsicherer Persönlichkeitsstörung soziale Situationen in unangemessener Weise (zu schnell, zu häufig) verlassen. Dieses Verhalten wird dann von den sozialen Interaktionspartnern kritisiert und bestätigt dadurch das negative Selbstbild des Betroffenen.

Alle Klienten mit Persönlichkeitsstörung haben erhebliche Probleme in der Regulierung von Nähe und Distanz, die in klinisch bedeutsamer Weise zu Leiden oder Beeinträchtigungen in sozialen, beruflichen oder anderen wichtigen Funktionsbereichen führen. Aus diesem Grund ist in der Regel eine lang andauernde Psychotherapie indiziert (vgl. Beck/Davis/Freeman 1993).

Wegen der Gefahr einer möglichen Stigmatisierung sollten Sozialarbeiter/innen allerdings möglichst behutsam mit der Diagnose einer Persönlichkeitsstörung umgehen und diese nicht ungeprüft bei ihrer Arbeit übernehmen. In bestimmten Situationen ist es ratsamer, den Begriff ‚markanter persönlicher Stil‘ zu benutzen (vgl. Fiedler 2004). Darüber hinaus ist zu bedenken, dass bei den Persönlichkeitsstörungen eine ausgesprochen hohe Komorbidität zu beobachten ist (vgl. Lenzenweger et al. 2007).

📖 *Literaturempfehlungen*

Berger, M. (Hrsg.) (2009): Psychiatrische Erkrankungen. 3. Aufl. München: Urban und Fischer.

Davison, G. C./Neale, J. M./Hautzinger, M. (2007): Klinische Psychologie. 7. Aufl. Basel: Beltz Verlag.

Margraf, J./Schneider, S. (2009) (Hrsg.): Lehrbuch der Verhaltenstherapie. Bd. 1–3. Heidelberg: Springer.

Senf, W./Broda, M. (2005) (Hrsg.): Praxis der Psychotherapie. Ein integratives Lehrbuch. 3. Aufl. Stuttgart: Thieme.

Wittchen, H.-U./Hoyer, J. (Hrsg.) (2006): Klinische Psychologie & Psychotherapie. Heidelberg: Springer.

3.4   Erklärungskonzepte für psychische Störungen

Während der diagnostische Schwerpunkt in der Klinischen Psychologie auf einer möglichst umfassenden und präzisen Beschreibung psychischer Störungen liegt, fokussiert die Diagnostik in der Sozialen Arbeit stärker auf die Beschreibung der biopsychosozialen Gesamtsituation ihrer Klientel. In beiden Disziplinen verfolgt Diagnostik jedoch das Ziel festzustellen, welche Probleme (Soziale Arbeit) oder welche Störungen (Klinische Psychologie) die Klienten haben. Diagnosen können aber in beiden Disziplinen nicht dazu benutzt werden, um das Verhalten ihrer Klientel zu erklären. So kann das Fluchtverhalten eines Kindes vor einem Dackel nicht hinreichend mit einer Hundephobie des Kindes erklärt werden, da bereits die Hundephobie durch das Vermeidungsverhalten bzw. Fluchtverhalten gegenüber Hunden definiert ist. Oder eine Sozialarbeiterin kann die Obdachlosigkeit ihres Klienten nicht mit dem Trebegängertum erklären, weil beim Trebegängertum die Obdachlosigkeit per definitionem gegeben ist. Bei genauer Betrachtung liefern die Diagnosen gar keine Erklärung, die insbesondere in den modernen Klassifikationssystemen auch nicht intendiert ist, sondern lediglich Beschreibungen des Erlebens und Verhaltens der betroffenen Personen. Sozialarbeiter/innen benötigen aber neben dem Basiswissen in der Diagnostik auch Grundkenntnisse in den wichtigsten Erklärungskonzepten für psychische Störungen. Erklärungskonzepte der Klinischen Psychologie können Sozialarbeiterinnen und Sozialarbeitern nicht nur dabei helfen, psychische Störungen besser zu verstehen, sondern auch den Blick für mögliche prophylaktische, akute und rehabilitative Maßnahmen schärfen. Die folgenden Ausführungen konzentrieren sich hauptsächlich auf störungsübergreifende Erklärungskonzepte, auch wenn jede der einzelnen in den Klassifikationssystemen aufgelisteten Störungen spezifische Besonderheiten aufweist (vgl. Baumann/Perrez 1998, Wittchen/Hoyer 2006, Davison/Neale/Hautzinger 2007).

3.4.1 Biopsychosoziales Modell

Abstrahiert man sehr stark von den spezifischen Störungsbildern, nach der Klassifikation der DSM-IV sind es immerhin 395 Diagnosen, so lassen sich grob drei Faktorenbündel finden, die in die Erklärungskonzepte für die Entstehung, den Verlauf und die Ausprägung psychischer Störungen Eingang gefunden haben: biologische, psychische und soziale Faktoren und deren Interaktion (vgl. Engel 1997, Egger 2005).

Auch wenn vermutlich keine der psychischen Störungen durch ein Faktorenbündel alleine erklärt werden kann, so unterscheiden sich die psychischen Störungen jedoch darin, welcher der Faktoren ein besonderes Gewicht hat. So kann z.B. die Demenz bei der Alzheimer-Krankheit zum großen Teil auf biologische Faktoren zurückgeführt werden, da sich charakteristische Gehirnveränderungen bei den Patienten finden lassen. Allerdings lässt sich die fortschreitende Demenz nicht alleine auf biologische Faktoren zurückführen, weil der Verlauf durch psychologische und soziale Faktoren modifiziert werden kann. Kognitive (vgl. Forstmeier/Maerker 2009) und soziale Faktoren (vgl. Lindenberger 2008) haben sich als Schutzfaktoren gegen Demenz herausgestellt. Bei den meisten Patienten lässt sich jedoch der dementielle Abbau durch noch so intensive kognitive und soziale Aktivitäten nicht aufhalten. Besonders deutlich wird der Einfluss biologischer Faktoren bei Störungen durch psychotrope Substanzen (z.B. Alkohol, Opioide, Cannabinoide, Kokain, Stimulantien, Halluzinogene). Bei der akuten Intoxika-

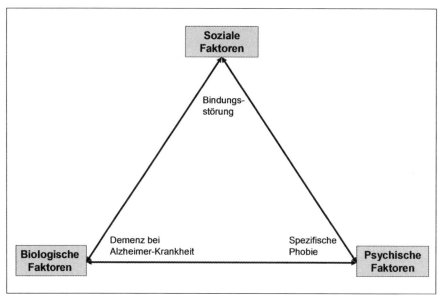

Abb. 3.6: Faktorenbündel für die Erklärung psychischer Störungen

tion handelt es sich um einen vorübergehenden Rausch nach dem Konsum von Alkohol oder anderen psychotropen Substanzen, der hauptsächlich mit Störungen des Bewusstseins, kognitiver Funktionen, der Wahrnehmung, des Affektes und des Verhaltens einhergeht. Aber auch hier ist die Wahrscheinlichkeit einer Person, sich in einen Rauschzustand zu versetzen, von sozialen Faktoren und „kulturellen" Anlässen (Karneval, Feiern nach dem Sieg des Fußballvereins, k. o.- Trinken bei Jugendlichen) stark überlagert. Im Unterschied zur akuten Intoxikation ist das Abhängigkeitssyndrom viel stärker von psychischen Faktoren überlagert, da der starke Wunsch im Mittelpunkt steht, psychotrope Substanzen zu konsumieren, begleitet von verminderter Kontrollfähigkeit, den Konsum zu steuern. Ein weiteres Beispiel für eine Störung, bei der biologische Faktoren vermutlich eine große Rolle spielen, ist der Autismus, da die Konkordanzraten (Grad der Übereinstimmung z. B. bei Zwillingen hinsichtlich bestimmter Merkmale) auf eine Erblichkeit von ca. 90 % hinweisen (vgl. Poustka 2009; siehe Kapitel 1 in diesem Buch).Im Unterschied zu den Störungen einerseits, bei denen der Einfluss biologischer Faktoren überwiegt, lassen sich auf der anderen Seite psychische Störungen nennen, zu deren Erklärung hauptsächlich psychologische Faktoren dienen können. Das gilt z. B. für die Entstehung und den Verlauf der spezifischen Phobien, die durch lerntheoretischen Konzepte (Zwei-Faktoren-Theorie von Mowrer: spezifische Phobien entstehen durch klassische Konditionierung und werden durch operante Konditionierung aufrechterhalten; Modelllernen; kognitives Lernen) plausibel erklärt werden können (vgl. Schlup/Schneider 2009, Öst 2009). Aber auch hier dürfen biologische und soziale Faktoren nicht außer Acht gelassen werden, da Menschen nicht bei allen Objekten mit gleicher Wahrscheinlichkeit eine Phobie entwickeln (eine Spinnenphobie ist wahrscheinlicher als eine

Steckdosenphobie) aufgrund der phylogenetisch verankerten Bereitschaft, auf bestimmte Reize mit Angst zu reagieren (prepardness, vgl. Seligman 1971).

Schließlich gibt es eine ganze Reihe psychischer Störungen, deren Entstehung hauptsächlich mit Faktoren aus der sozialen Umgebung erklärt werden können. Das gilt z. B. ganz besonders für Bindungsstörungen, deren Symptomatik bei Kindern bereits vor dem 5. Lebensjahr auftritt und mit dem Fehlen einer stabilen und konstanten Bezugsperson bzw. mit schwerer Vernachlässigung und Misshandlung durch die Eltern in Verbindung gebracht werden kann (s. Kap. 1). Aber auch hier kann nicht aufgrund des Fehlens von verlässlichen Bindungspersonen zwangsläufig auf eine Bindungsstörung geschlossen werden, da eine Reihe von Kindern vermutlich so stabil ist, dass sie keine oder kaum Symptome entwickeln (Ziegenhain 2009). Als ein weiteres Beispiel für eine Störung, bei der Umgebungsfaktoren eine entscheidende Rolle spielen, kann die posttraumatische Belastungsstörung angeführt werden, da hier die Störung im engen Zusammenhang mit einem externen Ereignis (z. B. sexueller Missbrauch, Überfall) steht. Allerdings sind auch hier externe (soziale) Faktoren für die Erklärung der Störung nicht hinreichend, da nicht wenige Menschen über persönliche Schutzfaktoren verfügen und die Störung nicht ausbilden.

Die meisten psychischen Störungen lassen sich aber am besten erklären, wenn man sie in der dynamischen Wechselwirkung von biologischen, psychischen und sozialen Faktoren sieht. Dafür soll im Folgenden ein Fallbeispiel gegeben werden:

Fallbeispiel mit Cannabiskonsum
Sie arbeiten als Sozialarbeiter in einer Drogenberatungsstelle, an die sich Klient/innen auch per E-Mail wenden können. Sie öffnen heute eine E-Mail von einem 18-jährigen Schüler des 12. Jahrgangs:

„Guten Morgen, Herr ...,
ich hoffe, sie können sich noch an mich erinnern. Ich bin ... und habe ihnen schon oft E-Mails geschrieben – die Sie auch beantwortet haben – und mich sogar mit ihnen im ... getroffen: Der Schüler aus dem 12. Jahrgang des ..., der wegen seiner Probleme zu Ihnen kam. Nun. Wie sie vielleicht noch wissen, habe ich Ihnen während unseres Gespräches unter anderem erzählt, dass ich früher gekifft habe und auch nach längerem Konsum eine Psychose durchleben musste. Danach hörte ich damit auf, bis ich vor ca. drei Monaten wieder angefangen habe zu kiffen. Ich schlitterte sofort wieder in mein altes Konsumverhalten hinein, kiffte fast täglich mehrmals und erlebte auch anfangs(!) mind. drei psychotische Zustände mit einer sehr negativ getönten Stimmungslage. Jetzt, nach diesen drei Monaten exzessiven Konsums, merke ich, dass etwas mit mir nicht stimmt. Ich will nicht sagen, dass ich (schon) an einer Schizophrenie erkrankt bin; mein geistiger Zustand (und auch mein körperlicher hinsichtlich der Körper- & Raum-/Zeitwahrnehmung) gleicht seit längerer Zeit schon ziemlich der einer Schizophrenie, wie ich es im Internet gelesen habe. Da ich nicht weiß, wohin ich mit meinem Problem gehen soll und jedoch weiß, dass sie auf diesem Gebiet viel Ahnung haben, frage ich sie hiermit, ob sie mir in irgendeiner Art und Weise weiterhelfen können, weil ich nicht weiß, wie lange ich noch diesen ‚toten Zustand' aushalte. Ich danke ihnen hiermit schon im Voraus. Mit freundlichem Gruß, ..."

Bei diesem Fallbeispiel können die psychotischen Episoden („psycho"-Aspekt) des Klienten in deutlichem Zusammenhang mit seinem erheblichen Cannabiskonsum („bio"-Aspekt) gesehen werden, da das menschliche Gehirn über eine ausgeprägte Dichte von Cannabinoidrezeptoren besonders in den limbischen Hirnarealen verfügt (vgl. Baker et al. 2003). Darüber hinaus zeigen die Ergebnisse der Repräsentativbefragungen der Bundeszentrale für gesundheitliche Aufklärung Köln (2007) einen erheblichen Anstieg des Cannabiskonsums besonders in den letzten Jahren bei den Alterstufen der 18- und 19-Jährigen und belegen damit den Einfluss gesellschaftlicher Sozialisationseinflüsse („sozial"-Aspekt) auf das Konsumverhalten von illegalen Drogen, welche die Wahrscheinlichkeit erhöhen, dass bestimmte Altersgruppen eine psychische Störung entwickeln.

In Einklang mit dem hier skizzierten biopsychosozialen Modell steht das Diathese-Stress-Modell bzw. das Vulnerabilitäts-Stress-Modell, nach dem psychische Störungen durch eine vorliegende Anfälligkeit (Diathese, Vulnerabilität) in Interaktion mit belastenden Umwelt- oder Lebensereignissen (Stress) entstehen. Genauso wie das biopsychosoziale Modell umschließt es sehr umfassend mögliche ätiologische Faktoren einer psychischen Störung, bleibt jedoch für einzelne Störungsbilder grob und unkonkret. Die im nächsten Abschnitt dargestellten Erklärungskonzepte ermöglichen es Sozialarbeiterinnen und Sozialarbeitern jedoch, die Ursachen psychischer Störungen präziser zu erfassen.

Das biopsychosoziale Modell kann heute als ein schulenübergreifendes Rahmenmodell für die Erklärung psychischer Störungen verstanden werden, erfährt jedoch in den jeweiligen Hauptströmungen der Klinischen Psychologie (personzentrierte Psychotherapie, tiefenpsychologisch fundierte Psychotherapie, systemische Therapie und kognitive Verhaltenstherapie) jeweils besondere Schwerpunktsetzungen (vgl. Davison/Neale/Hautzinger 2007). Von den genannten Hauptströmungen können aber die Erklärungskonzepte der Verhaltenstherapie die bisher umfassendste Fundierung durch die Ergebnisse der empirischen Psychologie vorweisen (vgl. Beck 2006), sie lassen sich auf allen Altersstufen der menschlichen Entwicklung anwenden und müssen nur zum Teil durch Konzepte anderer Paradigmata (vgl. Davison/Neale/Hautzinger 2007) ergänzt werden. Für zukünftige Entwicklungen in der Psychotherapie und der Sozialen Arbeit kann davon ausgegangen werden, dass verhaltenstherapeutische Erklärungskonzepte einen wesentlichen Stellenwert für die schulenübergreifende Konzeptbildung haben (vgl. Grawe 2004).

3.4.2 Verhaltenstherapeutische Erklärungskonzepte

Verhaltenstherapie ist eine therapeutische Grundorientierung, die im Einzel-, Ehe-, Familien- oder Gruppensetting mit störungsspezifischen und -unspezifischen therapeutischen Verfahren darauf abzielt, eine systematische klinisch relevante Verbesserung der zu behandelnden Störung zu bewirken. Die Interventionen verfolgen konkrete Ziele auf den verschiedenen intra- und interpersonellen Ebenen des Verhaltens und Erlebens und leiten sich aus einer multidimensionalen Diagnostik ab, bei der die Störungsdiagnostik und die funktionale Bedingungsanalyse nach dem SORKC-Schema (s. Kap. 1) sowie das Konzept menschlicher Selbstregulation (siehe unten) eine wesentliche Rolle spielen. Der Begriff ‚Verhalten' wird dabei recht weit gefasst und bezieht sich nicht nur auf äußerlich beobachtbares Verhalten, sondern er schließt somatische (physiologische), motorische, emotionale, motivationale, kognitive und interaktive Manifestationen ein. Die Verhaltenstherapie bedient sich bei der Erklärung psychischer Störungen empirisch fundierter Modelle (klassische Konditionierung, operante Konditionierung, Lernen am Modell, Kognitionen, psychophysiologische Regelkreise, neurobiologische Ansätze) und lässt diese im Therapieprozess in ein patientenorientiertes Erklärungsmodell einfließen. Darauf bezogen werden konkrete therapeutische Interventionsschritte abgeleitet, die auf die störungsspezifischen Besonderheiten zugeschnitten sind. Bei den Interventionen haben physiologische (Entspannungstraining), konfrontative (aktive Bearbeitung der Probleme), interaktive Techniken und Methoden (Interaktionstraining) sowie Techniken und Methoden der kognitiven Umstrukturierung (Veränderung dysfunktionaler Gedanken) und der Emotionsregulation (Skills zur Bearbeitung der Emotionen) ein besonderes Gewicht.

Tab. 3.3: Erklärungskonzepte der Verhaltenstherapie für psychische Störungen

Modell	Erklärungskonzept für psychische Störung	Beispiele
1. Klassische Konditionierung	Koppelung (unbedingter aversiver Reiz, neutraler Reiz)	Kind erhält Schreckreiz in Anwesenheit eines Kaninchens
2. Operante Konditionierung	a) Verstärkung von dysfunktionalen Verhaltensweisen b) Bestrafung von funktionalen Verhaltensweisen	a) schreiendes Kind bekommt Zuwendung durch Mutter b) Kind wird von Mitschülern für gute Zensuren verprügelt
3. Lernen am Modell	Imitation von Problemverhalten	Kind beobachtet, wie der Vater die Mutter schlägt; Kind schlägt daraufhin die Schwester
4. Kognitionen	Dysfunktionale Kognitionen	Student glaubt, er würde eine Prüfung nicht schaffen und bekommt Prüfungsangst
5. Psychophysiologische Regelkreise	a) Positive Rückkoppelung (Verstärkung) dysfunktionaler Verhaltensweisen b) Negative Rückkoppelung (Abschwächung) funktionaler Verhaltensweisen	a) Patient merkt sein Erröten und errötet noch stärker b) Ehemann übernimmt immer häufiger den Einkauf für seine Frau mit Agoraphobie
6. Neurobiologie psychischer Störungen	Veränderungen im Gehirn a) Funktionell b) Strukturell	a) Übererregung der Amygdala bei Patienten mit Borderline-Persönlichkeitsstörung b) Veränderung des Cingulums nach extremer Traumaexposition

Die Indikationsentscheidungen basieren dabei auf einer hinreichend empirisch abgesicherten Basis über die zu behandelnde Problematik (Störungs- und Veränderungswissen) und über die Effektivität der eingesetzten Interventionstechniken (vgl. Reinecker 1999, Margraf/Schneider 2009).

Wegen der fundierten empirischen Absicherung und den breiten Anwendungsmöglichkeiten in den Arbeitsfeldern der Sozialen Arbeit sollen die verhaltenstherapeutischen Konzepte im Folgenden in den wesentlichen Aspekten dargestellt werden (s. Tab. 3.3).

Keines der Erklärungskonzepte kann allerdings eine psychische Störung alleine erklären, sondern diese fließen je nach Störungsbild unterschiedlich stark in die ätiologische Gesamtkonzeption ein und werden ergänzt durch die jeweiligen störungsspezifischen Besonderheiten. So wird man etwa eine Schizophrenie nicht mit den lerntheoretischen Konzepten alleine erklären können, sondern hauptsächlich durch die Erkenntnisse der (Neuro)biologie. Ein anderes Bild ergibt sich z. B. für die Angststörungen, in deren Erklärung die klassischen Lerntheorien (klassische Konditionierung, operante Konditionierung, Lernen am Modell) einen etablierten Platz einnehmen, aber auch durch kognitive und neurobiologische Erkenntnisse eine wesentliche Bereicherung erfahren haben (vgl. Reinhardt/Jansen/Kircher 2009).

Lerntheoretische Erklärungskonzepte
Da die Nützlichkeit der verhaltenstherapeutischen Erklärungsmodelle am besten mit einem konkreten Bezug zu einer spezifischen Störung nachvollzogen werden kann, sollen diese nun beispielhaft für die Erklärung der Angststörungen eingesetzt werden. In diesem Zusammenhang sollen in Fortsetzung von Kapitel 1, das bereits über die klassischen Lerntheorien informierte, nun auch die weiteren Erklärungsmodelle erläutert werden. Ein besonderes Gewicht wird dabei auf die Rolle der Kognitionen (Gedanken) gelegt, da sie in den Ätiologiemodellen der meisten psychischen Störungen Eingang gefunden haben.

Die klassische Konditionierung (s. Kap. 1) wird zwar nicht als ausschließliche Ursache von Angststörungen gesehen, kann jedoch bei dem Erwerb insbesondere der spezifischen Phobie eine wesentliche Rolle spielen. Da eine Angstreaktion, wie auch z. B. der Speichelfluss, zu den biologisch verankerten Verhaltensweisen von Menschen gehört und damit eine unbedingte Reaktion darstellt, ist Angst auch auf vorher neutrale Reize konditionierbar. Darüber hinaus spielt auch die Konditionierung höherer Ordnung eine wichtige Rolle, bei der eine weitere Konditionierung auf einem bereits erlernten konditionierten Stimulus aufbaut. Außerdem findet oft eine Kontextkonditionierung statt, bei der nicht nur eine spezifische Assoziation von unkonditioniertem und konditioniertem Reiz stattfindet, sondern auch eine Konditionierung einer gesamten Situation vorgenommen wird (z. B. wird bei einer Schlangenphobie der Zoobesuch komplett vermieden). Schließlich kann es bei unzureichender Reizdifferenzierung durch Ähnlichkeit der Reize zu einer möglichen Reizgeneralisierung kommen, wie das z. B. bei einem Kind der Fall sein kann, das ursprünglich eine Hundephobie entwickelt hatte und nun auch Angst vor Katzen hat.

Eine wesentliche Erweiterung des Konzeptes der klassischen Konditionierung stellt das bereits erwähnte Zwei-Faktoren-Modell von Mowrer (1961) dar. Es umschließt neben der klassischen Konditionierung als ersten Faktor eine negative Verstärkung des Angstverhaltens nach dem Prinzip der operanten Konditionierung als zweiten Faktor. Durch die Vermeidung der Angstreize (z.B. Objekte, Situationen) kommt es beim Betroffenen als eine angenehme Konsequenz zu einer Reduktion der Angst, die als eine negative Verstärkung interpretiert werden kann. Diese negative Verstärkung begünstigt in der Zukunft das Vermeidungsverhalten und verhindert dadurch, neue Erfahrungen mit dem Angstreiz zu machen. Insgesamt verfestigt sich nach der Theorie von Mowrer das durch klassische Konditionierung erworbene Angstverhalten durch operante Konditionierung. Die Zwei-Faktoren-Theorie war lange Zeit einer der einflussreichsten Ansätze zur Ätiologie der Angststörungen, insbesondere aber der Phobien (Becker 2006). Schwächen des Modells zeigen sich jedoch darin, dass der Erwerb der Angststörung nicht immer auf den 1. Faktor (klassisches Konditionieren) zurückgeführt werden kann, da die Betroffenen sich an keine traumatischen Erlebnisse erinnern können, in der eine klassische Konditionierung stattfand.

Der Erwerb der Angstreaktion wird in diesen Fällen besser durch das Konzept des Lernens am Modell nach Bandura (siehe Kapitel 1) erklärt. Für die Entwicklung einer Angststörung bedeutet dies, dass sowohl das Angstverhalten als auch der Umgang mit der Angst durch Beobachtung eines Modells erlernt werden können, ohne jemals den angstauslösenden Situationen direkt ausgesetzt gewesen zu sein. So kann z.B. ein Kind eine Spinnenphobie dadurch entwickeln, dass es eine Angstreaktion vor Spinnen bei den Eltern beobachtet hat.

Kognitive Erklärungskonzepte

„Menschen werden nicht durch Dinge gestört, sondern durch ihre Anschauungen von ihnen." Mit diesem Satz hat bereits der Philosoph Epiktet (55–135 n. Chr.) erkannt, dass menschliches Verhalten in einem entscheidenden Maße von den eigenen Gedanken geprägt wird. In der Klinischen Psychologie hat man erst Ende der 1960er bzw. Anfang der 1970er Jahre im Rahmen eines Paradigmenwechsels den Gedanken bei psychischen Störungen einen besonderen Stellenwert beigemessen. Vor dieser Zeit begnügte man sich weitestgehend damit, die menschliche Psyche durch die oben dargestellten einfachen Lerngesetze zu erklären, während es heute insbesondere in der Verhaltenstherapie kein aussagekräftiges Modell über psychische Störungen mehr gibt, das den Einfluss der Gedanken ausblendet (vgl. Leahy 2007). Auch in den modernen Klassifikationssystemen gehört die Beschreibung der Kognitionen zum festen Definitionsbestandteil einer psychischen Störung.

So wird z.B. der Patient mit einer hypochondrischen Störung die Befürchtung haben, er könne an einer körperlichen Krankheit leiden. Die Gedanken der Patienten mit Panikattacken kreisen ständig um die Sorge vor einem Herzinfarkt, Schlaganfall oder Erstickungstod, obgleich es keinen medizinischen Befund gibt. Der Patient mit einer Zwangsstörung klebt an dem Gedanken, seine Hände könnten noch schmutzig sein, obgleich er sich schon eine Stunde die Hände wäscht. Der depressive Patient belastet sich mit negativen Gedanken, obgleich er eigentlich seine Lebensumstände als positiv einschätzt. Patienten mit einer Spinnenphobie haben die Vorstellung, dass an sich harmlose kleine ungiftige Spinnen mit Gefahr verbunden sind. Schließlich plagen sich Patienten mit Anorexia Nervosa (Magersucht), die an einem chronischen Untergewicht leiden, ständig mit dem irrationalen Gedanken, sie könnten zu dick sein (vgl. Fichter 2009).

Als Hauptvertreter der kognitiven Verhaltenstherapie, die sich in den 1980er Jahren immer mehr durchsetzte, sind vor allem Ellis (1979), Meichenbaum (1979) und Beck (1979) zu nennen. Sie lassen sich von der Grundkonzeption leiten, dass die Ursache einer psychischen Störung im Wesentlichen mit den Gedanken der Betroffenen zusammenhängt.

Ellis postuliert, dass das Verhalten eines Menschen (C = consequences) nur in geringem Ausmaß von den Situationen (A = activating event) bestimmt wird, sondern vor allem von den Gedanken und Bewertungen (B = belief system), die Menschen in diesen Situationen haben. Er betont, dass dabei irrationale Bewertungen und dogmatische Forderungen (an sich, an andere, an die Umwelt) entscheidend sind. Gedanken wie „Ich muss perfekt sein!", „Andere Menschen müssen mich zuvorkommend behandeln!" oder „Die Umstände müssen solcher Art sein, wie ich das will!", lassen sich mit psychischem Wohlbefinden nur schwer vereinbaren.

Meichenbaum (1979) hebt die Bedeutung des negativen inneren Dialoges hervor, der für Personen mit psychischen Störungen charakteristisch ist. Er konnte zeigen, dass negative Gedanken uns Menschen in einem inneren Dialog ständig begleiten und in den kritischen Situationen gebetsmühlenartig ständig wiederholt werden.

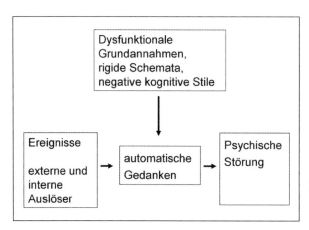

Abb. 3.7: Kognitionstheoretisches Modell psychischer Störungen nach Beck (1979)

Beck (1979; 1993) unterscheidet drei verschiedene kognitive Ebenen, die bei der Entstehung und Aufrechterhaltung von psychischen Störungen eine Rolle spielen: Automatische Gedanken, kognitive Verzerrungen und Schemata. Während automatische Gedanken als situationsspezifisch verstanden werden, gelten letztere als situationsübergreifend. Die unmittelbaren spontanen Situationseinschätzungen eines Menschen werden von Beck (1979) „idiosynkratische Kognitionen" genannt. In der Literatur hat sich aber der Begriff „automatische Gedanken" durchgesetzt. Hautzinger/Stark/Treiber (1994, 88) beschreiben sie ähnlich wie Beck: „Damit sind schnell ablaufende, reflexhaft auftretende und in der Situation subjektiv plausibel erscheinende Kognitionen gemeint, die zwischen einem Ereignis (external oder internaler Art) und einem emotionalen Erleben (Konsequenz) ablaufen. Bei psychischen Störungen sind diese „blitzartig" stattfindenden, situationsgebundenen Bewertungen fehlerhaft, verzerrt und unangepasst. … Solche automatischen Gedanken drücken sich in Selbstgesprächen, Selbstinstruktionen, persönlichen Interpretationen und idiosynkratischen Bewertungen von Situationen, Ereignissen, Phantasien, Gedanken, der Vergangenheit, der Zukunft, der eigenen Person usw. aus." Schließlich haben nach Beck u.a. (1993) bestimmte Personen situationsübergreifend inadäquate kognitive Schemata bzw. Stile, die Depressionen und Angststörungen begünstigen. Dabei werden unterschiedliche Situationen konsistent negativ bzw. als bedrohlich wahrgenommen und interpretiert, während gleichzeitig die Person nicht in der Lage ist, die Fehlerhaftigkeit ihrer Gedanken in der Realität zu überprüfen. In nachfolgenden Arbeiten haben Beck u.a. (1993) das Schemakonzept für einzelne Störungsbereiche spezifiziert, insbesondere schlugen sie ein differenziertes Konzept für die Persönlichkeitsstörungen vor.

Neuere Konzepte in der Verhaltenstherapie bemühen sich um eine Integration der Kognitionen in biopsychosoziale Konzepte der Selbstregulation. Selbstregulation bezeichnet die kognitiven Prozesse, mit denen Personen ihr individuelles Verhalten nach Maßgabe ihrer Pläne, Ziele und Standards beeinflussen, kontrollieren oder modifizieren. Die Regulationsmechanismen beziehen sich dabei auf die Herstellung, Wiederherstellung oder Erhaltung des psychischen Gleichgewichtes, auch wenn es kurzfristig durch das Generieren neuer Zielvorgaben aus der Balance gerät. Psychische Störungen stehen in engem Zusammenhang mit Störungen in der Selbstregulation.

Das Konzept der Selbstregulation (vgl. Kanfer 1979, Kanfer/Reinecker/ Schmelzer 2006, Reinecker 2009), das zu einem der einflussreichsten und wichtigsten Modelle der Verhaltenstherapie gehört, ist besonders geeignet für die Systematisierung von Kognitionen, die einen Einfluss auf psychische Störungen haben. Nach diesem Modell kann man, ähnlich wie im biopsychosozialen Rahmenmodell, alle inneren und äußeren verhaltenswirksamen Parameter auf drei unterschiedlichen Ebenen betrachten: α-Variablen umschreiben Einflüsse der externen, physikalischen Umgebung ebenso wie eigenes und fremdes Verhalten. β-Variablen bilden die kognitiven Prozesse und Inhalte ab (Denken und Gedanken, Planen und Pläne, Problemlösen, Selbstbeobachtung, Selbststimulation, Vorstellen, Entscheiden, Wahrnehmung von internalen biologischen Ereignissen und die Reaktion darauf, Werte, Ziele, Meta-Kognitionen), also Vorgänge, die vom Individuum auch selbst initiiert werden können. Als γ-Variablen versteht man die biologisch-somatische Ausstattung des Menschen, die vielfach automatisiert das Verhalten steuert. Während α- und γ-Variablen im Wesentlichen eine Fremdsteuerung bewirken, sind β-Variablen hauptsächlich mit selbstregulativen Prozessen in Beziehung zu sehen. Abb. 3.8 zeigt in einem stark vereinfachten Modell die wichtigsten störungsübergreifenden Kognitionen: Situations-, Selbstwirksamkeits- und Ergebniserwartung (vgl. Bandura 1977; 1997, Krampen 2000):

Tab. 3.4: Störungsübergreifende Kognitionen (Beispiel: Agoraphobie)

Störungsübergreifende Kognition	Typischer Gedanke
Situationserwartung: Subjektive Einschätzung, dass bestimmte Situationen eintreten werden. („Ich weiß, was auf mich zukommt.").	Die Zugfahrt morgen wird schrecklich.
Selbstwirksamkeitserwartung: Vertrauen, aufgrund eigener Fähigkeit und Kompetenz, ein Verhalten selbst ausführen zu können. („Ich selbst bin zur Handlung in der Lage.")	Ich werde die Fahrt nicht schaffen.
Konsequenzerwartung: Subjektive Einschätzung, dass auf bestimmte Verhaltensweisen bestimmte Konsequenzen folgen. („Ich kenne die Konsequenzen.")	Wenn ich nicht aussteigen kann, werde ich ersticken.
Schemata: Komplexe Annahmen über die eigene Person, die Zukunft und die Welt	Die Welt ist gefährlich.

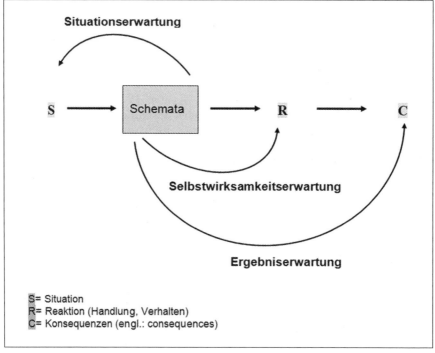

Abb. 3.8: Menschliche Selbstregulation

Schließlich wird der Prozess der Selbstregulationen wesentlich von den allgemeinen Schemata (Sollwerten) beeinflusst, nach denen sich der Patient situationsübergreifend orientiert. „Frühe maladaptive Schemata sind sehr umfassende, die eigene Person und die Beziehungen zu anderen Menschen betreffende Themen und Muster, die in signifikantem Maße dysfunktional sind. Schemata umfassen Erinnerungen, Emotionen, Kognitionen und Körperempfindungen. Sie entstehen in der Kindheit oder Adoleszenz und entwickeln sich während des ganzen Lebens weiter" (Young/Klosko/Weishaar 2005, 99). So haben z.B. bei Sozialphobikern negative kognitive Schemata über das eigene Selbst („Ich bin ein Versager", „Es ist schrecklich, wenn andere mich ablehnen") einen entscheidenden Einfluss auf die Entstehung und Aufrechterhaltung der Störung.

Neben den störungsübergreifenden Kognitionen (Situationserwartung, Selbstwirksamkeitserwartung, Konsequenzerwartung, allgemeine Schemata oder dysfunktionale Kognitionen), die erst auf die jeweilige Störung übertragen werden müssen, lassen sich bei den einzelnen psychischen Störungen aber auch ganz spezifische Kognitionen erkennen, die in Tab. 3.5 bei ausgewählten Störungen dokumentiert sind:

Tab. 3.5: Störungsspezifische Kognitionen (Beispiele)

Störungen (Beispiele)	Zentrale dysfunktionale Kognitionen (Beispiele)
Agoraphobie	Befürchtung, in öffentlichen Situationen nicht „entfliehen" zu können
Essstörung	Verzerrte Wahrnehmung des Körper-Schemas
Panikstörung	Fehlinterpretation von körperlichen Signalen
Somatoforme Störung	Fehlinterpretation von vorübergehenden körperlichen Symptomen
Zwangsstörung	Überschätzung der individuellen Verantwortung

Psychophysiologische Erklärungskonzepte

In einer weiteren Überarbeitung des Selbstregulationsmodells (vgl. Kanfer/Reinecker/Schmelzer 2006) wurde die Rolle von Attributionsprozessen (s. Kap. 2), bei denen das Individuum nach Ursachen für das eigene Verhalten sucht, noch stärker einbezogen. Insbesondere die Interpretation körperlicher Symptome durch den Patienten hat einen entscheidenden Einfluss auf die Symptomverstärkung. Nach dem psychophysiologischen Modell entstehen z.B. Panikattacken aus positiven Rückkoppelungsprozessen zwischen fehlinterpretierten Körperempfindungen, deren Assoziation mit Gefahr und dadurch resultierenden, sich aufschaukelnden Angstreaktionen. Wegen der extremen Schnelligkeit und Häufigkeit dieser Rückkoppelungsprozesse werden sie nicht bewusst und können damit nicht unterbrochen werden und eskalieren so zu einem Teufelskreis der Angst (s. Abb. 3.9).

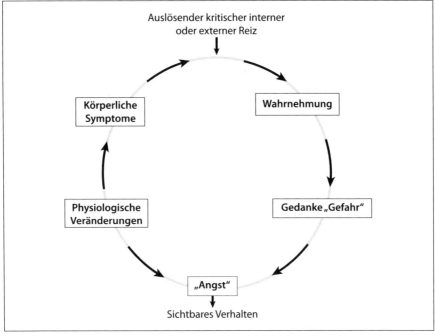

Abb. 3.9: Teufelskreis der Angst (vgl. Margraf/Schneider 1990)

3.4.3 Neurobiologische Erklärungskonzepte

Neurobiologische Forschungsergebnisse bereichern und ergänzen die bisherigen Erklärungsansätze für psychische Störungen, die von der Psychotherapie angeboten werden (vgl. Grawe 2004; Caspar/Koch/Schneider 2005; Förstl/Hautzinger/Roth 2006, Berking/Znoij 2007; Beutel 2009). Sie liefern nicht nur wichtige Erkenntnisse über den Zusammenhang von organischen Ursachen und psychischen Defiziten, für die sich die Neuropsychologie interessiert, sondern erlauben insbesondere ein tieferes Verständnis für die Frage, warum die Betroffenen die Symptome ihrer Störung nur zum Teil oder gar nicht willentlich unterdrücken können. Es scheint sich die Grundannahme von Freud (1938) zu bestätigen, dass psychische Störungen in wesentlichen Anteilen durch Prozesse gesteuert werden, die dem Bewusstsein entzogen sind, also unbewusst bzw. implizit ablaufen.

Sozialarbeiter/innen werden bei ihrer Arbeit mit Klienten häufig die Feststellung machen, dass Klienten ihre Störungen und Probleme nicht in den Griff bekommen, obgleich sie eingesehen haben, dass ihr Verhalten sich ändern müsste. Aus neurobiologischen Forschungsergebnissen lässt sich ableiten, dass das Verhalten der Klienten nicht mit deren Unwillen zu tun hat, sondern durch Hirnareale gesteuert wird, die der bewussten Kontrolle entzogen sind.

Aktuelle Forschungsergebnisse aus der bildgebenden Neurobiologie lassen kaum noch Zweifel über die Frage aufkommen, ob unbewusst ablaufende neurobiologische Prozesse bei der Entstehung und Aufrechterhaltung psychischer Störungen beteiligt sind, so dass der Fokus sich auf die weiterführende Frage konzentriert, welche Dysfunktionen in welchen Hirnregionen mit der psychischen Störung im Zusammenhang stehen.

3.4.4 Systemische Erklärungskonzepte

Die bisher dargestellten Konzepte sind sehr individualistisch ausgerichtet und suchen eine Erklärung, die im Individuum lokalisiert ist. Systemische Erklärungskonzepte bereichern diese Perspektive, indem sie den Horizont von der intrapsychischen Betrachtungsweise auf die interaktionelle Perspektive erweitern und damit insbesondere die Aufmerksamkeit auf die soziale Dimension des biopsychosozialen Rahmenmodells lenken (vgl. Scheib/Wirsching 2004, Schweitzer 2005). Allerdings gehen dabei aktuelle systemische Konzepte nicht mehr so weit zu behaupten, dass eine spezifische Zuordnung von sozialen Beziehungsmustern zu spezifischen Diagnosen möglich wäre (Spezifitätshypothese). So haben sich etwa Versuche von Bateson et al. (1956), eine Beziehung zwischen dem Muster (hier: Muster der Doppelbindung) in der Familie und psychiatrischen Störungsbildern herzustellen, empirisch nicht bestätigt. Außerdem wurden diese problematischen Erklärungsversuche von den betroffenen Familien nicht selten als Schuldvorwurf interpretiert und erschwerten konstruktive Beratungsprozesse (vgl. Schweitzer/v. Schlippe 2006). Für die Einbeziehung einer systemischen Betrachtungsweise bei der Suche nach Faktoren, die eine psychische Störung mit bedingen, sprechen eine Reihe plausibler Annahmen, insbesondere auch empirische Wirkungsnachweise der therapeutischen Interventionen (vgl. Schweitzer u.a. 2007, von Sydow u.a. 2007, Retzlaff u.a. 2009):

- Zirkularität: Das Verhalten eines Teilnehmers eines Systems ist zugleich Ursache und Wirkung des Verhaltens des anderen Teilnehmers.
- Interdependenz: Jeder Teil eines Systems ist mit jedem anderen Teil so verbunden, dass eine Änderung in einem Teil eine Änderung in allen Teilen und damit im gesamten System verursacht.
- Kommunikation: Die Teilnehmer des Systems tauschen Informationen auf der Inhalts- und der Beziehungsebene aus (vgl. Watzlawick/Beavin/Jackson 1969).
- System-Umwelt-Grenzen: Diese definieren, was zu einem System dazugehört und was nicht.
- Regeln: Ein Beobachter kann aufgrund der zirkulären Kommunikation zwischen den Teilnehmern eines Systems Muster erkennen und als Regeln formulieren.
- Ganzheit (Emergenzprinzip): Das Ganze ist etwas anderes als die Summe seiner Teile. Aus der wechselseitigen Beziehung von Teilen entsteht ein prinzipiell neues emergentes Phänomen, dessen Eigenschaften die Teile nicht haben. Es entsteht eine Ganzheit (oder „Gestalt").

- Kybernetik 2. Ordnung: Systembeschreibungen sind mentale Gebilde der Beobachter, nicht objektive Gegebenheiten. Die beschriebene Wirklichkeit ist immer nur ein Konstrukt, das auf Entscheidungen des Beobachters beruht.
- Selbstorganisation: Der Prozess der Ausbildung von Ganzheiten (Gestaltbildung) erfolgt autonom; Ganzheiten sind selbstorganisiert.
- Autopoiese (griech. autos = selbst, poiein = machen) beschreibt ein funktionales Organisationsprinzip lebender Systeme, die sich selbst aus den eigenen Komponenten, aus denen sie bestehen, herstellen und erhalten können (vgl. Maturana/Varela 1980).
- Homöostase: Berater beeinflussen das System, damit es wieder ins Gleichgewicht kommt. Geeignete Interventionen gleichen störende Einflüsse aus und stellen das Gleichgewicht im System wieder her.

Aus der Perspektive systemischer Erklärungskonzepte ist eine psychische Störung nicht das Ergebnis eines in der Person liegenden Defizits, sondern eine Form der Selbstorganisation, die eine Person durch Interaktion mit ihrem Bezugssystem aufrechterhält.

Systemische Erklärungskonzepte konzentrieren sich nicht auf die Annahme, dass sich aus einer oder mehreren Ursachen, die in der Vergangenheit liegen, eine psychische Störung entwickelt, sondern gehen der Frage nach, wie es einem (Familien-)System gelingt, die Störung aufrecht zu erhalten.

In der Familie können die Bedingungen, die eine Störung aufrechterhalten, auf verschiedenen Systemebenen liegen (vgl. Perrez/Bodenmann 2009):

- Familie als Ganzes: Nach dem Circumplex-Modell (vgl. Olson 2000) sind Familien belastet, wenn sie zu hohe oder zu niedrige Kohäsion und/oder Adaptablität haben, insbesondere chaotisch-losgelöste, rigide-losgelöste, chaotisch-verstrickte und rigide-verstrickte Familiensysteme (siehe unten).
- Störungen der Paarbeziehung: die Eltern haben erhebliche Konflikte, können diese nicht konstruktiv lösen und zeigen ein hohes Maß an Abwertung.
- Störungen in der Elternrolle bzw. des Eltern-Kind-Systems: Grenzverletzungen und Kindesmisshandlung, Parentifizierung der Kinder (Kinder werden in die Elternrolle gedrängt und damit überfordert), Erziehungsdefizite.

Um die spezifischen Konstellationen im System zu erkennen, bedienen sich systemtheoretische Ansätze besonderer diagnostischer Techniken. Dazu gehören insbesondere:

- Genogramm (Familienstammbaum): Visuelle Darstellung der Familie über (mindestens drei) Generationen hinweg.
- Familienskulptur: Symbolisch-metaphorische Darstellung emotionaler Bindungen und hierarchischer Strukturen in der Familie durch die Darstellung der Familie als Skulptur.
- Familienbrett: Die Beziehung zwischen den Familienmitgliedern wird auf einem Brett mit Figuren nachgestellt.

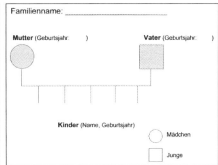

Abb. 3.10: Familienbrett (Foto: Wälte)   **Abb. 3.11:** Familienstammbaum

Die so gewonnenen Informationen können dazu benutzt werden, das Interaktionsverhalten von Paaren und Familien näher zu beschreiben und zu klassifizieren. In diesem Zusammenhang ist besonders das Circumplex-Modell von Olson (Olson/Gorall/Tiesel 2007) zu nennen. Es ermöglicht eine Interaktionsanalyse von Paaren und Familien auf zwei Dimensionen, Kohäsion und Adaptabilität (bzw. Flexibilität), die in Kombination das Circumplex-Modell konstituieren.

Adaptabilität		niedrig	**Kohäsion**		hoch
		losgelöst	**getrennt**	**verbunden**	**verstrickt**
hoch	**chaotisch**	chaotisch losgelöst	chaotisch getrennt	chaotisch verbunden	chaotisch verstrickt
	flexibel	flexibel losgelöst	flexibel getrennt	flexibel verbunden	flexibel verstrickt
	strukturiert	strukturiert losgelöst	strukturiert getrennt	strukturiert verbunden	strukturiert verstrickt
niedrig	**rigide**	rigide losgelöst	rigide getrennt	rigide verbunden	rigide verstrickt
Zentrum (weiß); Mittelbereich (hellgrau); Extrem (dunkelgrau)					

Abb. 3.12: Circumplex-Modell (Olson/Gorall/Tiesel 2007)

Kohäsion hat zwei Komponenten: Die emotionale Bindung, welche die Mitglieder der Familie zueinander haben und der Grad der individuellen Autonomie, die eine Person in dem Familiensystem realisieren kann. Bei extrem hoher Familien-Kohäsion (Verstrickung) besteht eine Überidentifikation mit der Familie, die zu extremer Bindung und begrenzter individueller Autonomie führen. Umgekehrt ist extrem schwache Kohäsion (disengagement = Loslösung, Ungebundenheit) charakterisiert durch eine schwache Bindung und hohe Autonomie des Einzelnen von der Familie. Es lassen sich vier Grade der Kohäsion unterscheiden: sehr schwach (unverbundenes System), schwach bis mittelmäßig (getrenntes System), mittelmäßig bis hoch (verbundenes System) und sehr hoch (verstricktes System). Ein ausgewogener Grad der Kohäsion ist für effektives Funktionieren der Familie und eine optimale Entwicklung des Individuums am ehesten förderlich. Kohäsion kann gemessen werden durch: emotionale Bindung, Unabhängigkeit, Grenzen, Koalitionen, Zeit, Raum, Freunde, Entscheidungsfindung, Interessen und Erholung.

Adaptabilität ist die zweite Dimension, die dem ‚Circumplex-Model‘ zugrunde gelegt wird, und kann definiert werden als die Fähigkeit eines Ehe- oder Familiensystems, die Machtstruktur, die Rollenstruktur und die Beziehungsregeln als Antwort auf einen situationalen oder entwicklungsbezogenen Stress zu ändern. Es lassen sich vier Grade der Adaptabilität unterscheiden: rigide (extrem schwache Adaptabilität), strukturiert (schwach bis mittlere Adaptabilität), flexibel (mittlere bis hohe Adaptabilität) und chaotisch (extrem hohe Adaptabilität). Analog zur Kohäsion wird angenommen, dass mittlere Grade der Adaptabilität für das Funktionieren der Familie oder des Paares eher förderlich sind als extreme Ausprägungen auf dieser Dimension. Die Messung erfolgt durch: Selbstsicherheit, Kontrolle, Disziplin (die ersten Konzepte beziehen sich auf die Machtstruktur der Familie), Verhandlungsstil (= Gesprächsstil), Rollenbeziehung, Beziehungsregeln und System-Feedback.

Familienkonstellationen mit Werten im zentralen Bereich sind für alle Beteiligten am funktionalsten, während die vier extremen Familienkonstellationen keine günstige Entwicklung der Familienmitglieder gewährleisten, stattdessen aber einen Nährboden für die Entwicklung einer psychischen Störung bereiten.

📖 *Literaturempfehlungen*

Bandura, A. (1997): Self-Efficacy. The Exercise of Control. New York: Freeman and Company.

Davison, G. C./Neale, J. M./Hautzinger, M. (2007): Klinische Psychologie. 7. Aufl. Basel: Beltz Verlag.

Kanfer, F. H./Reinecker, H./Schmelzer, D. (2006): Selbstmanagement-Therapie. Berlin: Springer.

Reinecker, H. (1999b) (Hrsg.): Lehrbuch der Verhaltenstherapie. Tübingen: dgvt-Verlag.

Schlippe von A./Schweitzer, J. (2007): Lehrbuch der systemischen Therapie und Beratung. 10. Aufl. Göttingen: Vandenhoeck & Ruprecht.

3.5 Beratung von Klienten mit psychischen Störungen in der Sozialen Arbeit

Sozialarbeiter/innen sind in unterschiedlichen Arbeitsfeldern mit der Beratung von Klienten betraut, die unter einer psychischen Störungen leiden. Das psychotherapeutische Angebot von Klinischen Psychologen weist eine hohe Affinität zum Beratungshandeln des Sozialarbeiters auf. Insofern können die Ergebnisse der Klinischen Psychologie für die Optimierung von Beratungsprozessen in der Sozialen Arbeit bei Klienten mit psychischen Störungen genutzt werden.

> Grundvoraussetzung für sozialarbeiterische Interventionen bei Klienten mit psychischen Störungen sind psychosoziale „Diagnosen", d.h. (empirisch) überprüfbare Aussagen über die gesamte Problemsituation des Adressaten. Klassifikationssysteme können dabei nur die intrapsychische Dimension erfassen und müssen durch diagnostische Konzepte ergänzt werden, mit denen auch die interaktionellen Bezüge des Klienten erfasst werden können.

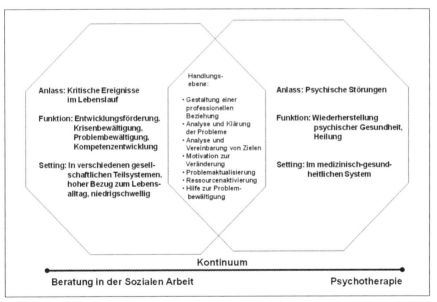

Abb. 3.13: Unterschiede und Gemeinsamkeiten zwischen Beratung und Psychotherapie

Nach Großmaß (2004) lassen sich eine psychotherapeutische Sitzung und ein Beratungsgespräch im Rahmen Sozialer Arbeit kaum unterscheiden, insbesondere bei der Beratung im Kontext Klinischer Sozialarbeit (vgl. Gahleitner/Hahn 2008). Darüber hinaus beziehen sich Psychotherapeuten wie auch psychosoziale Berater auf dieselben theoretischen Fundamente, wie tiefenpsychologisch fundierte Verfahren, Verhaltenstherapie, Gesprächspsychotherapie und systemische Therapie (vgl. Nestmann/Engel/Sickendiek 2004). Allerdings lassen sich auch deutliche Unterschiede im Setting feststellen (vgl. Nestmann 2005). Danach ist Psychotherapie ein Teil der Versorgung im (medizinischen) Gesundheitssystem, wobei die Finanzierung durch Versicherungsträger sowie eine individuumszentrierte Sicht eine besondere Rolle spielen. Demgegenüber geht Beratung nicht vom Krankheitskonzept (Ausnahme: Beratung in der Medizin), sondern von Problemen der Klienten im Verlauf spezifischer Lebenssituationen aus. Des Weiteren ist Beratung deshalb nicht mit Heilung von Störungen, sondern stärker mit Krisen und Krisenbewältigung im lebensweltlichen Kontext der Klienten betraut. Insgesamt zeigen sich jedoch auf der Handlungsebene erhebliche Überschneidungen und in spezifischen Phasen sogar Deckungsgleichheit, wie z. B. beim Aufbau einer professionellen Beziehung.

Die Klinische Psychologie beschäftigt sich neben der Klassifikation und Ätiologie psychischer Störungen hauptsächlich mit deren Therapie. Für die Optimierung des Therapieprozesses sind eine Reihe von Konzepten entwickelt worden, die auch für das Beratungshandeln der Sozialarbeiter/innen bei psychischen Störungen übersetzt werden können. Insbesondere hat das Sieben-Phasen-Modell des verhaltenstherapeutischen Prozesses für die Gestaltung des Beratungsprozesses in der Sozialen Arbeit Eingang gefunden (vgl. Schmelzer 2000):

1. Aufbau einer therapeutischen Beziehung
2. Aufbau von Änderungsmotivation
3. Verhaltensanalyse
4. Zielanalyse
5. Durchführung spezieller therapeutischer Interventionen
6. Evaluation der Fortschritte
7. Erfolgsoptimierung und Generalisierung

Darüber hinaus haben die konzeptionellen und empirischen Arbeiten von Grawe (1998; 2004) eine ausgeprägte Wirkung auch auf das Beratungshandeln in der Sozialen Arbeit entfaltet. Grawe (1998) stellt sich aus einer schulenübergreifenden Perspektive die Frage, was der Therapeut machen muss, damit der Patient in die Lage versetzt wird, seine Störung erfolgreich zu verändern. Aufgrund ausführlicher empirischer und theoretischer Analysen kristallisierten sich vier Metavariablen therapeutischen Handelns heraus, von denen Grawe das Klären und Bewältigen psychischer Störungen besonders hervorhebt (vgl. Grawe 1996): 1. Aktivierung der Ressourcen des Patienten (Patient selbst, in der Therapiebeziehung, Familie und Freunde); 2. Motivationale Klärung der Ziele des Patienten („Exploration impliziter Bedeutungen"); 3. Problemaktualisierung („Prinzip der realen Erfahrung"); 4. Hilfe bei der Problembewältigung („Problemlösung").

Das in Abb. 3.14 dargestellte Rahmenmodell zur Beratung in der Sozialen Arbeit lässt die Konzepte von Kanfer/Reinecker/Schmelzer (2006) sowie Grawe (1998; 2004; 2005) einfließen und adaptiert sie auf die Komplexität sozialarbeiterischer Beratung. Es lässt sich auch für die Beratung von Klienten mit psychischen Störungen nutzen und zeigt, dass bei jedem konkreten Beratungsfall in der Sozialen Arbeit mindestens Antworten auf folgende Fragen gefunden werden müssen:

1. Zeitpunkt der Beratung: Zu welchem Zeitpunkt findet die Beratung statt?
2. Adressat: Wer nimmt an der Beratung teil?
3. Wirkfaktoren: Welche Wirkprinzipien werden eingesetzt?

Definition von Psychotherapie

Nach dem PsychThG (Psychotherapeutengesetz) § 1 Absatz (3):
„… Psychotherapie im Sinne dieses Gesetzes ist jede mittels wissenschaftlich anerkannter psychotherapeutischer Verfahren vorgenommene Tätigkeit zur Feststellung, Heilung oder Linderung von Störungen mit Krankheitswert, bei denen Psychotherapie indiziert ist. Im Rahmen einer psychotherapeutischen Behandlung ist eine somatische Abklärung herbeizuführen. Zur Ausübung von Psychotherapie gehören nicht psychologische Tätigkeiten, die die Aufarbeitung und Überwindung sozialer Konflikte oder sonstige Zwecke außerhalb der Heilkunde zum Gegenstand haben."

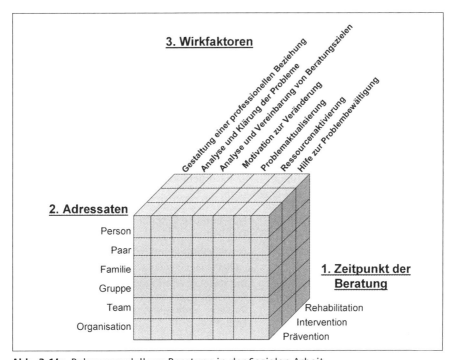

Abb. 3.14: Rahmenmodell zur Beratung in der Sozialen Arbeit

Im Folgenden soll das Rahmenmodell und der Ablauf einer Beratung zunächst mit einem einfachen Fallbeispiel erläutert werden.

Fall: Schülerin mit Problemen bei den Hausaufgaben
Die Mutter von Lisa S. berichtet der Sozialarbeiterin der örtlichen Beratungsstelle, dass ihre Tochter (16 J.) in letzter Zeit erhebliche Probleme bei den Hausaufgaben habe. Sie komme in der Regel zwischen 12.30 und 14.30 Uhr von der Schule nach Hause und schaffe es nur selten, vor 17.00 Uhr mit den Aufgaben zu beginnen. Lisa sei sehr enttäuscht, wenn sie mal wieder eine „5" geschrieben habe. Besonders die Fächer Englisch und Mathematik bereiten ihr erhebliche Probleme. Nach dem Mittagessen sei sie durch nichts motivierbar, mit den Hausaufgaben für den nächsten Tag zu beginnen. Sie schiebe alles bis zum letzten Termin auf. Das hat zur Folge, dass sie abends die Aufgaben nur unvollständig erledige. Nach dem Mittagessen höre sie oft zwei Stunden Musik oder telefoniere mit ihren Freundinnen. Auch Ermahnungen der Mutter, nun endlich mit den Hausaufgaben zu beginnen, scheiterten regelmäßig. Oft sitze sie sehr unproduktiv vor ihren Schularbeiten. Statt englische Vokabeln zu lernen oder mathematische Aufgaben zu lösen, male sie auf Schreibblöcken herum. Ab 19.00 Uhr schaue Lisa regelmäßig zwei Stunden Fernsehen in ihrem Zimmer. Seit die Familie sich einen Fernseher mit LCD zugelegt habe, steht auf ihrem Zimmer der alte Röhrenbildschirm. Lisa solle zwar um 22.00 Uhr zu Bett gehen, jedoch beschäftige sie sich mindestens noch 1 Stunde mit Handyspielen. Die Klassenlehrerin habe in der letzten Woche zu verstehen gegeben, dass die Versetzung erheblich gefährdet sei.

In dem Gespräch mit Lisa wird deutlich, dass sie insbesondere nach einer schlechten Note kaum noch Lust habe, die Schularbeiten zu erledigen. Ihr komme dann der Gedanke, dass sie dumm sei und vermutlich sitzen bleibe. In der letzten Zeit grüble sie auch über ihr Aussehen, insbesondere fühle sie sich zu dick. Wenn sie sich ab 17.00 Uhr mit den Schularbeiten beschäftige, dann kämen ihr sofort Zweifel, dass sie die Hausaufgaben bewältigen könne. Sie versuche sich dann zusammenzureißen. Jedoch reiche die Konzentration nicht lange und sie flüchte sich dann in Tagträume. Sie fände es schön, wenn sie wie eine ihrer Mitschülerinnen Reitunterricht hätte.

Nach dem Termin mit Frau S. und Lisa werden zunächst 10 weitere Beratungsgespräche vereinbart, deren Essenz nach dem Rahmenmodell der Beratung folgendermaßen extrahiert werden kann:

Zeitpunkt der Beratung	Frau und Lisa S. kommen mit einem aktuellen Problem.
Adressaten der Beratung	Einzelberatung und Beratung der Mutter-Kind-Dyade.
Gestaltung einer professionellen Beziehung	Die Sozialarbeiterin realisiert die personzentrierten Basisvariablen: Kongruenz (Echtheit) des Beraters, bedingungslose Wertschätzung und Empathie
Problemanalyse und Klärung der Probleme	Anwendung des SORKC-Modells zur Klärung der Frage, warum Lisa Probleme bei den Hausaufgaben hat. Vertiefung durch eine Analyse der Kognitionen nach dem Selbstregulationsmodell. Die Sozialarbeiterin wendet auch systemische Methoden an (zirkuläres Fragen), um die

	unterschiedlichen Problemdeutungen von Lisa und ihrer Mutter zu erfahren. Sie klärt auch die Ziele von Lisa, insbesondere ob sie auf der Schule das Abitur erreichen möchte.
Zielanalyse und Vereinbarung von Beratungszielen	Frau S. möchte, dass Lisa bessere Noten in Mathematik schreibt. Die Sozialarbeiterin schlägt vor, auch die Selbstwertprobleme (Aussehen und Körpergewicht) von Lisa zu verändern. Lisa möchte in der Familie durchsetzen, dass sie Reitunterricht erhält.
Motivation zur Veränderung	Wegen des erheblichen Leidensdrucks stellt die Sozialarbeiterin bei Lisa eine hohe Motivation fest.
Problemaktualisierung	Damit Lisa ihre aktuellen Probleme bei den Hausarbeiten genau wahrnehmen kann, wird eine Videoaufnahme der Schularbeitensituation vereinbart.
Ressourcenaktivierung	Die Sozialarbeiterin stellt fest, dass Lisa bei den Handyspielen äußerst konzentriert bei der Sache ist. Der Vater von Lisa kann gut Mathematik und hat sich angeboten, jeden Sonntagmorgen 1–2 Stunden mit Lisa zu üben.
Hilfe zur Problembewältigung	Die Sozialarbeiterin unterstützt Lisa mit einem Training zur Tagesstrukturierung.
Evaluation	Zur Erfolgskontrolle füllt Lisa abends einen kleinen Dokumentationsbogen aus.

Obgleich Lisa S. am Anfang der Beratung sehr zurückhaltend wirkte, konnte jedoch nach einigen Beratungsterminen eine vertrauensvolle professionelle Beziehung aufgebaut werden. In der sechsten Beratungsstunde wird vereinbart, dass Lisa alleine zum Termin kommt, um mit ihr einige Arbeitstechniken zu besprechen. In diesem Gespräch eröffnet Lisa der Sozialarbeiterin, dass sie manchmal abends heimlich sehr viel Süßigkeiten esse. In einer Art „Fressanfall" verschlinge sie dann z. B. drei Tafeln Schokolade und zwei Tüten Chips. Kurz nach dem „Fressgelage" trete ein gewisses Entspannungsgefühl auf, das jedoch rasch in ein Völlegefühl münde mit einhergehender Befürchtung, zu dick zu werden. Aus diesem Grunde erbreche sie nach dem „Fressanfall". Dabei werte sie sich mit Gedanken wie „ich bin ja wie ein Schwein" ab.

Nach dem Gespräch äußert die Sozialarbeiterin die Verdachtsdiagnose, dass sie unter einer bulimischen Essstörung leiden könne. Dafür sei es notwendig, den Hausarzt aufzusuchen, da das häufige Erbrechen für den Körper nicht ungefährlich sei. Darüber hinaus informiert die Sozialarbeiterin die Klientin auch über die Möglichkeiten einer ambulanten Psychotherapie. Lisa S. ist nach einem gewissen Zögern damit einverstanden, dass beim nächsten Termin ihre Mutter wieder dabei ist, um das weitere Vorgehen zu besprechen.

Im Verlauf des siebten Termins wird mit Lisa und ihrer Mutter vereinbart, dass Lisa neben der Schularbeitenberatung dringend eine ambulante Psychotherapie

durchführen lassen solle. Zur Vorbereitung auf die Psychotherapie und zur Über-
brückung der Wartezeit wird besprochen, dass die Sozialarbeiterin zwei Informa-
tionstermine zur Aufklärung über die Essstörung anbietet.

3.5.1 Zeitpunkt der Beratung

Die Gestaltung der Beratungsgespräche wird davon bestimmt, zu welchem Zeitpunkt der Problementwicklung das Gespräch stattfindet. Zu unterscheiden sind
dabei im Wesentlichen Beratungsgespräche zur Prävention, zur akuten Intervention und zur Rehabilitation. Präventive Beratungsgespräche haben die Funktion,
dass Probleme erst gar nicht auftreten, also Hilfe zu einem Zeitpunkt anbieten,
bevor „das Kind in den Brunnen gefallen ist". Ein präventives Beratungsgespräch
können Sozialarbeiter/innen z. B. in Schulklassen anbieten, um die Schüler über
die möglichen Gefahren von Drogen und Alkohol aufzuklären. Präventiv kann
z. B. auch ein Betriebssozialarbeiter wirken, wenn er einen Mitarbeiter berät,
der sich von den Kollegen ausgegrenzt fühlt und deshalb am Arbeitsplatz erhebliche Stresssymptome entwickelt. Dieses Beratungsgespräch kann vielleicht
die Entwicklung einer psychosomatischen Erkrankung vorbeugen, bei denen sich
psychische Probleme so stark auf körperliche Symptome auswirken, dass die entsprechende Person stark darunter leidet und krank wird. Bei der akuten Intervention ist der Problemfall aktuell bei dem Rat suchenden Klienten eingetreten. Die
Gespräche haben dabei den Schwerpunkt, mit dem Klienten nach Lösungswegen
zu suchen, wie die aktuellen Probleme gelindert und gelöst werden können. Eine
akute Intervention ist z. B. bei einem Studenten notwendig, der in der Psychosozialen Beratungsstelle dem Sozialarbeiter schildert, dass sich seine Freundin
vor einer Woche von ihm getrennt habe und er aufgrund des Beziehungsstresses
durch zwei Klausuren gefallen sei. Schließlich stehen in Gesprächen mit dem
Ziel der Rehabilitation, wie sie etwa von Sozialarbeiterinnen und Sozialarbeitern in Rehabilitationskliniken geführt werden, wieder andere Schwerpunkte
der Beratung im Mittelpunkt. Themenschwerpunkte liegen hier auf den durch
psychische oder körperliche Erkrankungen verursachten Problemen, die mit den
Möglichkeiten der Wiedereingliederung von Patienten in Familie, Beruf und
Freizeit verbunden sind. Für alle möglichen Zeitpunkte eines Beratungsgespräches, Prävention, akute Intervention und Rehabilitation, bietet die Klinische Psychologie das notwendige Rüstzeug für die Soziale Arbeit, um den Klienten zu
helfen.

3.5.2 Adressaten der Beratung

Bei vielen Fällen ist die Notwendigkeit gegeben, dass Sozialarbeiter/innen das
Gesprächssetting nicht auf einen einzelnen Klienten beschränken, sondern es auf
mehrere Personen, wie z. B. Paare und Familien, erweitern. Es spielt also eine
Rolle, wer der aktuelle Adressat des Beratungsgespräches ist, da in der Arbeit
mit dem Einzelnen andere Techniken einzusetzen sind als im Kontakt mit einem Paar, mit einer ganzen Familie oder einer Gruppe (Adressat der Beratung).

Die Klinische Psychologie hat Methoden und Techniken entwickelt, mit denen die Problemstruktur verschiedener Adressaten erfasst und gelöst werden kann, konzentriert sich jedoch hauptsächlich auf den Einzelnen, Paare, Familien und Gruppen. Darüber hinaus können in der Beratung (im Unterschied zur Psychotherapie) auch Teams, Organisationen oder bestimmte Gemeinschaften Auftraggeber sein.

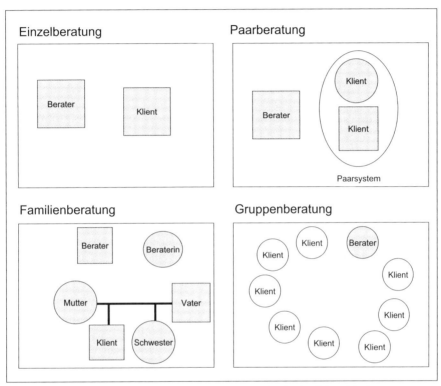

Abb. 3.15: Die häufigsten Adressaten der Beratung in der Sozialen Arbeit

3.5.3 Wirkfaktoren

Effektive und effiziente Beratungsprozesse beruhen auf denselben Wirkfaktoren, wie man sie auch bei erfolgreichen Psychotherapien findet:

- Gestaltung einer professionellen Beziehung
- Analyse und Klärung der Probleme
- Analyse und Vereinbarung von Beratungszielen
- Motivation zur Veränderung
- Ressourcenaktivierung
- Problemaktualisierung
- Hilfe zur Problembewältigung

Gestaltung einer professionellen Beziehung

Mit welchem Adressaten, mit welcher theoretischen Grundkonzeption und mit welcher Methode sozialarbeiterische Beratung auch stattfindet, die Beziehung zwischen der Sozialarbeiterin bzw. dem Sozialarbeiter und dem Klienten spielt eine wichtige Rolle, sodass gerade am Anfang des Beratungsprozesses der Aufbau einer professionellen Beziehung besonders relevant ist, die weitere Beziehungsgestaltung sich jedoch durch den gesamten Beratungsprozess zieht. Insbesondere bei Klienten, die unter einer Persönlichkeitsstörung leiden, ist auf die Gestaltung einer professionellen Beziehung unter dem Aspekt von Nähe und Distanz ein besonderes Augenmerk zu legen (vgl. Sachse 2006).

Lambert & Ogles (2004) gehen nach der Auswertung der wichtigsten empirischen Befunde in der Psychotherapieforschung sogar soweit zu behaupten, dass störungsspezifische Interventionen nur einen geringen Teil der Wirkung in der Psychotherapie ausmachen. Demgegenüber ist jedoch die Beziehung zwischen Therapeut und Patient immer eine tragende Säule in der Psychotherapie. Auch in Beratungsprozessen können Veränderungsbereitschaft und aktive Mitarbeit des Klienten nur auf der Grundlage eines professionellen Arbeitsbündnisses erwartet werden (vgl. Straumann 2004, Sanders 2004). „Wenn man alle je untersuchten Zusammenhänge zwischen bestimmten Aspekten des Therapiegeschehens und dem Therapieergebnis zusammennimmt, dann sind Aspekte des Beziehungsgeschehens in Psychotherapien diejenigen Merkmale des Therapieprozesses, deren Einfluss auf das Therapieergebnis am besten gesichert ist" (Grawe 1994, 775).

Die Berücksichtigung der von Rogers (1972) eingeführten drei Basisvariablen stellt im Regelfall den Königsweg für den Aufbau einer beraterischen Beziehung dar, da Klienten durch ihre Belastungen stark verunsichert sind: Kongruenz (Echtheit) des Beraters, bedingungslose Wertschätzung und Empathie. Echtheit des Beraters impliziert zwei Seiten, Kongruenz und Transparenz. Während sich Transparenz auf die aufrichtige Begegnung zwischen dem Berater und dem Klienten bezieht, meint Kongruenz den bewussten Kontakt des Beraters zu seinem eigenen Erleben und Verhalten. Bedingungslose Wertschätzung (Wärme, Akzeptanz) meint das Akzeptieren und Annehmen des Gesprächspartners, unabhängig davon, was er sagt und wie er sich gerade gibt. Der Berater lässt sich also nicht von den eigenen Wertmaßstäben leiten, sondern ist frei von Beurteilungen oder Bewertungen gegenüber den Gedanken, Gefühlen oder Verhaltensweisen des Klienten. Empathie (griechisch: empatheia) bedeutet die Fähigkeit, sich in die Gedanken, Gefühle und das Weltbild von anderen Menschen einfühlend hineinzuversetzen. Empathie bedeutet aber nicht, dass man alles gut finden muss, was der Klient sagt oder dass man keine Kritik äußern darf. Aufgrund der Ergebnisse neurobiologischer Studien (vgl. Völlm et al. 2006) lässt sich Empathie nicht bloß auf die Fähigkeit des Beraters reduzieren, Annahmen über Bewusstseinsvorgänge bei anderen Personen zu machen, also Schlüsse auf Gefühle, Bedürfnisse, Absichten, Erwartungen und Meinungen Anderer vornehmen zu können, was mit dem Begriff ‚theory of mind' (ToM) umschrieben werden kann (vgl. Bauer 2006).

ToM-Leistungen scheinen vor allem auf verstärkte Aktivitäten in frontalen Kortexarealen zurückzugehen, welche hauptsächlich mit kognitiven Prozessen assoziiert sind. Beim empathischen Verhalten konnten dagegen vor allem Aktivitäten in emotionsverarbeitenden Strukturen (wie Gyrus cinguli und Amygdala) erkannt werden, was auf die emotionale Komponente der Empathie hindeutet.

Analyse und Klärung der Probleme

Klienten servieren ihren Beratern ihre Störungen und Probleme nur selten „auf dem Silbertablett", genauso wenig wie ein Patient dem Klinischen Psychologen seine Diagnose mitbringt. Häufig sprechen die Klienten sogar andere Probleme an als die wichtigen, z. B. auch aus Scham. Deshalb ist besonders in der ersten Phase einer Beratung eine sorgfältige Herausarbeitung und Strukturierung der Probleme des Klienten unter Einbeziehung möglichst vieler (diagnostischer) Informationen wichtig. Eine sensible und verständnisvolle Exploration kann den Klienten dazu ermutigen, seine Probleme dem Berater gegenüber offen zu legen. Im Unterschied zum Aufgabenbereich der Klinischen Psychologie hat der Berater aber nicht die Aufgabe, eine exakte Diagnose nach ICD-10 oder DSM-IV zu finden, sondern die Verhaltensweisen, Gedanken und Gefühle des Klienten in eine Ordnung zu bringen, damit der Berater frühzeitig auch die Frage beantworten kann, ob eine Psychotherapie oder eine Beratung durch Soziale Arbeit indiziert ist. Für diese Ordnung können sowohl das in Kapitel 1 dargestellte SORKC-Modell als auch das Selbstregulationsmodell (siehe oben) wertvolle Dienste liefern. Hilfreich für die Exploration der Probleme der Klientel ist dabei eine entdeckende Grundhaltung bei gleichzeitiger Realisierung der Basisvariablen. Auch wenn am Anfang einer Beratung, genauso wie in einer Psychotherapie, die Problemanalyse einen Schwerpunkt bildet, so durchzieht sie jedoch den gesamten Beratungsprozess, weil Klienten sich im Verlauf der Beratung noch weiter öffnen können und über Probleme berichten, die sie am Anfang der Beratung noch nicht preisgeben möchten, so z. B. sexuelle Probleme oder Probleme, die im Zusammenhang mit traumatischen Missbrauchserfahrungen stehen.

Eine Problemanalyse kann bereits dazu beitragen, dass der Klient seine Konflikte, Probleme und Störungen besser versteht, sodass die Beratung in einer frühen Phase schon zur Klärungsarbeit beitragen kann. Optimal wäre es, wenn der Berater ein klientenbezogenes Ätiologiemodell der Probleme und Konflikte des Klienten erarbeitet, wie es etwa in der Verhaltenstherapie analog üblich ist, ein patientenbezogenes Ätiologiemodell der psychischen Störung zu entwickeln.

In vielen Beratungssituationen treffen Sozialarbeiter/innen allerdings nicht nur auf einen einzelnen Klienten, sondern es kommt ein (Ehe-)Paar oder sogar die ganze Familie zum Gespräch. In diesen Situationen ist die Problemanalyse noch komplexer als in der Beratung mit einem einzelnen Klienten. Dafür sind insbesondere in der systemischen Beratung und Therapie eine Reihe von Techniken und Methoden entwickelt worden, um die Problemsicht zu erfassen, wenn mehrere Klienten im Raum sind. Wie die nächste Abb. 3.16 verdeutlicht, legen systemische Berater ein sehr starkes Gewicht auf die Problemdefinition des zu beratenden Systems (Paar, Familie).

Ein weiterer Aspekt der Klärungsarbeit wird von Grawe (1998) als eines der zentralen Wirkprinzipien der Psychotherapie herausgestellt: Der Therapeut unterstützt den Patienten dabei, sich über die Bedeutung seines Erlebens und Verhaltens in Bezug auf seine Ziele und Werte Klarheit zu verschaffen. Bei „der Klärungsperspektive geht es darum, dass der Therapeut dem Patienten dabei hilft, sich über die Bedeutung seines Erlebens und Verhaltens im Hinblick auf seine bewussten und unbewussten Ziele und Werte klarer zu werden. Es geht um die Explikation impliziter Bedeutungen" (Grawe 2005, 123).

Auch für eine Beratung im Rahmen der Sozialen Arbeit kann es für den Klienten mit psychischen Störungen wichtig sein, dass er sich über sich selber klarer wird, um sich im Endeffekt besser annehmen zu können. In gewisser Weise spricht dieses Wirkprinzip etwas an, das Menschen schon sehr früh bewegt hat und auf einer Säule des Apollo-Tempels von Delphi so formuliert wurde: „Erkenne Dich selbst!"

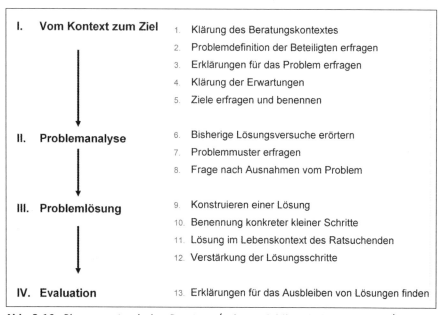

Abb. 3.16: Phasen systemischer Beratung (vgl. von Schlippe/Schweitzer 2007)

Analyse und Vereinbarung von Beratungszielen

Die Problemanalyse ist zwar eine notwendige, jedoch nicht hinreichende Bedingung für die Formulierung der Beratungsziele. Eine genaue Zielanalyse mit Klienten soll aber dabei helfen herauszufinden, welche Ziele der Klient kurzfristig oder langfristig erreichen möchte (vgl. Hackney/Cormier 1998). Dabei kann deutlich werden, dass die Ziele, die der Berater vor Augen hat, nicht identisch sind mit den Zielen, die der Klient anstrebt. So könnte z. B. ein Klient mit Störungen durch Alkohol den Wunsch gegenüber einem Sozialarbeiter in einer Drogenberatungsstelle äußern, er möchte etwas gegen seine Ängste unternehmen, der Sozialarbeiter denkt jedoch zunächst an eine Überweisung an eine psychiatrische Fachklinik zur Entgiftung, da der Alkoholkonsum seines Klienten wegen der körperlichen Begleitsymptome ein dramatisches Ausmaß erreicht hat und zuerst behandelt werden muss.

Insbesondere bei der Zielanalyse und Zielvereinbarung in Settings, in denen ein Paar oder sogar die ganze Familie teilnehmen, ist grundsätzlich nicht davon auszugehen, dass die Ratsuchenden alle gemeinsame Ziele verfolgen. Dieses Problem ist nirgends besser durchdacht worden als in der systemischen Therapie und Beratung, in denen eine Reihe von besonderen Techniken und Methoden entwickelt worden ist, die sich zur Zielanalyse und Zielvereinbarung nutzen lassen. Eine typische Methode ist etwa das zirkuläre Fragen, bei dem die Gesprächsteilnehmer nicht direkt über ihre Gedanken und Gefühle befragt werden, sondern über ihre Einschätzungen, was eine andere Person meint, z. B.: „Welche Ziele möchte Ihre Frau in der Beratung erreichen?"

Die Zielanalyse und Zielvereinbarung dienen weiter dazu, die Erwartungen von Seiten der Klienten aufzudecken, die Planungsschritte für den Klienten transparent zu machen, Prioritäten festzulegen und sie können auch als „Messlatte" bei der Evaluation der Beratungsschritte benutzt werden. Darüber hinaus hilft die Zielanalyse den Sozialarbeiterinnen und Sozialarbeitern dabei abzuschätzen, welche Ziele Gegenstand der Beratung sein können und welche besser mit anderen Hilfen zu erreichen sind.

Im Laufe der Beratung kann es sich herausstellen, dass die mit dem Klienten (dem Paar, der Familie) geplanten Ziele verändert oder sogar verworfen werden müssen. Aus diesem Grund durchziehen Zielanalyse und Vereinbarung von Beratungszielen den gesamten Prozess der Beratung, auch wenn vielleicht am Anfang eines Beratungsprozesses hier besonders viel investiert werden muss.

Motivation zur Veränderung

Klienten mit psychischen Störungen oder anderen Belastungen sind in der Regel kaum dazu in der Lage, ihre Probleme sofort über Bord zu werfen. Auch wenn sie den starken Vorsatz haben, ihre Probleme durch die Beratung in den Griff zu bekommen, scheitern sie doch oft an ungünstigen sozialen Ausgangsbedingungen (z. B. Arbeitslosigkeit, Schichtzugehörigkeit) oder an der Eigendynamik, die das Problem oder die Störung selber bewirkt. In der Sprache der Systemtheorie kann man sagen, dass Klienten oft in ihrem eigenen Störungsattraktor gefangen sind, der durch biologische (z. B. Störungen durch psychotrope Substanzen) und psychische Faktoren (z. B. ungünstige Kognitionen) aufrechterhalten wird.

Die Aufgabe der Beratung besteht nun darin, den Klienten mit einer motivierenden Gesprächsführung (vgl. Miller/Rollnick 2009) dabei zu unterstützen, dass er in einen Prozess der kontrollierten Selbstregulation kommt. Dieser wird von Kanfer/Reinecker/Schmelzer (2006) in drei Stufen unterteilt: 1. Stufe: Selbstüberwachung und Selbstbeobachtung (das Individuum kann die eigene Handlung unterbrechen und das eigene Tun überprüfen); 2. Stufe: Selbstbewertung (Selbstbewertung besteht darin, das das Individuum einen Vergleich zwischen selbst aufgestellten Kriterien – ‚was sollte ich tun' – und dem Selbstbeobachteten – ‚was tue ich' – vornimmt); 3. Stufe: Selbstverstärkung (Das Individuum belohnt sich, wenn seine Leistungen dem eigenen Standard entsprechen.)

Der Begriff der Selbstkontrolle umschreibt einen Spezialfall von Selbstregulation, bei dem sich das Individuum in einer Konfliktsituation befindet. Es lassen sich zwei Typen von Konfliktsituationen unterscheiden (vgl. Reinecker 2009):

a) Widerstehen einer Versuchung: Eine Person verzichtet auf kurzfristige positive Konsequenzen zugunsten langfristiger positiver Konsequenzen. (z. B.: Ein Student verzichtet auf ein Wochenende mit seinen Freunden, um durch Lernen in der einer Klausur eine gute Note zu erreichen.)

b) Heldenhaftes Verhalten: Eine Person nimmt eine kurzfristig aversive Situation in Kauf, um langfristig positive Konsequenzen zu erzielen. (z. B.: Eine Person geht ohne Beschwerden zum Zahnarzt, damit die Zähne langfristig gesund bleiben.)

Im Kontrast zu vielen Verhaltensweisen, die automatisiert ablaufen, erfordert Selbstkontrolle kognitive Prozesse, die man der so genannten kontrollierten Informationsverarbeitung zuordnen kann. Kontrollierte Informationsverarbeitung setzt die bewusste Entscheidung einer Person zu einer bestimmten Aktivität voraus. Unter Einsatz von ‚psychischer‘ Energie und einem hohen Aufmerksamkeitsniveau ist eine Person in der Lage, neue Prozesse zu erlernen bzw. alte automatisierte Verhaltensweisen zu revidieren, d. h. ein sich selbst regulierendes System ist in der Lage, automatisierte Mechanismen in kontrollierte zu überführen, um Einfluss auf sich selbst zu nehmen.

In Anlehnung an die Erkenntnisse aus der Klinischen Psychologie können für das Beratungshandeln zwei Strategien unterschieden werden, mit dem die Veränderungsmotivation des Klienten gesteigert werden kann: Steigerung der Selbstwirksamkeit (vgl. Bandura 1977; 1997) und Ressourcenaktivierung beim Klienten. Sozialarbeiter/innen steigern die Selbstwirksamkeit, indem sie (mit Übungen) die Überzeugung des Klienten fördern, aus eigener Kraft und aufgrund eigenen Handelns, schwierige Anforderungen bewältigen zu können. „Wahrgenommene Selbstwirksamkeit bezieht sich auf Überzeugungen über diejenigen eigenen Fähigkeiten, die man benötigt, um eine bestimmte Handlung zu organisieren und auszuführen, um damit bestimmte Ziele zu erreichen" (Bandura 1997, 3; Übers. des Verf.). Selbstwirksamkeit kommt nicht in solchen Situationen zum Tragen, die durch einfache Routine zu lösen sind, sondern in solchen, die Anstrengung und Ausdauer erforderlich machen (vgl. Schwarzer 2004). Selbstwirksamkeit ist auch nicht gleichzusetzen mit Fähigkeiten oder Wissen, sondern bezeichnet die Überzeugung einer Person, zur Handlung in der Lage zu sein. Bei Personen, die objektiv über die gleichen Fähigkeiten und Kenntnisse verfügen, wird derjenige erfolgreicher sein, der von seiner Handlungskompetenz überzeugt ist, als jene Person, die an ihren Fähigkeiten zweifelt. Wälte (2010) konnte in empirischen Untersuchungen zeigen, dass eine geringe Selbstwirksamkeit ein klarer Indikator für eine psychische Störung ist. Es konnte eine lineare Beziehung zwischen Selbstwirksamkeit und psychischer Störung nachgewiesen werden: Je stärker die psychische Störung, desto geringer ist die Selbstwirksamkeit. Diese Beziehung zeigte sich bei allen untersuchten psychischen Störungen.

Ressourcenaktivierung

Klienten mit psychischen Störungen haben Kontakt mit Sozialarbeiterinnen und Sozialarbeitern wegen ihrer Probleme und Konflikte. Das verführt aber im Prozess der Beratung dazu, den Blick nur auf die Schwächen und Defizite des Klienten zu richten – mit der fatalen Konsequenz, dass der Klient eine immer stärkere

Wahrnehmungslenkung auf seine negativen Seiten entwickelt (vgl. Nestmann 2004). Eine Fülle von empirischen Forschungsergebnissen in der Psychotherapie über verschiedene Therapieschulen hinweg legt nun aber nahe, dass man Klienten besser helfen kann, wenn die Beratungssituation so gestaltet wird, dass der Klient sich während des Beratungsprozesses auch in seinen Fähigkeiten und Stärken erleben kann (vgl. Grawe 2005, Beesdo 2006, Willutzki 2008).

Mit der Ressourcenaktivierung ist ein wichtiger Wirkfaktor für sozialarbeiterische Beratung angesprochen, da der Klient sich bereits durch das Ansprechen seiner positiven Seiten besser fühlt. Nach Fiedler (2004) umfasst eine Ressourcenorientierung zum einen das Erkennen und Stützen bereits vorhandener positiver Seiten, z.B. die bereits vorhandenen Beziehungen des Klienten, und zum anderen die Erweiterung der Möglichkeiten des Klienten durch gezielte Wissensvermittlung und Bewältigungskompetenzen. Schließlich stellt die von Sozialarbeiterinnen und Sozialarbeitern durchgeführte Beratung auch eine Ressource dar.

Auch aus der Perspektive der Neurobiologie ist die positive Wirkung der Ressourcenaktivierung einleuchtend, da der Klient im Kontakt mit seinen Fähigkeiten und Stärken positive Gefühle entwickeln kann und entsprechende neuronale Erregungsmuster aktiviert und durch die Verstärkung seitens des Beraters verknüpft. Diese für den Klienten subjektiv als angenehm empfundenen Erregungsmuster werden dann in Zukunft leichter und häufiger aktiviert und bilden eine Basis für den Klienten, um sich auch seinen Problemen und Schwierigkeiten zu nähern. Nach Grawe/Grawe-Gerber (1999) ist die Bandbreite möglicher Ressourcen für den Klienten sehr groß, allerdings muss er das Potential haben, zur Befriedigung seiner Grundbedürfnisse beizutragen.

Die bisherigen Forschungsergebnisse in der Klinischen Psychologie legen nahe, dass eine ressourcenorientierte Beratung insgesamt eine Reihe positiver Effekte auf den Verlauf der Beratung und direkt auf den Klienten hat, wie Optimierung der Therapiebeziehung, der Steigerung der Aufnahmebereitschaft, der aktiven Beteiligung und der aktiven Problembewältigungsversuche durch den Klienten.

Hilfe zur Problembewältigung

Auch wenn die bisher dargestellten Wirkprinzipien durch empirische Forschung untermauert sind und von professioneller Seite als notwendig erachtet werden, so denkt ein Klient, der sich auf eine Beratung einlässt, zunächst einmal nicht so sehr an eine professionelle Beziehung zum Berater, an eine Problemanalyse, eine Zielanalyse und eine Ressourcenaktivierung, sondern er kommt wohl eher mit der Erwartung, dass der Berater ihm aktive Hilfe bei der Problembewältigung bietet. Der Berater kann jedoch die Probleme für den Klienten nicht selber lösen, sondern er unterstützt ihn aktiv darin, mit den Problemen und Konflikten besser fertig zu werden (vgl. Grawe 2005). So kann z.B. ein Ehepaar durch die Beratung einer Sozialarbeiterin die Erfahrung machen, dass ein Kommunikationstraining dabei hilft, die Konflikte in der Beziehung besser auszutragen.

Aktive Hilfe zur Problembewältigung ist stark mit dem Wirkprinzip „Problemaktualisierung" bzw. dem „Prinzip der realen Erfahrung" verknüpft, dass Grawe (1998) in seinem Quartett der Wirkprinzipien aufführt: Der Patient muss das, was in der Therapie verändert werden soll, real erfahren und erleben: „Was verändert werden soll, muss zuvor prozessual aktiviert werden. Es muss vom Patienten real erlebt werden" (Grawe 2005, 122).

An dem Beispiel eines Kommunikationstrainings, das eine Sozialarbeiterin einem Ehepaar anbietet, wird das deutlich, da mit dem Training sich das Wirkprinzip der Problembewältigung und in der Interaktion der Partner sich das Prinzip der Problemaktualisierung entfaltet.

📖 Literaturempfehlungen

Grawe, K. (1998): Psychologische Therapie. Göttingen: Hogrefe.

Grawe, K. (2004): Neuropsychotherapie. Göttingen: Hogrefe.

Hackney, H. & Cormier, L. S. (1998): Beratungsstrategien Beratungsziele. München: Ernst Reinhardt.

Nestmann, F./Engel, F./Sickendiek, U. (Hrsg.): Das Handbuch der Beratung – Bd. 1–2. Tübingen: dgvt-Verlag.

Schmelzer, D. (2000): Hilfe zur Selbsthilfe – Der Selbstmanagement-Ansatz als Rahmenkonzept für Beratung und Therapie. In: Beratung aktuell – Zeitschrift für Theorie und Praxis der Beratung, 1 (4), S. 201–222.

💾 Gut zu wissen – gut zu merken

Aufgrund der weiten Verbreitung psychischer Störungen treffen Sozialarbeiter/innen häufig auf eine Klientel, die unter einer psychischen Störung leidet. Klinische Psychologie als diejenige Teildisziplin der Psychologie, die sich mit den psychischen Störungen und den psychischen Aspekten körperlicher Störungen/Krankheiten befasst, kann Antworten auf die folgenden Fragen geben:

1. Woran erkennt man eine psychische Störung und wie ordnet man sie ein?

Eine psychische Störung ist vorhanden, wenn bei einer Person abweichend von der Norm ein klinisch bedeutsames Muster von Symptomen in den Bereichen der Gefühle, des Verhaltens, des Denkens, des Erlebens oder der Interaktion auftritt, unter dem die Person leidet oder sie in wichtigen psychosozialen Funktionsbereichen beeinträchtigt. Um jedoch auf das Vorhandensein einer psychischen Störung zu schließen, wird die Befunderhebung durch eine Reihe von Informationen aus den Selbstaussagen des Klienten und den Fremdbeobachtungen fundiert. Diese Informationen können noch durch psychologische Tests oder strukturierte Interviews ergänzt werden und ermöglichen eine Klassifikation der Störung.

2. Welche psychischen Störungen treten am häufigsten auf und mit welchen Symptomen lassen sie sich beschreiben?

Repräsentative Bevölkerungsumfragen in der Klinischen Psychologie lassen erkennen, dass insbesondere vier Störungsgruppen besonders häufig auftreten: Angststörungen, somatoforme Störungen, affektive Störungen und Persönlichkeitsstörungen. Angststörungen sind durch eine nicht-kontrollierbare, intensiv erlebte übersteigerte Angst ohne objektive Gefahr gekennzeichnet und können auf der phänomenologischen Ebene unterschiedliche Ausprägungen haben, insbesondere mit den Symptomen der Panikstörung, der Agoraphobie, der spezifischen Phobie, der sozialen Phobie, der generalisierten Angststörung, der posttraumatischen Belastungsstörung und der Zwangsstörung. Zu den somatoformen Störungen zählt eine Gruppe von Störungen, bei denen medizinisch unklare körperliche Symptome oder Befürchtungen bezüglich körperlicher Erkrankung oder der äußeren Erscheinung im Mittelpunkt stehen. Somatoforme Störungen, mit den Unterkategorien der Somatisierungsstörung, der hypochondrischen Störung, der somatoformen autonomen Funktionsstörung und der somatoformen Schmerzstörung äußern sich insgesamt in Beschwerden des Betroffenen, die nicht vollständig durch einen körperlichen Befund, eine Substanzeinwirkung oder durch eine andere psychische Störung erklärt werden können. Depressionen zeichnen sich nicht lediglich durch eine gedrückte Stimmung aus, wie das bei dem normalen Gefühl der Traurigkeit der Fall ist, sondern hinzu kommt eine Reihe anderer Symptome wie Interessensverlust, Freudlosigkeit, Verminderung des Antriebes über eine längere Zeit. Je nach zeitlichem Verlauf und der Schwere der Symptome lassen sich im Wesentlichen die depressive Episode, die rezidivierende depressive Störung und die Dysthymia unterscheiden. Schließlich treten in der Allgemeinbevölkerung und insbesondere bei der Klientel der Sozialen Arbeit Persönlichkeitsstörungen besonders häufig auf. Diese Störungsgruppe zeigt zum einen eine Fehlregulierung von Nähe und Distanz und zum anderen oft eine unausgewogene Tendenz in Richtung zu einem dominanten oder unterwürfigem Interaktionsstil. Persönlichkeitsstörungen lassen sich durch deutliche Unausgeglichenheit in den Einstellungen und im Verhalten in mehreren Funktionsbereichen, wie Affektivität, Antrieb, Impulskontrolle, Wahrnehmen und Denken sowie in den Beziehungen zu anderen charakterisieren. Dabei ist das auffällige Muster andauernd, gleichförmig, tiefgreifend, sozial unpassend und führt zu deutlichem subjektiven Leiden, dass sich bereits in der Kindheit oder Jugend manifestiert. Es werden im Wesentlichen neun Unterkategorien mit jeweils spezifischen Symptomen unterschieden: paranoide, schizoide, dissoziale, emotional instabile (insbesondere Borderline-Störung), histrionische, zwanghafte, ängstliche, abhängige und sonstige Persönlichkeitsstörung.

Neben dem Auftreten der häufigsten psychischen Störungen müssen Sozialarbeiter/innen aber auch damit rechnen, dass selten vorkommende psychische Störungen, wie z. B. Psychosen, für den Betroffenen eine so starke Belastung entfalten, dass sozialarbeiterische Hilfen in Anspruch genommen werden müssen. Das gilt insbesondere dann, wenn der Klient unter mehreren Störungen gleichzeitig leidet, wie das bei dem Vorliegen von Komorbidität und Multimorbidität der Fall ist.

3. Welche Bedingungen und Ursachen führen zu einer psychischen Störung?

Unter Abstraktion von den spezifischen Störungsbildern lassen sich durch die Forschungsarbeiten der Klinischen Psychologie drei Faktorenbündel identifizieren, die einen Einfluss auf die Entstehung, den Verlauf und die Ausprägung einer psychischen Störung nehmen: biologische, psychische und soziale Faktoren und deren Interaktion. Deshalb kann das biopsychosoziale Modell als ein schulenübergreifendes Rahmenmodell verstanden werden, das ähnlich wie das Diathese-Stress-Modell eine umfassende Betrachtung möglicher ätiologischer Faktoren erlaubt. Verhaltenstherapeutische Erklärungskonzepte haben neben tiefenpsychologisch orientierten Konzepten für psychische Störungen bisher eine besonders breite empirische Absicherung erfahren und lassen sich auf allen Altersstufen, in denen Personen eine psychische Störung entwickelt können, anwenden: klassische und operante Konditionierung, Lernen am Modell, Kognitionen, psychophysiologische Regelkreise und neurobiologische Prozesse. Von diesen Konzepten haben kognitive Modelle über die menschliche Informationsverarbeitung und Selbstregulation sowie neurobiologische Erklärungen, bei denen psychische Störungen im Zusammenhang mit strukturellen und funktionellen Abweichungen im Gehirn gesehen werden, eine besonders umfassende Erklärungskraft. Allerdings sind diese Konzepte auf intrapsychische Faktoren konzentriert und blenden weitgehend Ursachen aus, die im zwischenmenschlichen Kontakt zu suchen sind. Vor dem Hintergrund des biopsychosozialen Rahmenmodells stellen systemische Erklärungskonzepte eine wichtige Ergänzung dar, indem sie die Perspektive einer intrapsychischen Betrachtungsweise um die interaktionelle Perspektive erweitern. Nach den systemischen Erklärungskonzepten ist eine psychische Störung nicht nur das Ergebnis eines in der Person liegenden Defizits, sondern eine Form der Selbstorganisation, die eine Person durch die Interaktion mit ihrem Bezugssystem aufrechterhält. Insbesondere die Analyse des Interaktionsverhaltens des Klienten in seinem Paar- oder Familiensystems lässt Muster erkennen, die einen Nährboden für die Entwicklung oder Aufrechterhaltung einer psychischen Störung sein können. Insgesamt ermöglichen die Konzepte der Klinischen Psychologie es der Sozialarbeiterin bzw. dem Sozialarbeiter, die Ursachen für eine psychische Störung in der Bandbreite zwischen intraindividuellen und interindividuellen Faktoren zu beleuchten.

4. Wie berät man Klienten mit einer psychischen Störung?
Wegen der hohen Affinität zwischen Psychotherapie und Beratung lassen sich Erkenntnisse, die in der Klinischen Psychologie für die Psychotherapie gewonnen wurden, auch für den Beratungsprozess in der Sozialen Arbeit nutzen, insbesondere wenn ein Klient mit psychischen Störungen in die Beratung kommt. Es müssen für jeden Beratungsfall mindestens drei Fragen beantwortet werden: Zu welchem Zeitpunkt (Prävention, akute Intervention, Rehabilitation) findet die Beratung statt? Wer (insbesondere Einzelperson, Paar, Familie) nimmt an der Beratung teil? Welche Wirkprinzipien werden eingesetzt? In der Klinischen Psychologie konnten mindestens sieben Wirkfaktoren identifiziert werden, die auch Beratungsprozesse in der Sozialen Arbeit optimieren können, unabhängig davon ob ein Klient eine manifeste psychische Störung hat oder mit andere Belastungen (z. B. Krisen, Konflikte) kommt:

1. Die Gestaltung einer professionellen Beziehung: Die Beziehung zwischen Berater und Klient ist eine der tragenden Säulen für jeden Beratungsprozess, der im Regelfall durch die drei Basisvariablen (Kongruenz, Wertschätzung und Empathie) moduliert werden kann. Insbesondere bei Klienten mit Persönlichkeitsstörungen, die Probleme in der Regulierung von Nähe und Distanz zeigen, haben Aspekte des Beziehungsgeschehens den größten Einfluss auf den Verlauf der Beratung.
2. Analyse und Klärung der Probleme: Eine Problemanalyse kann dem Klienten dabei helfen, dass er seine Probleme, Konflikte und psychischen Störungen

besser versteht. Darüber hinaus ist es jedoch auch für den Klienten wichtig, dass er sich über sich selber klarer wird, um sich im Endeffekt besser annehmen zu können. In der systemischen Beratung und Therapie sind außerdem eine Reihe von Methoden und Techniken erarbeitet worden, um eine Analyse und Klärung der Probleme herbeizuführen, wenn Paare oder Familien in den Beratungsprozess involviert sind.

3. Analyse und Vereinbarung von Beratungszielen: Ohne die Analyse und Vereinbarung von Beratungszielen bleibt unklar, was der Klient und der Berater erreichen möchten. Vor allem in Beratungen, bei denen ein Paar oder die ganze Familie teilnehmen, sind die Ziele auf die einzelnen Personen abzustimmen. Dieser Schritt macht für alle deutlich, wohin sich der Beratungsprozess bewegen soll. Insbesondere bei Klienten mit psychischen Störungen kann transparent gemacht werden, welche Ziele Gegenstand der Beratung sein können und welche Ziele im Rahmen einer Psychotherapie oder medizinischen Behandlung durch einen Psychiater erreicht werden sollen.

4. Motivation zur Veränderung: Klienten der Sozialen Arbeit und insbesondere solche mit psychischen Störungen sind in der Regel so stark belastet, dass sie sogar den Sinn für eine Veränderung verloren haben. Ungünstige soziale Ausgangsbedingungen oder die Eigendynamik der Probleme hindert sie daran, einen Vorsatz in die Tat umzusetzen. In dieser Situation haben Sozialarbeiter/innen die Aufgabe, mit den Methoden einer motivierenden Gesprächsführung den Klienten in einen Prozess der kontrollierten Selbstregulation zu bringen. In der Klinischen Psychologie sind zwei Strategien zur Steigerung der Motivation zur Veränderung als besonders nützlich herausgestellt worden: Steigerung der Selbstwirksamkeit und Ressourcenaktivierung beim Klienten.

5. Problemaktualisierung: Eine Steigerung der Selbstwirksamkeit ist nur möglich, wenn der Klient das, was verändert werden soll, in der Beratung real erfahren kann. Nur so kann er abschätzen, ob er nach der Beratung etwas besser kann als vorher.

6. Ressourcenaktivierung: Therapeuten und Berater sind schnell dazu verführt, nur die Schwächen des Klienten zu sehen mit der fatalen Konsequenz, dass der Klient seine negativen Seiten verstärkt wahrnimmt. Erkenntnisse aus der Psychotherapieforschung legen aber nahe, dass der Beratungsprozess dadurch optimiert werden kann, dass der Klient sich auch in seinen Stärken erleben kann.

7. Hilfe zur Problembewältigung: Die meisten Klienten kommen mit der Erwartung in die Beratung, dass der Berater ihnen aktive Unterstützung bei der Bewältigung der Probleme bietet. Für die aktive Bewältigung der Probleme seiner Klientel können Sozialarbeiter/innen auf eine breite Palette von Methoden und Techniken zurückgreifen, die in der Klinischen Psychologie entwickelt wurden.

Literaturverzeichnis

Abelin, E. (1986): Die Theorie der frühkindlichen Triangulation. Von der Psychologie zur Psychoanalyse. In: Stork, J. (Hrsg.): Das Vaterbild in Kontinuität und Wandel. Stuttgart: Fromann-Holzboog, S. 45–72.

Abrahamson, L./Seligman, Y./Teasdale, M. (1978): Learned Helplessness in Humans: Critique and Reformulation. In: Abnormal Psychology, 87. Jg., Heft 1, S. 49–74.

Adorno, T. W./Frenkel-Brunswik, E./Levinson, D. J./Nevitt Sanford, R. (1950): The Authoritarian Personality. New York: Harper and Brothers.

Ainsworth, M. D. S./Blehar, M./Waters, E./Wall, S. (1978): Patterns of attachment. A Psychological Study of the Strange Situation. Hillsdale, N. J.: Erlbaum.

Akrami, N./Ekehammar, B./Bergh, R./Dahlstrand, E./Malmsten, S. (2009): Prejudice: The person in the situation. In: Journal of Research in Personality, 43. Jg., Heft 5, S. 890–897.

Alby, B. (1997): Förderdiagnostik und Prophylaxe LRS-relevanter Risikofaktoren bei Kindern im Vorschulalter. Westf. Wilhelms-Universität Münster: Unveröffentlichte Dissertation.

Allport, G. W. (1954a): The Historical Background of Modern Social Psychology. In: G. Lindzey/Aronson, E. (Hrsg.): The Handbook of Social Psychology, Vol. 1. New York: Random House 1985, S. 1–46.

Allport, G. W. (1954b): The Nature of Prejudice. Reading, Mass. Cambridge: Addison-Wesley.

Altemeyer, B. (1998): The other „authoritarian personality". In: Zanna, M. (Hrsg.): Advances in Experimental Social Psychology. Heft 30, S. 47–92. San Diego: Academic Press.

AMDP (2007): Das AMDP – System Manual zur Dokumentation psychiatrischer Befunde (8., überarb. Aufl.). Göttingen: Hogrefe.

Anderson, C. A./Bushman, B. J. (2001): Effects of violent video games on aggressive behavior, aggressive cognition, aggressive affect, physiological arousal, and prosocial behavior: A meta-analytic review of the scientific literature. In: Psychological Science, 12, 353–359.

Antonovsky, A. (1997): Salutogenese. Zur Entmystifizierung der Gesundheit. Tübingen: dgvt.

Arendt, H. (1963): Eichmann in Jerusalem. Ein Bericht über die Banalität des Bösen. München: Piper 2006.

Asch, S. E. (1952): Social Psychology. New York: Prentice Hall.

Asch, S. E. (1955): Opinions and Social Pressure. In: Scientific American, 193. Jg., Heft 5, S. 31–35.

Asch, S. E. (1956): Studies of Independence and Conformity: A Minority of One against a Unanimous Majority. In: Psychological Monographs, 70. Jg., Heft 9, S. 1–70.

Auhagen, A. E./Bierhoff, H.-W. (2003): Angewandte Sozialpsychologie. Das Praxishandbuch. Weinheim: Beltz.

Baker, D./Pryce, G./Giovannoni, G./Thompson, A. J. (2003): The therapeutic potential of cannabis. In: The Lancet Neurology, 2003, 2 (5), S. 291–298.

Baltes, P. B. (1990): Entwicklungspsychologie der Lebensspanne – Theoretische Leitsätze. In: Psychologische Rundschau, 41. Jg., Heft 1, S. 1–24.

Bandelow, B. (2001): Panik und Agoraphobie. Ursachen, Diagnose und Behandlung. Wien: Springer.

Bandura, A. (1977): Self-efficacy: Toward a unifying theory of behavioral change. In: Psychological Review, 84, S. 191–215.

Bandura, A. (1997): Self-Efficacy. The Exercise of Control. New York: Freeman and Company.

Bateson, G./Jackson, D. D./Haley, J./Weakland, J. (1956): Toward a theory of schizophrenia. In: Behavioral Science, 1, S. 215–246.

Batson, C. D. (1998): Altruism and Prosocial Behavior. In: Gilbert, D. T./Fiske, S./Lindzey, G. (Hrsg.): The Handbook of Social Psychology. 4. Aufl., New York: McGraw-Hill, S. 282–316.

Bauer, J. (2006): Warum ich fühle, was du fühlst. Intuitive Kommunikation und das Geheimnis der Spiegelneurone. 4. Aufl., München: Hoffmann und Campe.

Baumann, U./Perrez, M.(1998): Lehrbuch Klinische Psychologie – Psychotherapie. 2. Aufl., Göttigen: Huber.

Beck, A. T. (1979). Kognitive Therapie: Beschreibung und Beziehung zur Verhaltenstherapie. In: Quekelberghe, R. (Hrsg.): Modelle kognitiver Therapie. München: Urban & Schwarzenberg, S. 103–117.

Beck, A. T. (2006): The empirical status of cognitive-behavioral therapy: A review of meta-analyses. In: Clinical Psychology Review, 26, S. 17–31.

Beck, A. T./Davis, D./Freeman, A. (1993): Cognitive therapy of personality disorders. New York: Guilford Press.

Beck, N./Strempel, K./Werner, S. (2006): Integration verhaltenstherapeutisch orientierter Psychotherapie in die Heimerziehung: Das Beispiel des Therapeutischen Heims Sankt Joseph. In: Verhaltenstherapie mit Kindern und Jugendlichen, 2. Jg., Heft 1, S. 77–86.

Becker, E. S. (2006): Spezifische Phobien. In: Wittchen, H.-U./Hoyer, J. (Hrsg.): Klinische Psychologie & Psychotherapie. Heidelberg: Springer, S. 811–822.

Becker, E. S. (2009): Generalisierte Angststörung. In: Margraf, J./Schneider, S. (Hrsg.): Lehrbuch der Verhaltenstherapie, Bd. 2: Störungen im Erwachsenenalter – Spezielle Indikationen – Glossar. Heidelberg: Springer, S. 87–103.

Beesdo, K. (2006): Ressourcenaktivierung. In: Wittchen, H.-U./Hoyer, J. (Hrsg.) (2006): Klinische Psychologie & Psychotherapie. Heidelberg: Springer, S. 525–534.

Beesdo, K./Wittchen, H.-U. (2006): Depressive Störungen: Major Depression und Dysthymie. In: Wittchen, H.-U./Hoyer, J. (Hrsg.) (2006): Klinische Psychologie & Psychotherapie. Heidelberg, S. 731–762.

Bellingrath, J. (2008): Schulverweigerung. In: Lauth, G. W./Linderkamp, F./Schneider, S./Brack, U. (Hrsg.): Verhaltenstherapie mit Kindern und Jugendlichen. 2. Aufl. Weinheim: PVU, S. 324–339.

Berger, M. (Hrsg.) (2009): Psychiatrische Erkrankungen. 3. Aufl. München: Urban und Fischer.

Berking, M./Znoj, H. J. (2007): „Neuropsychotherapie" – theoretische und praktische Implikationen eines „gewagten Konstruktes". In: Verhaltenstherapie & Psychosoziale Praxis, 2/2007. Tübingen: dgvt, S. 351–360.

Berkman, L. F./Breslow, L. (1983): Health and Ways of Living. The Alameda County Study. New York: Oxford University Press.

Beutel, M. E. (2009): Vom Nutzen der bisherigen neurobiologischen Forschung für die Praxis der Psychotherapie. In: Psychotherapeutenjournal, 4/2009, S. 384–392.

Bierbrauer, G. (2005): Sozialpsychologie. 2. vollst. überarb. und erw. Aufl. Stuttgart: Kohlhammer.

Bierhoff, H.-W. (1990): Psychologie hilfreichen Verhaltens. Stuttgart: Kohlhammer.

Blass, T. (1992): The Social Psychology of Stanley Milgram. In: Zanna, M. P. (Hrsg.): Advances in Experimental Social Psychology, Vol. 25, S. 277–329.

Bond, R./Smith, P. B. (1996): Culture and Conformity: A Meta-Analysis of Studies Using Asch's (1952b, 1956) Line Judgement Task. In: Psychological Bulletin, 119. Jg., Heft 1, 111–137.

Borg-Laufs, M. (1997): Aggressives Verhalten – Mythen und Möglichkeiten. Tübingen: DGVT.

Borg-Laufs, M. (2002): Verhaltenstherapie mit aggressiven Jugendlichen – Ableitungen aus der Entwicklungspsychopathologie. In: BKJ (Hrsg.): Viele Seelen wohnen doch in meiner Brust – Identitätsarbeit in der Psychotherapie mit Jugendlichen. Münster: Verlag für Psychotherapie, S. 107–131.

Borg-Laufs, M. (2005): Bindungsorientierte Verhaltenstherapie – eine Erweiterung der Perspektive. In: Junglas, J. (Hrsg.): Geschlechtergerechte Psychotherapie und Psychiatrie. Bonn: DPV, S. 127–136.

Borg-Laufs, M. (2006a): Störungsübergreifendes Diagnostik-System für die Kinder- und Jugendlichenpsychotherapie (SDS-KJ). Tübingen: DGVT.

Borg-Laufs, M. (2006b): Möglichkeiten und Grenzen der Arbeit mit misshandelnden Eltern. In: Kindesmisshandlung und Vernachlässigung, 9. Jg., Heft 1, S. 43–54.

Borg-Laufs, M. (2008): Kinder psychisch kranker Eltern – ein Interview (DVD, 35 Min.). Tübingen: DGVT.

Borg-Laufs, M. (2009): Kindeswohl und Umgang aus kinderpsychologischer Sicht. In: Röchling, W. (Hrsg.): Handbuch Anwalt des Kindes. 2. Aufl., Baden-Baden: Nomos, S. 195–217.

Borg-Laufs, M. (2010): Psychische Gesundheit von Kindern und Jugendlichen aus armen und armutsgefährdeten Familien. In: Hammer, V./Lutz, R. (Hrsg.): Neue Wege aus der Kinderarmut. Weinheim: Juventa, S. 232–244.

Borg-Laufs, M./Dittrich, K. (Hrsg.) (2010): Psychische Grundbedürfnisse in Kindheit und Jugend – Perspektiven für Soziale Arbeit und Psychotherapie. Tübingen: DGVT.

Borg-Laufs, M./Hungerige, H. (2007): Operante Methoden. In: M. Borg-Laufs (Hrsg.): Lehrbuch der Verhaltenstherapie mit Kindern und Jugendlichen, Bd. 2: Diagnostik und Intervention. 2. Aufl., Tübingen: DGVT, S. 415–454.

Borg-Laufs, M./Lüpertz, S. (2009): Kinder psychisch kranker Eltern. In: Pädiatrische Praxis, 74. Jg., Heft 1, S. 23–29.

Borg-Laufs, M./Trautner, H.M. (2007): Entwicklungspsychologische Grundlagen der Kinder- und Jugendlichenpsychotherapie. In: Borg-Laufs, M. (Hrsg.): Lehrbuch der Verhaltenstherapie mit Kindern und Jugendlichen, Bd. 1: Grundlagen. 2. Aufl., Tübingen: DGVT, S. 77–120.

Bowlby, J. (1975): Bindung. Eine Analyse der Mutter-Kind-Beziehung. München: Kindler.

Bronfenbrenner, U. (1981): Die Ökologie der menschlichen Entwicklung. Stuttgart: Klett 1977.

Brückner, B. (2005): Krisenintervention: Den Helfern helfen. In: Der Neurologe und Psychiater, 5. Jg., Heft 9, S. 22–26.

Brückner, B. (2010): „Alter schützt vor Torheit nicht" – Alterskrisen als Aufgabe der Krisenintervention. In: Ortiz-Müller, W./Scheuermann, U./Gahleitner, S. (Hrsg.): Praxis Krisenintervention – ein Handbuch für helfende Beruf: Psychologen, Ärzte, Sozialpädagogen, Pflege- und Rettungskräfte. Stuttgart: Kohlhammer, S. 237–248.

Brückner, B./Al Akel, S./Klein, U. (2006): Verstehende Beratung alter Menschen – Orientierungshilfen für den Umgang mit Lebenskonflikten, Krisen und Notfällen. Mit Beiträgen von Klaus Dörner und Norbert Erlemeier. Regensburg: Roderer.

Bundeszentrale für gesundheitliche Aufklärung Köln (2007): Cannabiskonsum der Jugendlichen und jungen Erwachsenen in Deutschland. Köln. Juni 2007.

Carter, B./McGoldrick, M. (1999): Overview: The expanded family life cycle. In: Carter, B./McGoldrick, M. (Hrsg.): The expanded familiy life cycle: Individual, family and social perspectives. 3. Aufl., Boston (MA): Allyn and Bacon, S. 1–26.

Caspar, F./Koch, K./Schneider, F. (2005): Psychotherapie und ihre neurobiologischen Voraussetzungen. In: Senf, W./Broda, M. (Hrsg.): Praxis der Psychotherapie. Ein integratives Lehrbuch. 3. Aufl. Stuttgart: Thieme, S. 34–53.

Colby, A./Kohlberg, L. (1987): The measurement of moral judgement, Vol. 1. Cambridge: University Press.

Cole, M./Cole, S. R. (1989): The development of children. New York: Freeman.

Cordes, R. (2006): Frühe Verhaltenstherapie mit autistischen Kindern. In: Schirmer, B. (Hrsg.): Psychotherapie und Autismus. Tübingen: DGVT, S. 37–56.

Corell, J./Park, B./Judd, C. M./Wittenbrink, B. (2002): The Police Officer's Dilemma: Using Ethnicity to Disambiguate Potentially Threatening Individuals. In: Journal of Personality and Social Psychology, 83. Jg., Heft 6, S. 1314–1329.

Corell, J./Park, B./Judd, C. M./Wittenbrink, B./Keesee, T. (2007): Across the Thin Blue Line: Police Officers and Racial Bias in the Decision to Shoot. In: Journal of Personality and Social Psychology, 92. Jg., Heft 6, S. 1006–1023.

Darley, J. M./Batson, C. D. (1973): „From Jerusalem to Jericho": A Study of Stational And Dispositional Variables in Helping Behavior. In: Journal of Personality and Social Psychology, 27. Jg., Heft 1, S. 100–108.

Darley, J. M./Latane, B. (1968): Bystander Intervention in Emergencies: Diffusion of Responsibility. In: Journal of Personality and Social Psychology, 8. Jg., Heft 4, S. 377–383.

Davison, G. C./Neale, J. M./Hautzinger, M. (2007): Klinische Psychologie. 7. Aufl. Basel: Beltz.

Deegener, G. (2005): Formen und Häufigkeit der Kindesmisshandlung. In: Deegener, G./Körner, W. (Hrsg.): Kindesmisshandlung und Vernachlässigung. Göttingen: Hogrefe, S. 37–58.

Dilling, H./Mombour, W./Schmidt, M. H. (Hrsg.) (2010): Internationale Klassifikation psychischer Störungen. ICD-10 Kapitel V (F) Klinisch-diagnostische Leitlinien. Bern; Huber.

Diouani, M. (2003): Probleme des Umgangs zwischen Pflegekindern und ihren leiblichen Eltern. In: Paten, Fachzeitschrift rund ums Pflegekind und Adoptivkind, Heft 02/2003, S. 28–31.

Döpfner, M./Schürmann, S./Frölich, J. (2007): Therapieprogramm für Kinder mit hyperkinetischem und oppositionellem Problemverhalten (THOP). 2. Aufl., Weinheim: PVU.

Dovidio, J. F./Piliavin, J. A./Schroeder, D. A./Penner, L. A. (2006): The Social Psychology of Prosocial Behavior. Mahwah, New Jersey: Lawrence Erlbaum Associates.

Egger, J. W. (2005): Das biopsychosoziale Krankheitsmodell. Grundzüge eines wissenschaftlich begründeten ganzheitlichen Verständnisses von Krankheit. In: Psychologische Medizin, 16. Jg., Heft 2, S. 3–12.

Ehlers, A. (1999): Posttraumatische Belastungsstörung. Göttingen: Hogrefe.

Ellis, A. (1979): Das ABC der Rational-Emotiven Therapie. In: Quekelberghe, R. (Hrsg.): Modelle kognitiver Therapien. München: Urban & Schwarzenberg, S. 38–48.

Engel, G. L. (1997): From biomedical to biopsychosocial. In: Psychotherapy and Psychosomatics, 66, S. 57–62.

Epiktet: Handbüchlein der Ethik. Stuttgart: Reclam 1958.

Eppel, H. (2007): Stress als Risiko und Chance. Grundlagen von Belastung, Bewältigung und Ressourcen. Stuttgart: Kohlhammer.

Esser, G. (2002): Umschriebene Entwicklungsstörungen. In: G. Esser (Hrsg.): Lehrbuch der Klinischen Psychologie und Psychotherapie des Kindes- und Jugendalters. Berlin: Springer, S. 134–151.

Europäische Kommision (2008): Diskriminierung in der Europäischen Union: Wahrnehmungen, Erfahrungen, und Haltungen. Befragung Februar–März 2008, durchgeführt im Auftrag der Generaldirektion Beschäftigung, Soziales und Chancengleichheit. (Eurobarometer Spezial No. 296). Brüssel.

Fehm, L. (2006): Soziale Phobie. In: Wittchen, H.-U./Hoyer, J. (Hrsg.): Klinische Psychologie & Psychotherapie. Heidelberg: Springer, S. 795–810.

Fichter, M. (2009): Anorektische und bulimische Essstörungen. In: Berger, M. (Hrsg.). Psychiatrische Erkrankungen. München: Urban und Fischer, S. 737–760.

Fichter, M./Quadflieg, N./Koniarczyk, M./Greifenhagen, A./Wolz, J./Koegel, P./Wittchen, H. U. (1999): Psychische Erkrankungen bei obdachlosen Männern und Frauen. In: Psychiatrische Praxis, 26, S. 76–84.

Fiedler, P. (2004): Ressourcenorientierte Psychotherapie bei Persönlichkeitsstörungen. In: Psychotherapeutenjournal, 1/2004, S. 4–12.

Fiedler, P. (2009): Persönlichkeitsstörungen. In: Margraf, J./Schneider, S. (Hrsg.): Lehrbuch der Verhaltenstherapie, Bd. 2: Störungen im Erwachsenenalter – Spezielle Indikationen – Glossar. Heidelberg: Springer, S. 515–531.

Flammer, A. (1990): Erfahrung der eigenen Wirksamkeit. Einführung in die Psychologie der Kontrollmeinung. Bern: Huber.

Förstl H./Hautzinger, M./Roth, G. (Hrsg.) (2006): Neurobiologie psychischer Störungen. Heidelberg: Springer.

Forstmeier, S./Maercker, A. (2009): Die Reservekapazität des Gehirns beeinflusst die kognitive Funktion im Alter: Motivationale, kognitive und körperliche Facetten. In: Zeitschrift für Neuropsychologie, 20 (1), S. 47–58.

Freitag, C.M. (2009): Neuropsychologische Diagnostik bei autistischen Störungen. In: Kindheit und Entwicklung, 18. Jg., S. 73–82.

Freud, A. (1936): Das Ich und die Abwehrmechanismen. München: Kindler.

Freud, S. (1938): Abriss der Psychoanalyse. Das Unbehagen in der Kultur. Fischer Taschenbuch Verlag: Frankfurt. 23. Aufl. 1973.

Fröhlich-Gildhoff, K. (2006): Gewalt begegnen. Stuttgart: Kohlhammer.

Frommberger, U./Nyberg, E./Angenendt, J./Lieb, K./Berger, M. (2009): Posttraumatische Belastungsstörungen. In: Berger, M. (Hrsg.): Psychiatrische Erkrankungen. München: Urban und Fischer, S. 667–696.

Fydrich, Th. (2009): Soziale Phobie. In: Margraf, J./Schneider, S. (Hrsg.): Lehrbuch der Verhaltenstherapie, Bd. 2: Störungen im Erwachsenenalter – Spezielle Indikationen – Glossar. Heidelberg: Springer, S. 46–64.

Gahleitner, S./Hahn, G. (Hrsg.) (2008): Klinische Sozialarbeit. Beiträge zur psychosozialen Praxis und Forschung. Bd. 1: Zielgruppen und Arbeitsfelder. Bonn: Psychiatrie-Verlag.

Garcia, S.M./Weaver, K./Moskowitz, G.B./Darley, J.M.(2002): Crowded Minds: The Implicit Bystander Effect. In: Journal of Personality and Social Psychology, 83. Jg., Heft 4, S. 843–853.

Gasteiger-Klicpera, B./Klicpera, C. (2003): Warum fühlen sich Schüler einsam? Einflussfaktoren der Einsamkeit im schulischen Kontext. In: Praxis der Kinderpsychologie und Kinderpsychiatrie, 52. Jg., Heft 1, 1–16.

Geisler, A./Gerster, M. (2009): Fußball als Extremsport – Die Unterwanderung des Breitensports als Strategieelement der extremen Rechten. In: Braun, S./Geisler, A./Gerster, M.: Strategien der extremen Rechten. Hintergründe, Analysen, Antworten. Wiesbaden: Verlag für Sozialwissenschaften, S. 187–207.

Gevensleben, H./Holl, B./Albrecht, B./Vogel, C./Schlamp, D./Kratz, O./Studer, P./Rothenberger, A./Moll, G.H./Heinrich, H. (2009): Is neurofeedback an efficacious treatment for ADHD? A randomised controlled clinical trial. In: Journal of Child Psychology and Psychiatry, 50. Jg., S. 780–789.

Gilbert, D.T./Malone, P.S. (1995): The Correspondence Bias. In: Psychological Bulletin, 117. Jg., Heft 1, S. 21–38.

Goffman, E. (1967): Stigma. Über Techniken zur Bewältigung beschädigter Identität. Frankfurt a.M.: Suhrkamp.

Gollwitzer, M./Schmidt, M. (2006): Sozialpsychologie. Workbook. Weinheim: Beltz PVU.

Graumann, C.F. (1979): Die Scheu des Psychologen vor der Interaktion. Ein Schisma und seine Geschichte. In: Zeitschrift für Sozialpsychologie, 10. Jg., S. 284–310.

Grawe, K. (1996): Klärung und Bewältigung: Zum Verhältnis der beiden wichtigsten therapeutischen Wirkprinzipien. In: Reinecker, H.S./Schmelzer, D. (Hrsg.): Verhaltenstherapie, Selbstregulation, Selbstmanagement. Göttingen: Hogrefe, S. 49–74.

Grawe, K. (1998): Psychologische Therapie. Göttingen: Hogrefe.

Grawe, K. (2004): Neuropsychotherapie. Göttingen: Hogrefe.

Grawe, K. (2005): Allgemeine Psychotherapie. In: Senf, W./Broda, M. (Hrsg.): Praxis der Psychotherapie. Ein integratives Lehrbuch. 3. Aufl. Stuttgart: Thieme, S. 120–133.

Grawe, K./Grawe-Gerber, M. (1999): Ressourcenaktivierung. In: Psychotherapeut, Vol. 44, 2, S. 63–73.

Greimel, E./Herpertz-Dahlmann, B./Konrad, K. (2009). Befunde zum menschlichen Spiegelneuronen-System bei Autismus: Eine kritische Übersicht funktioneller Bildgebungsstudien. Kindheit und Entwicklung, 18. Jg., S. 62–72.

Grossmann, K./Grossmann, K. E. (2005): Elternbindung und Entwicklung des Kindes in Beziehungen. In: Herpertz-Dahlmann, B./Resch, F./Schulte-Markwort, M./Warnke, A. (Hrsg.): Entwicklungspsychiatrie. 2. Aufl., Stuttgart: Schattauer, S. 115–135.

Grossmann, K. E./Grossmann, K./Winter, M./Zimmermann, P. (2002): Bindungsbeziehungen und Bewertung von Partnerschaft. Von früher Erfahrung feinfühliger Unterstützung zu späterer Partnerschaftsrepräsentation. In: Brich, K. H./Grossmann, K./Grossmann, K. E./Köhler, L. (Hrsg.): Bindung und seelische Entwicklungswege. Stuttgart: Klett-Cotta, S. 125–164.

Großmaß, R. (2004): Psychotherapie und Beratung. In: Nestmann, F./Engel, F./Sickendieck, U.: Das Handbuch der Beratung – Bd. 1. Tübingen: dgvt, S. 89–102.

Hackney, H./Cormier, L. S. (1998): Beratungsstrategien Beratungsziele. München: Ernst Reinhardt.

Hammelstein P./Fiedler, P. (2002): Biographische Narrative und Lebensthemen: Relevanz für Klinische Psychologie und Psychotherapie. In: Verhaltenstherapie und Verhaltensmedizin 23. Jg., Heft 3, S. 307–328.

Hartung, J. (2006): Sozialpsychologie. Stuttgart: Kohlhammer.

Hasselhorn, M. (1998): Alter und Altern. In: H. Keller (Hrsg.): Lehrbuch Entwicklungspsychologie, Bern: Huber, S. 423–442.

Hautzinger, M. (2009): Depression. In: Margraf, J./Schneider, S. (Hrsg.): Lehrbuch der Verhaltenstherapie, Bd. 2. Heidelberg: Springer, S. 125–138.

Hautzinger, M./Stark, W./Treiber, R. (1994): Kognitive Verhaltenstherapie bei Depressionen- Behandlungsanleitungen und Materialien. Weinheim: Beltz.

Havighurst, R. J. (1948): Development tasks and education. New York: McCay.

Hayne, H./Rovée-Collier, C./Perris, E. E. (1987): Categorization and memory retrievals by three-month-olds. In: Child Development, 52. Jg., Heft 3, S. 760–767.

Heider, F. (1958): Psychologie der interpersonalen Beziehungen. Stuttgart: Klett 1977.

Henningsen, P./Hartkamp, N./Loew, T./Sack, M./Scheidt, C. E./Rudolf, G. (Hrsg.) (2002): Somatoforme Störungen – Leitlinien und Quellentexte. Stuttgart: Schattauer.

Herpertz, S./Saß, H. (2003): Persönlichkeitsstörungen. Stuttgart: Thieme.

Herriger, N. (2006): Empowerment in der Sozialen Arbeit. Eine Einführung. Stuttgart: Kohlhammer.

Hodson, G./Hogg, S. M./MacInnis, C. C. (2009): The Role of „Dark Personalities" (Narcissism, Machiavellianism, Psychopathy), Big Five Personality Factors, and Ideology in Explaining Prejudice. In: Journal of Research in Personality, 43. Jg., Heft 4, S. 686–690.

Holahan, C. J./Moos, R. H. (1991): Life Stressors, Personal and Social Resources, and Depression: A 4-year Structural Model. In: Journal of Abnormal Psychology, 100. Jg., Heft 1, S. 31–38.

Holodynski, M./Oerter, R. (2008): Tätigkeitsregulation und die Entwicklung von Motivation, Emotion, Volition. In: Oerter, R./Montada, L. (Hrsg.): Entwicklungspsychologie, 6. Aufl., Weinheim: PVU, S. 535–571.

Holzkamp, K. (1983): Grundlegung der Psychologie. Frankfurt a. M.: Campus.

Hopf, W. (Hrsg.) (1998): Fussball: Soziologie und Sozialgeschichte einer populären Sportart. Münster: LIT.

Horn, R./Neubauer, A./von Aster, M. (Hrsg.) (2006): WIE. Wechsler Intelligenztest für Erwachsene. Bern: Huber.

Huguet, P./Galvaing, M.P./Monteil, J.M./Dumas, F. (1999): Social Presence Effects in the Stroop Task: Further Evidence for an Attentional View of Social Facilitation. In: Journal of Personality and Social Psychology, 77. Jg., Heft 5, S. 1011–1025.

Immisch, P.F. (2004): Bindungsorientierte Verhaltenstherapie. Behandlung von Veränderungsresistenz bei Kindern und Jugendlichen. Tübingen: DGVT.

Jacobi, F./Klose, M./Wittchen, H.-U. (2004): Psychische Störungen in der deutschen Allgemeinbevölkerung: Inanspruchnahme von Gesundheitsleistungen und Ausfalltage. In: Bundesgesundheitsblatt – Gesundheitsforschung – Gesundheitsschutz, 2004, 47, S. 736–744.

Jacobi, F./Vossen, A./Wittchen, H.-U. (2009): Komorbiditätsstrukturen bei Angststörungen – Häufigkeit und mögliche Implikationen. In: Margraf, J./Schneider, S. (Hrsg.): Lehrbuch der Verhaltenstherapie, Bd. 1. Heidelberg: Springer, S.433–448.

Jensen, P.S./Arnold, L.E./Swanson, J.M./Vitiello, B./Abikoff, H.B./Greenhill, L.L./Hechtman, L./Hinshaw, S.P./Pelham, W.E./Wells, K.C./Conners, C.K./Elliot, G.R./Epstein, J.N./Hoza, B./March, J.S./Molina, B.S./Newcorn, J.H./Severe, J.B./Wigal, T./Gibbons, R.D./Hur, K. (2007): 3-Year Follow-Up of the NIMH MTA Study. In: Journal of the American Academy of Child and Adolescent Psychiatry, 46. Jg., Heft 8, S. 989–1002.

Jones, E.E./Davis, K.E. (1965): From Acts to Dispositions: The Attribution Process in Person Perception. In: Berkowitz, L. (Hrsg.): Advances in Experimental Social Psychology. New York: Academic Press, S. 219–266.

Jones, E.E./Nisbett, R.E. (1972): The actor and the observer: divergent perceptions of the causes of the behavior. In: Jones, E.E./Kanouse, D.E./Kelley, H.H./Nisbett, R.E./Valins, S./Weiner, B. (Hrsg.): Attribution: Perceiving the Causes of Behavior. Morristown, New York: General Learning Press, S. 79–94.

Jungbauer, J./Lenz, A. (2008): Psychische Krankheit, Partnerschaft und Elternschaft: Perspektiven für Forschung und Praxis. In: Lenz, A./Jungbauer, J. (Hrsg.): Kinder und Partner psychisch kranker Menschen. Tübingen: DGVT, S. 7–35.

Jussim, L./Harber, K.D. (2005): Teacher Expectations and Self-Fulfilling Prophecies: Knowns and Unknowns, Resolved and Unresolved Cotroversies. In: Personality and Social Psychology Review, 9. Jg., Heft 2, S. 131–155.

Kanfer, F.H. (1979): Selbstmanagement-Methoden. In: Kanfer, F.H./Goldstein, A.P. (Hrsg.): Möglichkeiten der Verhaltensänderung. München: Urban & Schwarzenberg, S. 350–406.

Kanfer, F.H./Phillips, J.S. (1975): Lerntheoretische Grundlagen der Verhaltenstherapie. München: Kindler.

Kanfer, F.H./Reinecker, H./Schmelzer, D. (2006): Selbstmanagement-Therapie, 4. Aufl., Berlin: Springer.

Kasai, K./Yamasue,H./Gilbertson, M.W./Shenton, M.E./Rauch, S.L./Pitman, R.K. (2008): Evidence for acquired pregenual anterior cingulate gray matter loss from a twin study of combat-related posttraumatic stress disorder. In: Biol. Psychiatry, 2008, 63, S. 550–556.

Kaufmann, H. (1965): Definitions and methodology in the study of aggression. In: Psychological Bulletin, 64. Jg., S. 351–364.

Kelley, H.H. (1967): Attribution Theory in Social Psychology. In: Levine, D. (Hrsg.): Nebraska Symposion on Motivation. Lincoln, NE: University of Nebraska Press, S. 192–240.

Kessler, R.C./Berglund, P./Demler, O./Jin, R./Merikangas, K.R./Walters, E.E. (2005a): Lifetime prevalence and age-of-onset distributions of DSM-IV disorders in the National Comorbidity Survey Replication. In: Arch Gen Psychiatry, 62, S. 593–602.

Kessler, R.C./Chiu, W.T./Demler, O./Merikangas, K.R./Walters, E.E. (2005b): Prevalence, severity, and comorbidity of 12-month DSM-IV disorders in the National Comobidity Survey Replication. Arch Gen Psychiatry, 62, S. 617–627.

Keupp, H. (Hrsg.) (1993): Zugänge zum Subjekt. Perspektiven einer reflexiven Sozialpsychologie. Frankfurt a.M.: Suhrkamp.

Kindler, H. (2006a): Was ist über die Folgen von Vernachlässigung bei Kindern bekannt? In: Kindler, H./Lillig, S./Blüml, H./Meysen, T./Werner, A. (Hrsg.). Handbuch Kindeswohlgefährdung nach § 1666 BGB und Allgemeiner Sozialer Dienst (ASD). München: DJI.

Kindler, H. (2006b): Was ist über die Folgen psychischer Misshandlungen von Kindern bekannt? In: Kindler, H./Lillig, S./Blüml, H./Meysen, T./Werner, A. (Hrsg.). Handbuch Kindeswohlgefährdung nach § 1666 BGB und Allgemeiner Sozialer Dienst (ASD). München: DJI.

Kindler, H. (2006c): Was ist über die Folgen physischer Misshandlungen von Kindern bekannt? In: Kindler, H./Lillig, S./Blüml, H./Meysen, T./Werner, A. (Hrsg.). Handbuch Kindeswohlgefährdung nach § 1666 BGB und Allgemeiner Sozialer Dienst (ASD). München: DJI.

Klemenz, B. (2003): Ressourcenorientierte Diagnostik und Intervention mit Kindern und Jugendlichen. Tübingen: DGVT.

Knoll, N./Scholz, U./Rieckmann, U. (2005): Einführung in die Gesundheitspsychologie. München: Reinhardt.

Kohlberg, L. (1996): Die Psychologie der Moralentwicklung. Frankfurt a. M.: Suhrkamp.

Kölch, M./Schmid, M. (2008): Elterliche Belastung und Einstellungen zur Jugendhilfe bei psychisch kranken Eltern: Auswirkungen auf die Inanspruchnahme von Hilfen. In: Praxis der Kinderpsychologie und Kinderpsychiatrie, 57. Jg., S. 774–788.

Konermann, D./Kühne, K./Müller, D. (2005): Vorsicht Attribution. Universität Heidelberg, Psychologisches Institut (Video).

Kordon, A./Wahl, K./Hohagen, F. (2009): Zwangsstörungen. In: Berger, M. (Hrsg.): Psychiatrische Erkrankungen. Urban und Fischer: München, S. 643–666.

Krampen, G. (2000): Handlungstheoretische Persönlichkeitspsychologie. Göttingen: Hogrefe.

Kröner-Herwig. B. (2009): Chronischer Schmerz. In: Margraf, J./Schneider, S. (Hrsg.): Lehrbuch der Verhaltenstherapie. Bd. 2. Heidelberg: Springer, S. 265–280.

Kulik, J. A./Mahler, H. I. M. (1993): Emotional Support as a Moderator of Adjustment and Compliance after Coronary Artery Bypass Surgery: A Longitudinal Study. In: Journal of Behavioral Medicine, 16. Jg., Heft 1, S. 45–63.

Küspert, P./Schneider, W. (2006): Hören, lauschen, lernen. Sprachspiele für Kinder im Vorschulalter – Würzburger Trainingsprogramm zur Vorbereitung auf den Erwerb der Schriftsprache. 6. Aufl. Göttingen: Vandenhoeck & Ruprecht.

Lambert, M. J./Ogles, B. M. (2004): The efficacy and effectiveness of psychotherapy. In: Lambert, M. J. (Ed.): Bergin and Garfield's handbook of psychotherapy and behavior change (5th ed.). New York: Wiley, S. 139–193.

Latané, B./Darley, J. M. (1968): Group Inhibition of Bystander Intervention in Emergencies. In: Journal of Personality and Social Psychology, 10. Jg., Heft 3, S. 215–221.

Latané, B./Darley, J. M. (1970): The Unresponsive Bystander: Why doesn't he help? Englewood Cliffs, New York: Prentice Hall

Lauth, G. W./Schlottke, P. F. (2009): Training mit aufmerksamkeitsgestörten Kindern. Weinheim: PVU.

Lazarus, R. S. (1998): Fifty Years of the Research and Theory of R. S. Lazarus: An Analysis of Historical and Perennial Issues. London.

Leahy, R. L. (2007): Techniken kognitiver Therapie. Ein Handbuch für Praktiker. Paderborn: Junfermann.

LeDoux, J. (2004): Das Netz der Gefühle. München: dtv.

Leff, J./Vaughn, C. (1985): Expressed Emotion in Families. It's Significance for Mental Illness. New York: Guilford Press.

Lenz, A. (2005): Kinder psychisch kranker Eltern. Göttingen: Hogrefe.

Lenzenweger M. F./Lane, M. C./Loranger, A. W./Kessler, R. C. (2007): DSM-IV personality disorders in the National Comorbidity Survey Replication. Biol Psychiatry, September 15; 62 (6), S. 553–564.

Levine, J. M./Moreland R. L. (1994): Group Socialization: Theory and Research. In: Stroebe, W./Hewstone, M. (Hrsg.): European Review of Social Psychology. 5. Bd., Chichester: John Wiley & Sons, S. 305–336.

Lewin, K. (1936): Principles of Topological Psychology. New York: McGraw-Hill.

Lilli, W./Frey, D. (2002): Die Hypothesentheorie der sozialen Wahrnehmung. Hans Huber. In: Frey, D./Irle, M. (Hrsg.): Theorien der Sozialpsychologie. 2. Aufl., Bern: Huber S. 49–78.

Lindenberger, U. (2008): Was ist kognitives Altern? Begriffsbestimmung und Forschungstrends. In: Staudinger, U. M./Häfner, H. (Hrsg.): Was ist Alter(n)? Neue Antworten auf eine scheinbar einfache Frage (Schriften der Mathematisch-naturwissenschaftlichen Klasse der Heidelberger Akademie der Wissenschaften No. 18). Springer: Heidelberg, S. 69–82.

Lindenberger, U./Schaefer, S. (2008): Erwachsenenalter und Alter. In: Oerter, R./Montada, L. (Hrsg.), Entwicklungspsychologie, 6. Aufl., Weinheim: PVU, S. 366–409.

Linderkamp, F./Schramm, S. A./Michau, S. (2009): Die psychische Entwicklung von Pflegekindern und Pflegeeltern. Ergebnisse einer prospektiven Längsschnittstudie. In: Verhaltenstherapie und psychosoziale Praxis, 41. Jg., Heft 3, S. 863–880.

Linneweber, V. (2004): Was weiß die Sozialpsychologie über Gruppen und Teams? In: Velmeric, C. O./Schattenhofer, C./Schrapper, C. (Hrsg.): Teamarbeit: Konzepte und Erfahrungen – eine gruppendynamische Zwischenbilanz. Weinheim und München: Juventa, S. 19–34.

Luhmann, N. (1975): Interaktion, Organisation, Gesellschaft: Anwendung der Systemtheorie. In: Luhmann, N.: Soziologische Aufklärung 2. Aufsätze zur Theorie der Gesellschaft. Opladen: Westdeutscher Verlag, S. 9–20.

Lüttke, H. B.: Experimente unter dem Milgram-Paradigma: In: Gruppendynamik & Organisationsberatung. 35. Jg., Heft 4, S. 431–464.

Lutzker, J. R./Rice, J. M. (1987): Using recidivism data to evaluate project 12-ways. An ecobehavioral approach to the treatment and prevention of child abuse and neglect. In: Advances of Behavioral Research and Therapy, Jg. 6, Heft 1, S. 63–73.

Maercker, A./Michael, T. (2009): Posttraumatische Belastungsstörungen. In: Margraf, J./Schneider, S. (Hrsg.): Lehrbuch der Verhaltenstherapie. Bd. 2. Heidelberg: Springer, S. 105–124.

Manning, R./Levine, M./Collins, A. (2007): The Kitty Genovese Murder and the Social Psychology of Helping: The Parable of the 38 Witness. In: American Psychologist, 62. Jg., Heft 6, S. 555–562.

Margraf, J. (2009): Hintergründe und Entwicklung. In: Margraf, J./Schneider, S. (Hrsg.): Lehrbuch der Verhaltenstherapie. Bd. 1. Heidelberg: Springer, S. 3–46.

Margraf, J./Schneider, S. (1990): Panik – Angstanfälle und ihre Behandlung. Berlin: Springer.

Margraf, J./Schneider, S. (2009): Panikstörungen und Agoraphobie. In: Margraf, J./Schneider, S. (Hrsg.): Lehrbuch der Verhaltenstherapie. Bd. 2. Heidelberg: Springer, S. 3–30.

Martin, A./Rief, W. (2006): Somatoforme Störungen. In: Wittchen, H.-U./Hoyer, J. (Hrsg.): Klinische Psychologie & Psychotherapie. Heidelberg: Springer.

Maslow, A. (1954): Motivation and Personality. New York: Harper & Row.

Mattejat, F. (2008): Entwicklungsorientierte Verhaltenstherapie mit Kindern, Jugendlichen, Familien. In: Verhaltenstherapie mit Kindern und Jugendlichen, 4. Jg., Heft 1, S. 77–88.

Mattejat, F./Lisofsky, B. (Hrsg.) (2008): Nicht von schlechten Eltern – Kinder psychisch Kranker. 2. Aufl. Bonn: Balance.

Maturana, H. R./Varela, F. G. (1980): Autopoiesis and cognition. Boston: Reidel.

McConaughty, S. H./Stanger, C./Achenbach, T. M. (1992): Three-year course of behavioral/emotional problems in a national sample of 4- to 16-year-olds: I. Agreement among infants. In: Journal of the American Academy of Child and Adolescent Psychiatry, 31. Jg., S. 932–940.

McGarty, C./Yzerbyt, V. Y./Spears, R. (2002): Stereotypes as Explanations. The Formation of Meaningful Beliefs about Social Groups. Cambridge: Camebridge University Press.

Meichenbaum, D. W. (1979): Methoden der Selbstinstruktion. In: Kanfer, F. H./Goldstein, A. P. (Hrsg.): Möglichkeiten der Verhaltensänderung. München: Urban & Schwarzenberg, S. 407–450.

Merod, R. (2007): Lerntheoretische Grundlagen der Verhaltenstherapie mit Kindern und Jugendlichen. In: Borg-Laufs, M. (Hrsg.): Lehrbuch der Verhaltenstherapie mit Kindern und Jugendlichen, Bd. 1: Grundlagen. 2. Aufl., Tübingen: DGVT, S. 23–57.

Meyer, W. U./Försterling, F. (1993): Die Attributionstheorie. In: Frey, D./Irle, M. (Hrsg.): Theorien der Sozialpsychologie. Bd. I. Kognitive Theorien. Bern: Huber, S. 175–214.

Milgram, S. (1963): Behavioral Study of Obedience. In: Journal of Abnormal and Social Psychology, 67. Jg., Heft 4, S. 371–378.

Milgram, S. (Orig. 1973): Das Milgram-Experiment. Zur Gehorsamsbereitschaft gegenüber Autorität. Reinbeck bei Hamburg: Rowohlt 1974.

Milgram, S./Bickman, L./Berkowitz, L. (1969): Note on the Drawing Power of Crowds of Different Size. In: Journal of Personality and Social Psychology, 13. Jg., Heft 2, S. 79–82.

Miller, W. R./Rollnick, S. (2009): Motivierende Gesprächsführung. 3. Aufl. Freiburg: Lambertus.

Möller, J. (1997): Auslösende Bedingungen leistungsbezogener Attributionen. Paradigma, Forschungsstand, empirische Studien. Weinheim: Beltz PVU.

Monastra, V. J./Lynn, S./Linden, M./Lobar, J. F./Gruzelier, J./LaVaque, J. (2005): Electroencephalographic Biofeedback in the Treatment of Attention-Deficit/Hyperactivity Disorder. In: Applied Psychophysiology and Biofeedback, 30. Jg., Heft 2, S. 95–114.

Moreland, R. L./Levine, J. M. (2002): Socialization and Trust in Work Groups. In: Group Processes Intergroup Relations, 5. Jg., Heft 3, S. 185–201.

Moscovici, S. (1976): Sozialer Wandel durch Minoritäten. München: Urban und Fischer 1991.

Moscovici, S./Lage, E. (2006): Studies in Social Influence III: Majority Versus Minority Influence in a Group. In: European Journal of Social Psychology, 6. Jg., Heft 2, S. 149–174.

Mowrer, O. H. (1961): Learning theory and behavior. New York: John Wiley & Sons.

Münder, J., Mutke, B./Schone, R. (2000). Kindeswohl zwischen Jugendhilfe und Justiz: Professionelles Handeln in Kindeswohlverfahren. Münster: Votum.

Murjahn, I./Latoska, K./Borg-Laufs, M. (2005). Computergestützte Rechtschreibförderung mit dem Programm COLLI: Ergebnisse zweier Evaluationsstudien. In: Psychologie in Erziehung und Unterricht, 52. Jg., 261–271.

Myers, D. G. (2005). Psychologie, Heidelberg: Springer, 2005.

Nestmann, F. (2004): Ressourcenorientierte Beratung. In: Nestmann, F./Engel, F./Sickendiek, U. (Hrsg.): Das Handbuch der Beratung – Bd. 2: Ansätze, Methoden und Felder. Tübingen: dgvt, S. 725–736.

Nestmann, F. (2005): Professionelle Beratung: Grundlagen, Verfahren, Indikationen. In: Senf, W./Broda, M. (Hrsg.): Praxis der Psychotherapie. Ein integratives Lehrbuch. 3. Aufl. Stuttgart, S. 186–194.

Nestmann, F./Engel, F./Sickendiek, U. (2004) (Hrsg.): Das Handbuch der Beratung. Tübingen: dgvt.

Nijstad, B. A./Van Knippenberg, D. (2007): Gruppenpsychologie. Grundlegende Prinzipien. In: Jonas, K./Stroebe, W./Hewstone, M. (Hrsg.): Sozialpsychologie, 5. Aufl., Heidelberg: Springer, S. 409–441.

Oerter, R. (1998). Kultur, Ökologie und Entwicklung. In: Oerter, M./Montada, L. (Hrsg.): Entwicklungspsychologie, 4. Aufl., Weinheim: PVU.

Olson, D. H. (2000): Circumplex model of marital and family systems. In: Journal of Family Therapy, 22, S. 144–167.

Olson, D. H./Gorall, D. M./Tiesel, J. W. (2007): FACES IV Manual. Life Innovations: Minneapolis, MN.

Öst, L.-G. (2009): Spezifische Phobien. In: Margraf, J./Schneider, S. (Hrsg.): Lehrbuch der Verhaltenstherapie. Bd. 2. Heidelberg: Springer, S. 31–44.

Payk, T. R. (2007): Checkliste Psychiatrie und Psychotherapie. Stuttgart: Thieme.

Perrez, M./Bodenmann, G. (2009): Klinisch-psychologische Familienforschung. Schneider, S./Margraf, J. (Hrsg.): Lehrbuch der Verhaltenstherapie. Bd. 3. Heidelberg: Spinger, S. 77–74.

Petermann, F./Petermann, U. (2008a): HAWIK-IV. Hamburg-Wechsler Intelligenztest für Kinder. Bern: Huber.

Petermann, F./Petermann, U. (2008b): Training mit aggressiven Kindern, 12. Aufl., Weinheim: PVU.

Petersen, L.-E./Six, B. (Hrsg.) (2008): Stereotype, Vorurteile und soziale Diskriminierung, Theorien, Befunde und Interventionen. Weinheim: Beltz PVU.

Pettigrew, T. F. (1979): The Ultimate Attribution Error: Extending Allport's Cognitive Analysis of Prejudice. In: Personality and Social Psychology Bulletin, 5. Jg., Heft 4, S. 461–476.

Pettigrew, T. F. (1998): Intergroup Contact Theory. In: Annual Review of Psychology, 49. Jg., S. 65–85.

Piaget, J. (2003): Meine Theorien der geistigen Entwicklung. Weinheim: Beltz.

Postmes, T./Spears, R. (1998): Deindividuation and Anti-normative Behavior: A Meta Analysis. In: Psychological Bulletin, 123. Jg., Heft 3, S. 238–259.

Poustka, F. (2009): Autistische Störungen. In: Schneider, S./Margraf, J. (Hrsg.): Lehrbuch der Verhaltenstherapie. Bd. 3. Springer: Heidelberg, S. 331–350.

Rasche-Räuchle, H./Winkelmann, G./Hohagen, F. (1995): In: Extracta psychiatrica, 9, 5, S. 22–32.

Reinecker, H. (1999a) (Hrsg.): Lehrbuch der Verhaltenstherapie. Tübingen: dgvt-Verlag.

Reinecker, H. (1999b): Methoden der Verhaltenstherapie. In: Ders. (Hrsg.): Lehrbuch der Verhaltenstherapie. Tübingen: dgvt, S. 147–333.

Reinecker, H. (2009): Selbstmanagement. In: Margraf, J./Schneider, S. (Hrsg.): Lehrbuch der Verhaltenstherapie, Bd. 1: Grundlagen, Diagnostik, Verfahren, Rahmenbedingungen. Heidelberg, S. 629–644.

Reinhardt, I./Jansen, A./Kircher, T. (2009): Neurofunktionelle Bildgebung bei Angststörungen. In: Verhaltenstherapie, 2009, 19, S. 78–85.

Retzlaff, R./von Sydow, K./Rotthaus, W./Beher, S./Schweitzer, J. (2009): Systemische Therapie als evidenzbasiertes Verfahren – aktuelle Fakten, Entscheidungen und Aussichten. In: Psychotherapeutenjournal 1/2009, S. 4–16.

Ricken, G./Schuck, K. D./Preuß, U. (Hrsg.) (2007): HAWIVA-III. Hamburg-Wechsler-Intelligenztest für das Vorschulalter. Bern: Huber.

Rief, W. (2009): Somatisierungsstörung. In: Margraf, J./Schneider, S. (Hrsg.): Lehrbuch der Verhaltenstherapie. Bd. 2. Berlin: Springer, S. 245–263.

Rief, W./Hiller, W. (1998): Somatisierungsstörung und Hypochondrie. Göttingen: Hogrefe.

Ringelmann, M. (1913): Recherches sur les moteurs animes: Travail de L'homme. Annales de l'Institut. In: National Agronomique, 12. Jg., S. 1–40.

Rogers, C. R. (1972): Die nicht-direktive Beratung. München: Kindler.

Roos, K. (2006): Kosten-Nutzen-Analyse von Jugendhilfemaßnahmen. Frankfurt: Lang.

Roos, K./Petermann, F. (2006): Kosten-Nutzen-Analyse von Heimerziehung. In: Kindheit und Entwicklung, 15. Jg., Heft 1, S. 45–54.

Ross, L. (1977): The Intuitive Psychologist and his Shortcomings: Disortions in the Attribution Process. In: Berkowitz, L. (Hrsg.): Advances in Experimental Social Psychology. New York: Academic Press, S. 173–220.

Ross, L./Greene, D./House, P. (1977): The „False Consensus Effect": An Egocentric Bias in Social Perception and Attribution Process. In: Journal of Experimental Social Psychology, 13. Jg., Heft 3, S. 279–301.

Roth, G. (2001): Fühlen, Denken, Handeln. Frankfurt a. M.: Suhrkamp.

Roth, I./Reichle, B. (2008): Prosoziales Verhalten lernen: „Ich bleibe cool!" – ein Trainingsprogramm für die Grundschule. Weinheim: Beltz.

Rudolf, G./Henningsen, P. (2003): Die psychotherapeutische Behandlung somatoformer Störungen. In: Z Psychosom Med Psychother, 49, S. 3–19.

Rygaard, N. P. (2006): Schwerwiegende Bindungsstörung in der Kindheit. Wien: Springer.

Sachse, R. (2006): Persönlichkeitsstörungen verstehen. Zum Umgang mit schwierigen Klienten. Bonn: Psychiatrie-Verlag.

Salkovskis, P. M./Ertle, A. (2009): Hypochondrie. In: Margraf, J./Schneider, S. (Hrsg.): Lehrbuch der Verhaltenstherapie. Bd. 2. Berlin: Springer, S. 225–244.

Salkovskis, P. M/Ertle, A./Kirk, J. (2009): Zwangsstörung. In: Margraf, J./Schneider, S. (Hrsg.): Lehrbuch der Verhaltenstherapie. Bd. 2. Berlin: Springer S. 66–86.Sanders, R. (2004): Die Beziehung zwischen Ratsuchendem und Berater. In: Nestmann, F./Engel, F./Sickendieck, U. (Hrsg.): Das Handbuch der Beratung – Bd. 2. Tübingen: dgvt, S. 797–807.

Saß, H./Wittchen, H.-U./Zaudig, M./Houben, I. (2003): Diagnostisches und Statistisches Manual Psychischer Störungen – Textrevision. DSM-IV-TR. Göttingen: Hogrefe.

Sawin, D. B. (1980): A field study of children's reactions to distress in their peers. University of Texas at Austin: Unveröffentlichtes Manuskript.

Scheib, P./Wirsching, M. (2004): Paar- und Familientherapie. Leitlinie und Quellentext. Stuttgart: Schattauer.

Scheithauer, H./Niebank, K./Petermann, F. (2000): Biopsychosoziale Risiken in der frühkindlichen Entwicklung: Das Risiko- und Schutzfaktorenkonzept aus entwicklungspsychopathologischer Sicht. In: Petermann, F./Niebank, K./Scheithauer, H. (Hrsg.): Risiken der frühkindlichen Entwicklung. Göttingen: Hogrefe, S. 65–97.

Schemmel, H./Schaller, J. (Hrsg.) (2003): Ressourcen. Ein Hand- und Lesebuch zur therapeutischen Arbeit, Tübingen: DGVT.

Schlippe von A./Schweitzer, J. (2007): Lehrbuch der systemischen Therapie und Beratung. 10. Aufl. Göttingen: Vandenhoeck & Ruprecht.

Schlup, B./Schneider, S. (2009): Spezifische Phobien. In: Schneider, S./Margraf, J. (Hrsg.): Lehrbuch der Verhaltenstherapie. Bd. 3. Heidelberg: Springer, S. 503–530.

Schmelzer, D. (2000): Hilfe zur Selbsthilfe – Der Selbstmanagement-Ansatz als Rahmenkonzept für Beratung und Therapie. In: Beratung aktuell – Zeitschrift für Theorie und Praxis der Beratung, 1(4), S. 201–222.

Schmid, M. (2007): Psychische Gesundheit von Heimkindern. Erste Studie zur Prävalenz psychischer Störungen in der stationären Jugendhilfe. Weinheim: Juventa.

Schmid, M./Goldbeck, L./Fegert, M. (2006): Kinder und Jugendliche in der stationären Jugendhilfe – (k)eine Aufgabe für niedergelassene Verhaltenstherapeuten? Verhaltenstherapie und psychosoziale Praxis, 38. Jg., Heft 2, S. 363–372.

Schmidbauer, W. (2002): Helfersyndrom und Burnoutgefahr. München, Jena: Urban & Fischer.

Schmidt, M. H./Göpel, C. (2005): Risikofaktoren kindlicher Entwicklung und Verlaufsprinzipien kinder- und jugendpsychiatrischer Erkrankungen. In: Herpertz-Dahlmann, B./Resch, F./Schulte-Markwort, M./Warnke, A. (Hrsg.): Entwicklungspsychiatrie, 2. Aufl., Stuttgart: Scheithauer, S. 305–314.

Schmidt, M. H./Schneider, K./Hohm, E./Pickartz, A./Macsenaere, M./Petermann, F./Flosdorf, P./Hölzl, H./Knab, E. (2002): Effekte erzieherischer Hilfen und ihre Hintergründe. Stuttgart: Kohlhammer.

Schmidt-Denter, U. (2005): Soziale Beziehungen im Lebenslauf. 4. Aufl., Weinheim: PVU.

Schneewind, K. A. (2001): Familienpsychologie. Stuttgart: Kohlhammer.

Schneewind, K. A. (2008): Sozialisation und Entwicklung im Kontext der Familie. In: Oerter, R./Montada, L. (Hrsg.): Entwicklungspsychologie, 6. Aufl., Weinheim: PVU, S. 117–145.

Schneider, F./Niebling, W. (2008) (Hrsg.): Psychische Erkrankungen in der Hausarztpraxis. Heidelberg: Springer.

Schröder, K.E.E./Schwarzer, R./Endler, N.S. (1997): Predicting Cardiac Patient's Quality of Life from the Characteristics of Their Spouses. In: Journal of Health Psychology, 2. Jg., Heft 2, S. 231–244.

Schulz, H./Barghaan, D./Harfst, T./Koch, U. (2006): Die Versorgung von Patienten mit psychischen Störungen. Wittchen, H.-U./Hoyer, J. (Hrsg.) (2006): Klinische Psychologie & Psychotherapie. Heidelberg: Springer, S. 331–346.

Schumacher, J./Brähler, E. (2005): Testdiagnostik in der Psychotherapie. In: Senf, W./Broda, M. (Hrsg.): Praxis der Psychotherapie. Ein integratives Lehrbuch. 3. Aufl. Stuttgart: Thieme, S. 169–183.

Schwarzer, R. (2004): Psychologie des Gesundheitsverhaltens. Einführung in die Gesundheitspsychologie. 3. Aufl., Göttingen: Hogrefe.

Schweitzer, J. (2005): Systemische Therapie. In: Senf, W./Broda, M. (Hrsg.): Praxis der Psychotherapie. Ein integratives Lehrbuch. 3. Aufl. Stuttgart: Thieme, S. 308–318.

Schweitzer, J./Beher, S./von Sydow, K./Retzlaff, R. (2007): Systemische Therapie/Familientherapie. In: Psychotherapeutenjournal, 1/2007, S. 4–19.

Schweitzer, J./v. Schlippe, A. (2006): Lehrbuch der systemischen Therapie und Beratung II. Das störungsspezifische Wissen. Göttingen: Vandenhoeck & Ruprecht.

Seligman, M.E.P. (1971): Phobias and preparedness. In: Behavior Therapy, 2, S. 307–321. Heidelberg: Springer.

Senf, W./Broda, M. (2005) (Hrsg.): Praxis der Psychotherapie. Ein integratives Lehrbuch. 3. Aufl. Stuttgart: Thieme.

Siegrist, J./Marmot, M. (Hrsg.) (2008): Soziale Ungleichheit und Gesundheit. Erklärungsansätze und gesundheitspolitische Folgerungen. Bern: Huber.

Sodian, B. (2005): Die Entwicklungspsychologie des Denkens – das Beispiel der theory of mind. In: Herpertz-Dahlmann, B./Resch, F./Schulte-Markwort, M./Warnke, A. (Hrsg.): Entwicklungspsychiatrie, 2. Aufl., Stuttgart: Schattauer, S. 85–97.

Sodian, B. (2008): Entwicklung des Denkens. In: Oerter, R./Montada, L. (Hrsg.): Entwicklungspsychologie, 6. Aufl., Weinheim: PVU, S. 436–479.

Spangler, G. (2004): Wirksamkeit ambulanter Jugendhilfemaßahmen bei Misshandlung bzw. Vernachlässigung. Eine internationale Literaturübersicht. München: DJI.

Spangler, G./Zimmermann, P. (1999): Bindung und Anpassung im Lebenslauf: Erklärungsansätze und empirische Grundlagen für Entwicklungsprognosen. In R. Oerter, C. von Hagen/G. Röper/G. Noam (Hrsg.), Klinische Entwicklungspsychologie. Ein Lehrbuch (S. 170–194). Weinheim: PVU.

Stahl, E. (2002): Dynamik in Gruppen: Handbuch der Gruppenleitung. Weinheim, Basel, Berlin: Beltz.

Stangier, U./Heidenreich, T./Peitz, M. (2009): Soziale Phobien. Ein kognitiv-verhaltenstherapeutisches Behandlungsmanual. Weinheim: Beltz.

Steinhausen, H.-C. (2006): Psychische Störungen bei Kindern und Jugendlichen: Lehrbuch der Kinder- und Jugendpsychiatrie und -psychotherapie. München: Urban und Fischer.

Stieglitz, R.-D./Freyberger, H.J. (2009): Psychiatrische Diagnostik und Klassifikation. In: Berger, M. (Hrsg.): Psychiatrische Erkrankungen. München: Urban und Fischer, S. 41–68.

Straumann, U.E. (2004): Klientenzentrierte Beratung. In: Nestmann, F./Engel, F./Sickendieck, U. (Hrsg.): Das Handbuch der Beratung – Bd. 2. Tübingen: dgvt, S. 641–654.

Strehl, U. (2008): ADHS. Neue Überlegungen zum Verständnis der Störung, zu Diagnose und Therapie. In: Medizinische Welt Heft 9/2008, S. 329–335.

Stroebe, W./Frey, B.S. (1982): Self-Interest and Collective Action: The Economics and Psychology of Public Goods. In: British Journal of Psychology, 21. Jg., S. 121–137.

Stroebe, W./Nijstad, B. (2004): Warum Brainstorming in Gruppen Kreativität vermindert: Eine kognitive Theorie der Leistungsverluste beim Brainstorming. In: Psychologische Rundschau, 55. Jg., S. 2–10.

Suppiger, A./Schneider, S. (2009): Klassifikation psychischer Störungen. In: Schneider, S./ Margraf, J. (Hrsg.): Lehrbuch der Verhaltenstherapie. Bd. 3. Heidelberg: Springer, S. 111–122.

Sydow, K. v./Beher, S./Retzlaff, R./Schweitzer, J. (2007): Die Wirksamkeit der Systemischen Therapie/Familientherapie. Göttingen: Hogrefe.

Tajfel, H./Turner, J. C. (1986): The Social Identity Theory of Intergroup Behavior. In: Worchel, S./Austin, W. G. (Hrsg.): Psychology of Intergroup Relations. Chicago: Nelson-Hall, S. 7–24.

Thiersch, H. (1994): Sozialpädagogik und Erziehungswissenschaft. In: Krüger, K.-H./ Rauschenbach, T. (Hrsg.): Erziehungswissenschaft. Die Disziplin am Beginn einer neuen Epoche. Weinheim und München: Juventa, S. 131–146.

Tress, W. (Hrsg.) (1997): Psychosomatische Grundversorgung. Kompendium der interpersonellen Medizin. 2. Aufl. Stuttgart: Schattauer.

Triplett, N. (1898): The Dynamogenic Factors in Pacemaking and Competition. In: American Journal of Psychology, 9. Jg., S. 507–533.

Unterstaller, A. (2006): Wie wirkt sich sexueller Missbrauch auf Kinder aus? In: Kindler, H./Lillig, S./Blüml, H./Meysen, T./Werner, A. (Hrsg.). Handbuch Kindeswohlgefährdung nach § 1666 BGB und Allgemeiner Sozialer Dienst (ASD). München: DJI.

Vaughn, C. E./Leff, J. P. (1981): Patterns of Emotional Response in Relatives of Schizophrenic Patients. In: Schizophrenia Bulletin, 7. Jg., Heft 1, S. 43–44.

Völlm, B. A./Taylor, A. N. W./Richardson, P./Corcoran, R./Stirling, J./McKie, S./Deakin, J. F. W/Elliott, R. (2006): Neural correlates of theory of mind and empathy: a functional magnetic resonance imaging study in a nonverbal task. In: Neuroimage, 29, 1, S. 90–98.

Waldemar, L. (1982): Grundlagen der Stereotypisierung. Mannheim: Hogrefe.

Wälte, D. (2003): Selbstunsichere Persönlichkeitsstörung. In: Herpertz, S./Saß, H. (Hrsg.): Persönlichkeitsstörungen. Stuttgart: Thieme, S. 117–131.

Wälte, D. (2010): Selbstreflexive Kognitionen als Indikatoren für Status und Verlauf psychischer Störungen – Eine empirische Untersuchung zur Attribution, Selbstwirksamkeit und Kontrolle. Habilitation. Aachen: Shaker.

Wälte, D./Petzold, E./Kröger, F. (1995): Konflikte bei der Identitätsfindung des Adoptivkindes zu Beginn der Pubertät. Von der Jugendhilfe zur Psychosomatik. In: Unsere Jugend, Heft 5/95, S. 219–224.

Walter, J. (1996): Förderung bei Lese- und Rechtschreibschwäche. Göttingen: Hogrefe.

Warnke, A./Beck, N./Hemminger, U. (2007): Elterntrainings. In: Borg-Laufs, M. (Hrsg.): Lehrbuch der Verhaltenstherapie mit Kindern und Jugendlichen, Bd. 2: Diagnostik und Intervention. 2. Aufl., Tübingen: DGVT, S. 707–736).

Warnke, A./Hemminger, U./Roth, E. (2002): Legasthenie. Leitfaden für die Praxis. Göttingen: Hogrefe.

Watzlawick, P./Beavin, J. H./Jackson, D. D. (1969): Menschliche Kommunikation. Formen, Störungen, Paradoxien. Bern: Huber.

Wearden, J. A./Ward, C./Barrowclough, C./Tarrier, N./Davis, R. (2006): Attributions for Negative Events in the Partners of Adults with Type I Diabetes: Association with Partner's Expressed Emotion and Marital Adjustment. In: British Journal of Health Psychology, 11. Jg., Heft 1, S. 1–21.

Weiner, B. (1986): An Attributional Theory of Motivation and Emotion. New York: Springer.

Weiner, B. (1988): Motivationspsychologie. München, Weinheim: Psychologie Verlag Union

Weiner, B./Perry, R./Magnusson, J. (1988): An Attributional Analysis of Reactions to Stigmas. In: Journal of Personality and Social Psychology, 55. Jg., Heft 5, S. 738–748.

Welter-Enderlein, R./Hildenbrand, B. (2006) (Hrsg.): Resilienz – Gedeihen trotz widriger Umstände. Heidelberg: Carl-Auer.

Westen, D./Novotny, C. M./Thompson-Brenner, H. (2004): The empirical status of empirically supported psychotherapies: assumptions, findings, and reporting in controlled clinical trials. In: Psychological Bulletin, 130 (4), S. 631–663.

Willutzki, U. (2008): Klinische Ressourcendiagnostik. In: Roehrle, B./Caspar, F./Schlottke, P. (Hrsg.): Lehrbuch der klinisch-psychologischen Diagnostik. Stuttgart: Kohlhammer, S. 251–272.

Willutzki, U./Koban, C./Neumann, B. (2005): Zur Diagnostik von Ressourcen. In: Kosfelder, J./Michalak, J./Vocks, S./Willutzki, U. (Hrsg.): Fortschritte der Psychotherapieforschung. Göttingen: Hogrefe, S. 37–53.

Wittchen, H.-U. (2006): Diagnostische Klassifikation psychischer Störungen. In: Wittchen, H.-U./Hoyer, J. (Hrsg.): Klinische Psychologie & Psychotherapie. Heidelberg: Springer, S. 25–52.

Wittchen, H.-U./Benkert, O./Boerner, R./Gülsdorff, B./Philipp, M./Szegedi, A. (1997): Panik-Ratgeber. Was Sie schon immer über die Behandlung von Panikstörungen wissen wollten. Basel: Karger.

Wittchen, H.-U./Hoyer, J. (Hrsg.) (2006): Klinische Psychologie & Psychotherapie. Heidelberg: Springer.

Wood, W./Lundgren, S./Ouellette, J./Busceme, S./Blackstone, T. (1994): Minority Influence: A Meta-Analytic Review of Social Influence Processes. In: Psychological Bulletin, 115. Jg., Heft 3, S. 232–345.

World Health Organization (1947): The Constitution of the World Health Organization. In: Chronicle of the World Health Organization Vol. 1, No. 1–2, S. 29–43.

Young, J. E./Klosko, J. S./Weishaar, M. E. (2005): Schematherapie. Ein praxisorientiertes Handbuch. Paderborn: Junfermann.

Zajonc, R. B. (1965): Social facilitation. In: Science, 149. Jg., Heft 3681, S. 269–274.

Zajonc, R. B./Sales, S. H. (1966): Social Facilitation of Dominant and Subordinate Responses. In: Journal of Experimental Psychology, 2. Jg., Heft 2, S. 160–168.

Ziegenhain, U. (2009): Bindungsstörungen. In: Schneider, S./Margraf, J. (Hrsg.): Lehrbuch der Verhaltenstherapie. Bd. 3. Heidelberg: Springer, S. 313–330.

Ziegler, A./Schober, B. (2001): Theoretische Grundlagen und praktische Anwendungen von Reattributionstrainings. Regensburg: Roderer.

Ziegler, U./Doblhammer-Reiter, G. (2009): Prävalenz und Inzidenz von Demenz in Deutschland: eine Studie auf Basis von Daten der gesetzlichen Krankenversicherung von 2002. In: Das Gesundheitswesen, 71. Jg., Heft 5, S. 281–290.

Zierau, J./Gonzalez-C., I. M. (2005): Modellprojekt Aufsuchende Familienhilfe für junge Mütter – Netzwerk Familienhebammen: Ergebnisse der Evaluation. Hannover: Institut für Entwicklungsplanung und Strukturforschung GmbH an der Universität Hannover.

Die Autoren

Prof. Dr. Dieter Wälte, Jg. 1956, Dipl.-Psych, Psychologischer Psychotherapeut, Habilitation 2004 in der Klinischen Psychologie. Bis 2006 Ltd. Psychologe in der Klinik für Psychiatrie und Psychotherapie an der RWTH Aachen, dort Leiter der Psychotherapiestation. Seit 2006 Professur für „Klinische Psychologie und Persönlichkeitspsychologie" am Fachbereich Sozialwesen der Hochschule Niederrhein (Mönchengladbach). Seit 2007 Leiter der Psychosozialen Beratungsstelle an der Hochschule Niederrhein. Darüber hinaus seit 1998 tätig als Dozent, Supervisor, Prüfer und Selbsterfahrungsleiter in der Ausbildung von Psychotherapeuten nach dem Psychotherapeutengesetz. Aktuelle Arbeitsschwerpunkte: Psychotherapie, Beratung, Diagnostik, Eingliederungshilfe. Zahlreiche Veröffentlichungen u. a. zur Heimerziehung, Familientherapie, Psychiatrie und Psychosomatik.

Prof. Dr. Michael Borg-Laufs, Jg. 1962, Dipl.-Psych., Kinder- und Jugendlichenpsychotherapeut, Psychologischer Psychotherapeut. Studiendekan und Professur „Theorie und Praxis psychosozialer Arbeit mit Kindern" am Fachbereich Sozialwesen der Hochschule Niederrhein. Darüber hinaus Fachleiter Kinder- und Jugendlichenpsychotherapie am Ausbildungszentrum Krefeld der Deutschen Gesellschaft für Verhaltenstherapie sowie Dozent, Supervisor und Prüfer an verschiedenen psychotherapeutischen Ausbildungsinstituten. Diverse berufs- und fachpolitische Aktivitäten. Mehr als 10 Jahre Leitung einer Erziehungsberatungsstelle, langjährige Tätigkeit als Lehrbeauftragter an der Universität Wuppertal. Mehr als 100 wissenschaftliche Publikationen. Arbeitsschwerpunkte: Kindeswohlgefährdung, Kinder- und Jugendlichenpsychotherapie, Diagnostik, Psychische Grundbedürfnisse von Kindern und Jugendlichen, Jugendhilfe.

Prof. Dr. Burkhart Brückner, Jg. 1962, Professur für „Sozialpsychologie incl. Psychosoziale Prävention und Gesundheitsförderung" an der Hochschule Niederrhein, Diplom-Psychologe und Psychologischer Psychotherapeut. Ab 1992 Kriseninterventionsarbeit in Berlin, seit 1999 im Berliner Krisendienst, dort Aufbau und Leitung des Beratungsprojektes *Zukunft im Alter*. Zahlreiche Konferenzbeiträge und Veröffentlichungen, u. a. zur Beratungspsychologie, Biographieforschung, Psychopathologie und Psychiatriegeschichte, z. B. „Verstehende Beratung alter Menschen" (2006, Hg.), „Delirium und Wahn" (2007, 2 Bde.), „Geschichte der Psychiatrie" (2010). Arbeitsgebiete in Forschung und Lehre: Klinische Sozialpsychologie, Krisenintervention und Suizidprävention, Beratungspsychologie, Geschichte der Psychiatrie.

Stichwortverzeichnis